أنماط التفكير الاستراتيجي

بسم الله الرحمن الرحيم

جميع الحقوق محفوظة

١٤٣٣هـ - ٢٠١٢م

رقم الإيداع لدى دائرة المكتبة الوطنية
(٢٠٠٩/٧/٣٣٢٠)

٣٥٠

محمد ، طارق

أنماط التفكير الاستراتيجي وأثرها في اختيار مدخل اتخاذ القرار / طارق شريف يونس محمد.- إربد : دار الكتاب الثقافي، ٢٠٠٩

(...) ص.

ر.أ (٢٠٠٩/٧/٣٣٢٠).

الواصفات:/الإدارة العامة// اتخاذ القرار/

* تم إعداد بيانات الفهرسة والتصنيف الأولية من دائرة المكتبة الوطنية

ردمك ISBN ٩٧٨-٩٩٥٧-٤٢٢-٠٣-٥

دار الكتاب الثقافي

www.dar-alketab.com

للطباعة والنشر والتوزيع

الأردن / إربد

شارع إيدون إشارة الإسكان

تلفون

(٠٠٩٦٢-٢-٧٢٦١٦١٦)

فاكس

(٠٠٩٦٢-٢-٧٢٥٠٣٤٧)

ص.ب (٦٢٠٣٤٧-٢١١)

Dar-AlKetab

PUBLISHERS

Irbid - Jordan

Tel:

(٠٠٩٦٢-٢-٧٢٦١٦١٦)

Fax:

(٠٠٩٦٢-٢-٧٢٥٠٣٤٧)

P. O. Box: (٢١١-٦٢٠٣٤٧)

E-mail:

Dar_ Alkitab١@hotmail.Com

دار المتنبي

دار المتنبي للنشر والتوزيع

الأردن – إربد – تلفاكس: (٧٢٦٢٠٠٠)

أنماط التفكير الاستراتيجي

وأثرها في اختيار مدخل اتخاذ القرار

تأليف الدكتور

طارق شريف يونس محمد

دار الكتاب الثقافي

www.dar-alketab.com

بسم الله الرحمن الرحيم

(يا أيها الذين آمنوا اتقوا الله ولتنظر نفس ما قدمت لغدٍ واتقوا

الله إن الله خبير بما تعلمون)

{الحشر : ١٨}

الإهداء

إلى رسول الله ومصطفاه سيدنا محمد بن عبد الله صلى الله عليه وسلم،

يا من

بينت للعالمين مجمل آيات القرآن الكريم وأحكامه.

يا من

قال بحقك عزوجل،،،

(وأنزلنا إليك الذكر لتبين للناس ما نُزل اليهم ولعلهم يتفكرون)

﴿النحل: ٤٤﴾

إليك أهدي هذه الرسالة .

فهرست المحتويات

الصفحة	الموضـــــوع
	فهرست المحتويات
	قائمة المخططات
	قائمة الجداول
	قائمة الملاحق
٥	تمهيد
٩	**الفصل الأول : المنطق النظري للقرار الاستراتيجي**
١٣	المبحث الأول : مفهوم القرار والقرار الاستراتيجي
٢٩	المبحث الثاني : مداخل اتخاذ القرارات الإستراتيجية
٥٣	**الفصل الثاني : المنطق النظري للتفكير الاستراتيجي**
٥٧	المبحث الأول : مفهوم التفكير والتفكير الاستراتيجي
٧٨	المبحث الثاني : المعطيات الفلسفية لأنماط التفكير الاستراتيجي
١٠١	**الفصل الثالث : الدراسات السابقة وأسلوب البحث ومنهجيته**
١٠٥	المبحث الأول : الدراسات السابقة
١١٨	المبحث الثاني : منهجية البحث
١٤٢	المبحث الثالث : عينة البحث
١٥٣	**الفصل الرابع : عرض وتحليل واختبار العلاقات البحثية وأنموذجها**
١٥٧	المبحث الأول : عرض وتحليل متغيرات البحث
١٨٣	المبحث الثاني : تشخيص آراء ومواقف المبحوثين حول متغيرات البحث
٢٠٢	المبحث الثالث: التحقق من معنوية العلاقة والتأثير المتوقعة بين أنماط التفكير الاستراتيجي واختيار مداخل اتخاذ القرار في القطاعين المختلط والخاص
٢١٧	**الفصل الخامس : الاستنتاجات والتوصيات**
٢٢١	المبحث الأول : الاستنتاجات
٢٢٩	المبحث الثاني : التوصيات
٢٣٥	المصادر
٢٤٣	الملاحق

قائمة المخططات

رقم المخطط	البيان	الصفحة
(١ - ٣)	الأنماط الرئيسة لتفكير المديرين الاستراتيجيين	٩٢
(٢ - ٣)	الإطار الفكري للأنموذج المستخدم في البحث	١٢٥
(٣ - ٣)	عناصر أنموذج البحث ومتغيراته الفرعية	١٢٦
(٤ - ٣)	العلاقات الافتراضية المتوقعة من أنموذج البحث	١٢٨

قائمة الجداول

رقم الجدول	البيان	الصفحة
(١ - ٣)	المتغيرات الرئيسة والثانوية لقياس اتخاذ القرار الاستراتيجي وأنماط التفكير	١٣٢
(٢ - ٣)	البحوث والدراسات الداعمة لبناء مقياس البحث ومتغيراته	١٣٣
(٣ - ٣)	مساحة القياس وفقاً للعلاقة النظرية بين بعدي البحث	١٣٤
(٤ - ٣)	الأساليب الإحصائية موزعة على استخداماتها في متغيرات وفرضيات البحث	١٤١
(٥ - ٣)	الشركات المساهمة لعينة البحث	١٤٤
(٦ - ٣)	توزيع عينة البحث حسب الموقع الإداري لطبيعة القطاع	١٤٥
(٧ - ٣)	توزيع عينة البحث حسب الجنس	١٤٦
(٨ - ٣)	توزيع عينة البحث حسب الفئات العمرية	١٤٧
(٩ - ٣)	توزيع عينة البحث حسب الشهادة	١٤٨
(١٠ - ٣)	توزيع عينة البحث حسب الخدمة الإجمالية	١٤٨
(١١ - ٣)	توزيع عينة البحث حسب الخدمة في الموقع الحالي	١٤٩
(١٢ - ٣)	توزيع عينة البحث حسب المشاركة في دورات اتخاذ القرار الاستراتيجي	١٥٠
(١٣ - ٣)	توزيع عينة البحث حسب المشاركة في دورات الحاسوب	١٥١
(١٤ - ٤)	أنماط التفكير الاستراتيجي للإدارة العليا في القطاعين الخاص والمختلط	١٥٩
(١٥ - ٤)	أنماط التفكير الاستراتيجي للإدارة الوظيفية في القطاعين الخاص والمختلط	١٥٩
(١٦ - ٤)	مداخل اتخاذ القرار الاستراتيجي للإدارة العليا في القطاعين الخاص والمختلط	١٦١

١٦١	مداخل اتخاذ القرار الاستراتيجي للإدارة الوظيفية في القطاعين الخاص والمختلط	(٤ - ١٧)
١٦٥	التوزيع التكراري لمتغيرات أنماط التفكير الاستراتيجي في القطاع المختلط	(٤ - ١٨)
١٦٩	التوزيع التكراري لمتغيرات أنماط التفكير الاستراتيجي في القطاع الخاص	(٤ - ١٩)
١٧٤	التوزيع التكراري لمتغيرات اتخاذ القرار الاستراتيجي في القطاع المختلط	(٤ - ٢٠)
١٧٩	التوزيع التكراري لمتغيرات اتخاذ القرار الاستراتيجي في القطاع الخاص	(٤ - ٢١)
١٨١	ملخص لنتائج تحليل تشخيص آراء ومواقف عينة البحث في القطاعين بخصوص تبنيهم مـداخل محددة في اتخاذ القرارات الإستراتيجية	(٤ - ٢٢)
١٨١	ملخص لنتائج تحليل تشخيص آراء ومواقف عينة البحث في القطاعين بخصوص تبنيهم أنماط محددة في التفكير الاستراتيجي	(٤ - ٢٣)
١٨٥	قيم اختبار (ت) لمتوسطات نتائج أنماط التفكير لدى الإدارة العليا والوسطى في القطاع المختلط	(٤ - ٢٤)
١٨٧	قيم اختبار (ت) لمتوسطات نتائج أنماط التفكير لدى الإدارة العليا والوسطى في القطاع الخاص	(٤ - ٢٥)
١٨٩	قيم اختبار (ت) لمتوسطات نتائج مقياس اتخاذ القرارات لدى الإدارة العليا والوسطى في القطاع المختلط	(٤ - ٢٦)
١٩١	قيم اختبار (ت) لمتوسطات نتائج مقياس اتخاذ القرارات لدى الإدارة العليا والوسطى في القطاع الخاص	(٤ - ٢٧)
١٩٥	قيم اختبار (ت) لمتوسطات نتائج مقياس أنماط التفكير لدى الادارة العليا في القطـاعين المختلط والخاص	(٤ - ٢٨)
١٩٦	قيم اختبار (ت) لمتوسطات نتائج مقياس أنمـاط التفكير لـدى الادارة الوظيفيـة في القطاعين المختلط والخاص	(٤ - ٢٩)
١٩٨	قيم اختبار (ت) لمتوسطات نتـائج اتخـاذ القـرار الاستراتيجي لـدى الادارة العليـا في القطاعين المختلط والخاص	(٤ - ٣٠)
٢٠٠	قيم اختبار (ت) لمتوسطات نتائج اتخاذ القرار الاستراتيجي لـدى الادارة الوظيفيـة في القطـاعين المختلط والخاص	(٤ - ٣١)
٢٠٤	مؤشرات أنموذج الدرجة الثانية لتحليل العلاقة التأثيرية بين أنماط التفكير الاسـتراتيجي واختيـار مداخل اتخاذ القرار - القطاع الخاص	(٤ - ٣٢)
٢٠٥	مؤشرات تحليل التباين	(٤ - ٣٣)

(٣٤ - ٤)	مؤشرات أنموذج الدرجة الثانية لتحليل العلاقة التأثيرية بين نمط التفكير التركيبي ومداخل اتخاذ القرار - القطاع الخاص	٢٠٧
(٣٥ - ٤)	تحليل التباين الخاص بأنموذج الانحدار من الدرجة الثانية	٢٠٧
(٣٦ - ٤)	المؤشرات الاحصائية لأثر نمط التفكير التحليلي على المدخل المعياري	٢٠٨
(٣٧ - ٤)	تحليل التباين لأنموذج التأثير بين نمط التفكير التحليلي والمدخل الوصفي	٢٠٩
(٣٨ - ٤)	مؤشرات تحليل الانحدار البسيط بين أنماط التفكير الاستراتيجي ومداخل اتخاذ القرار في القطاع المختلط	٢١٠
(٣٩ - ٤)	تحليل التباين العام لتحليل الانحدار البسيط	٢١٢
(٤٠ - ٤)	مؤشرات تحليل الانحدار البسيط بين التفكير التركيبي والمدخل الوصفي (قطاع مختلط)	٢١٣
(٤١ - ٤)	تحليل التباين لأنموذج قياس انحدار نمط التفكير التركيبي على المدخل الوصفي لاتخاذ القرار في القطاع المختلط	٢١٣
(٤٢ - ٤)	مؤشرات تحليل الانحدار غير الخطي من الدرجة الثالثة بين نمط التفكير التحليلي والمدخل المعياري لاتخاذ القرار في القطاع المختلط	٢١٤
(٤٣- ٤)	تحليل التباين لانموذج قياس انحدار نمط التفكير التحليلي على المدخل المعياري لاتخاذ القرار في القطاع المختلط	٢١٥

قائمة الملاحق

رقم الملحق	البيــــــــــان	الصفحة
١	استمارة الاستبانة	٢٤٣
٢	المحكمون لاستمارة الاستبانة	٢٥١

تمـهيد :

يعد البحث في أنماط التفكير الاستراتيجي وما تؤول اليه من مواقف قرارية بحثاً فلسفياً مستقلاً يتسم بالحداثة النسبية. ويجد الباحث في المستمدات المعرفية للبعد القراري والبعد الفكري بأن ثمة محاولات عديدة دارت بين البحث في التفكير والعقل تارة والسلوك والمواقف القرارية تارة أخرى. ومن حسن الطالع باتت عملية الربط بين أنماط التفكير واختيار مدخل محدد في اتخاذ القرار ممكناً في اطار ميدان الادارة الاستراتيجية. ومهد هذا الامر الى امكانية الخوض في رصد معالم محددة على مستوى التنظير قد ينطوي عليها فرز أساليب تعنى بالعلاقة والتأثير في اطار تكاملي .

إن الاسهام البحثي في هذا الاطار مازال مبثوثاً في ثنايا الفكر الاداري والنفس / اجتماعي والفسلجي دون احاطته بنسق تتكامل فيه الرؤى واستضاءة المجهول بالمعلوم .ولذلك نسعى في هذا البحث الى بلورة آفاق العلاقة المنطقية وتأصيلها لبلوغ نمذجة العلاقة بين مداخل اتخاذ القرار الاستراتيجي وأنماط التفكير المرتبطة به .

وفي سياق الرؤية الشمولية لتلك العلاقة فإن محور التنظير لهذه المسألة يعد ضرورياً لمحور القياس والتطبيق والتحليل. فضلاً عن لزوم تأصيل المفاهيم الاستراتيجية لموضوعات البحث ضمن أنساق معرفية وصولاً الى أعطاء المصطلحات والمفاهيم مضمونها واعادة ربطها بوسطها الذي نشأت فيه ونمت .

يثير البحث اهتمامات واسعة من أهمها مايأتي :

أولاً : التنويه عن ظاهرة "الحراك المفهومي" إذ يعني ذلك عملية تبادل المراكز فيما بين المصطلحات على مستوى الفكر الاستراتيجي. إذ أن بعض المفاهيم تتبادل المراكز فيما بينها بحيث يصبح المفهوم الفرعي مفهوماً أصلياً والمفهوم الرئيس مفهوماً فرعياً. وتتجلى هذه الاهمية في تبيان الوظيفة التي يقوم بها المفهوم وموقفه من النسق المعرفي الذي ينتمي اليه .

ثانيـاً : تـأطير مفـاهيمي يسـتند الى تحليـل محتـوى الطروحـات في مجـال علـم المنظمـة والادارة الاستراتيجية على أساس من تكامل الافكار والفلسفات. ويسهم ذلـك في توجيـه الاهتمامـات الخاصة بالبنية التنظيمية وفقاً لاختصاصات الموقع القيادي في اطاره الاستراتيجي .

ثالثاً : تحديد انموذج يوضح سياقات جديدة قد تساهم في تفسير ريادة المنظمات في اطـار العلاقـة بين نمط التفكير السـائد وواقـع القـرارات الاسـتراتيجية ومـدى ملاءمتهـا لمشروعات الوضـع التنافسي المطلوب .

رابعاً : تعبئة الاسهامات المعرفية ذات الصلة بالقرارت الاستراتيجية والسلوك الاستراتيجي والوقوف على امكانية توظيفها لتمييز المستوى الملائم لنمط القرارات والتفكير والسلوك في هيكل القرارات التنظيمية .

إن مهمة المحور التنظيري من البحث هو متابعـة المعطيـات النظريـة وتصـنيفها لـكي تعـين وترفد بناء تصور واضح عـن القـرار الاسـتراتيجي وأنمـاط التفكـير. كـما يعـين في تسـويغ المقترحـات الضرورية وتصنيفها وتحويلها الى أمر واقع .

والجدير بالذكر أن سعة الموضوع ومايحتاجه من اسهامات معرفية في فروع المعرفة البشرية الانسـانية والصرفة والتطبيقيـة فـإن توجهاتهـا الاسـاس ومفرداتهـا ستصـاغ وفـق منظـور الادارة الاستراتيجية، وإن العمل في كل حقل من حقول المعرفة هو بالدرجـة الاولى ذو طبيعـة تكامليـة، ولن تتم السيطرة عليه إلا من خلال حشد من المتخصصين الذين يمتلكون ناصية تخصصهم الـدقيق ورؤيتهم الشاملة للموضوع .

ونردف المحور التظيري بمحور يعكس لنا واقع التطبيق في اطار الميـدان في حـدود المـنظمات المشار اليها في عينة البحث .

وضمن هذا السياق وفي معرض الاستعراض النظري لمقدمات البحث نعـرج في الفصـل الاول على المستمدات النظريـة لمـداخل اتخـاذ القـرار الاسـتراتيجي وفلسـفاتها وخصـائص تلـك المـداخل وعواملها. ونبحث في اصالة المصطلحات

الاستراتيجية ومرادفاتها في اطار التراث الاسلامي والعربي. ونبحث في الفصل الثاني موضوع التفكير الاستراتيجي ومنطلقاته الفلسفية وخصائصه وأنواعه ونماذجه. ونشير في الفصل الثالث الى منهجية الدراسة وسياقات تركيب الافكار البحثية وتحليلها فضلاً عن سبل بناء الانموذج والقياس والاختبار. ونخصص الفصل الرابع لاختبار فرضيات البحث والوصول الى نتائجه التحليلية. ونختتم البحث بالفصل الخامس من خلال استنباط الاستنتاجات وبناء التوصيات وتقديم المقترحات.

* * *

الفصل الأول

المنطق النظري للقرار الاستراتيجي

تمهيد :

يتناول هذا الفصل توضيح المفاهيم وتحليل بنية المفهوم وتمييز العناصر الاساسية المكونة له والعناصر الفرعية في هذه البنية. ويميل التحليل النظري للمفاهيم الى الاستفادة من نظرية المعاني والدلالة كضرورة منهجية ومعرفية. إذ يقف أمام المفاهيم العامة المجردة (مفاهيم المعاني العقلية الكلية)، مفاهيم محددة الدلالة الى حد كبير. وبات هذا التصنيف من ضرورات ترتيب الافكار النظرية والتصريفات وفقاً للاسبقيات المنطقية لبنية المفهوم، سيما وأن الاسهامات النظرية في مجال القرار الاستراتيجي من حيث ماهيته ومستمداته النظرية تشكل ظاهرة بحد ذاتها متعددة الابعاد والمناظير. وتراوحت تلك الاسهامات بين مثالية التوجه وواقعية المنال. وانسحب ذلك الى تسويغ علية الاختلاف من خلال أنماط التفكير وادراكات الحقائق أو الاشياء والظواهر، وفي هذا الخصوص يتصدى هذا الفصل الى عرض الموضوع ضمن السياق الآتي :

المبحث الاول : مفهوم القرار والقرار الاستراتيجي :

أولاً : مفهوم القرار .

ثانياً : مفهوم القرار الاستراتيجي .

ثالثاً : خصائص القرار الاستراتيجي والعوامل المؤثرة في فاعليته .

رابعاً : أصالة مفهوم المصطلح الاستراتيجي .

المبحث الثاني : المعطيات الفلسفية لمداخل اتخاذ القرار الاستراتيجي :

أولاً : الخارطة العقلية المعرفية أو صيغ اتخاذ القرار الاستراتيجي .

ثانياً : مدخلي المحتوى والعملية وصيغ اتخاذ القرار الاستراتيجي .

ثالثاً : المدخل المعياري والمدخل الوصفي ومتضمنات اتخاذ القرار الاستراتيجي .

(أ) المدخل المعياري :

(١) المدخل الهيكلي الرسمي .

(٢) المدخل التراكمي الفرعي .

(ب) المدخل الوصفي :

(١) مدخل الحدس .

(٢) مدخل المشارك .

رابعاً : أضواء شارحة على مدخل اتخاذ القرار الاستراتيجي في المنهجية الاسلامية .

المبحث الأول

مفهــوم القــرار والقــرار الاســتراتيجي

تمـهيـد :

إن مبتدأ أي عمل يبدأ بقرار، وأن العلاقة العضوية بين العمل والقرار جعل من القرار شـأناً ملازماً لجوهر العمل ونجاحه. وبات موضوع القرار بشكل عام والقرار الاستراتيجي بشكل خـاص من المظاهر المنهجية في الادارة. والتعامل مع القرار أصبح أمراً يتطلـب جهداً موازيـاً لنـوع القـرار وطبيعته في هيكل القرارات المنظمية، فضلاً عن أن مستلزمات القرار المعرفيـة بـاتـت مـن الاهميـة بمكان في صياغة عمليات القرار واتخاذه. وفي هذا المضمار خضع موضوع القرار مضموناً ومحتوى الى دراسات وبحوث مكثفة على مرور الزمن. وتوجت الجهود الموغلة في سـبر أغـوار مفهـوم القـرار وفلسفته بانبثاق رؤى مختلفة .وبات من الضروري بمكان التواصل مع مستجدات الـدوافع الكامنـة وراء اتخاذ القرار وتحليلها، فضلاً عن تعبئة ميادين المعرفة ذات الصلة باتخاذ القرار للوصـول الى تصور أفضل حول ماهية القرار والقرار الاستراتيجي على وجه التحديد .

أولاً : مفهــوم القــرار :

تتعدد الرؤى بخصوص مفهوم القرار شأنه شأن الكثير من المصطلحات الاداريـة. إن القـرار بشـكل عام هو امضاء الرأي لمن يملك الحق فيه. بيد أن صنعه هي عملية تنتهي باصدار القرار واتخاذه[١]. وتطرح معاجم اللغة العربية معاني عديدة مرادفة لكلمة قرار[٢]، ومنها تقرير شيء ما أو التصميم عـلى شـيء مـا أو الوصول الى نتيجة حتمية أو حكم أو حلول أو استقرار رأي متخذ القرار حول

---

(١) محمود موسى البكري ، "أثر البحوث في رسم السياسات وصنع القرارات التربوية" ، مجلـة الادارة العامـة ، العـدد ٢٨ ، ربيع الثاني ١٤٠١ هـ / مارس ١٩٨١ ، ص ٥ .

(٢) نفس المصدر ، ص ٩ .

فكرة محددة. في حين يشير المعنى الاصطلاحي أو العلمي لمعنى القرار بأنه خيار يحدده متخذ القرار حول ماالذي يجب أن يكون أو أن لا يكون في حالة محددة[١]، ويميل الغمري [٢] الى عد اتخاذ القرار عملية اختيار ينبثق عن تحليل موقف معين .ويتفق مع هذا المنطق Kerin & Peterson[٣] إذ عبرا عن القرار بالاختيار الموجه نحو منهج محدد بهدف. ويذهب مع هذا التوجه (الاعرجي) [٤] حيث يعرف القرار على أنه هدف مرتبط بوسيلة تنفيذ مناسبة .

لقد تغايرت الاطر التفسيرية لمفهوم القرار بتغاير دوافع المعني بالتعريف أو المفهوم. حيث يغلب على مفهوم القرار من وجهة نظر علماء التنظيم بأن القرار هو أحد المتغيرات الحرجة في المنظمة فضلاً عن أنه خيار يعبر عن حاجة المنظمة له في ظرف معين[٥]. ويفيد هذا المنطق في ربط الافعال الحرجة في المنظمة بالحكم المترتب على اقرارها. كما أكد علماء المنهج[٦] على ربط القرار بالتوجه المنظمي والسلوك المنظمي في اطار تفسير البيئة لهذا الربط، إذ نظر هؤلاء العلماء الى القرارات التي تتخذها الادارة العليا من زاوية كونها تعبير عن قيم الادارة العليا وتفسيرها لاتجاهات القيم القرارية المختلفة ضمن أوجهها الاقتصادية والاجتماعية والدينية وغيرها. وفي هذا الصدد أشار البروفسور Noorderhaven الى أن القرار هو قرين

---

(١) Steiner G. A. , & Miner J. B. , "Management Policy and Strategy" , (Macmilan , N. Y. , 1977) , P. 150 .

(٢) ابراهيم الغمري، "الادارة دراسة نظرية تطبيقية"، (دار الجامعات المصرية، القاهرة، ١٩٧٨)، ص ٩٧.

(٣) Kerin , R. , & Peterson R. ,"Strategic Marketing Problem : Cases and Comment" , (5th ed.) , (Allyn & Bacon , U.S.A. , 1990) , P. 55 .

(٤) عاصم محمد حسين الاعرجي ، "اتخاذ القرارات في ظروف الازمات" ، مجلة الاداري ، السنة ١٧ ، ربيع الآخر ، العدد ٦٢ ، سبتمبر ، ١٩٩٥ ، ص ١٤ .

(٥) Gerloff A. G. , "Organizational Theory and Design : A Strategic Approach for Management" , (McGraw - Hill , N. Y. , 1985) , P. 41 .

(٦) Rue L. W. , & Holand P. G. , "Strategic Management : Concepts and Experiences" , (McGraw - Hill, N. Y. , 1989) , P. 84 .

الالتزام بالغايات المستهدفة[١]. ويضيف علماء الادارة الاستراتيجية امتداداً للمفاهيم آنفة الذكر مفهوماً يعبر عن كون القرار هو نقطةً تتوازن عندها مصالح المنظمة مع الاطراف المستفيدة منها[٢] .

كما بني مفهوم القرار عند علماء المدرسة الكمية على مقدمات التحليل، وأصبح القرار في مضمونه يعبر عن نتيجة يتوصل اليها من خلال تطبيق نظرية القرار ضمن حالة محددة. ومع هذا التطور في مفهوم القرار شهدت العقود القريبة الماضية بزوغ علم الادارة بخصائصه الكمية[٣].

إن تنوع المفاهيم آنفة الذكر يشير الى تعدد الخصائص الملاصقة لمعنى القرار في اطاريه اللغوي والاصطلاحي. حيث درجت الاسهامات النظرية في تحديد مفهوم القرار على تقديم رؤية مجردة للمفهوم تستند الى محتوى اللفظ في حين دأبت الاسهامات العملية في تأويل مفهوم القرار على أساس الدراية والاحاطة بالواقع. ومن هنا فإن التكامل في طرح دلالة لفظ كلمة قرار من خلال اخراجها من الدلالة الحقيقية الى الدلالة المجازية من غير أن يخل ذلك بمعنى اللفظ والتجوّز من تسمية الشيء بشبيهه أو لاحقه أو مقارنه.

ويميل البحث الى عد القرار بمثابة بناء فكري يعكس نسق معرفي معين على نحو مستهدف في اطار مقتضيات الغاية المنظمية ومسوغات وجودها. وبهذا التعريف الاجرائي فإن البناء الفكري يعد الحجر الاساس في تشكيل محتوى القرار ومفهومه فضلاً عن اطار تطبيقه في حدود المنظمة وهيكل المسؤولية فيها .

---

(١) Noorderhaven N., "Strategic Decision Making", (Addison-Wesley, G. B., 1995), P.7.

(٢) Fombrun C. , & Shanley M. , "What's In A Name ? Reputation Building and Corporate Strategy" , Academy of Management Journal , Vol. 33 : 2 , P. 233 .

(٣) Fishburn P. , C. , "Foundations of Decision Analysis : Along The Way" , Management Science , Vol. 35 : 4 , April 1989 , P. 387 .

ثانياً : مفهـــوم القـرار الاستراتيــجي :

تختلف القرارات من حيث كونها استراتيجية أم غير استراتيجية باختلاف طبيعتها وشموليتها ومن حيث التأثير في مهام ووظائف المنظمة. إذ يحتل القرار الاستراتيجي موقعاً بين هيكل القرارات في المنظمة أشبه بمهمة القائد ودوره بين أفراد التنظيم. ويعد القرار استراتيجياً طالما تشـتق منه القرارات الاخرى على نحو تنفيذي. وعلى هذا النحو فإن القرار الاستراتيجي هـو دليل القرارات الوظيفية والتشغيلية في المنظمة. ولفظ استراتيجي في نظر الاستاذ شوقي ناجي هو كل ما يـدخل في عمل ومهام القائد لأية منظمة[١]. وعلى هذا النحو فإن القرارات الاستراتيجية تعد محركاً رئيساً للانشطة المنظمية على اختلافها. ويشـير Harvey الى أن القرار الاستراتيجي هـو خيار Choice يقع عليه اختيار متخذ القرار من بين البدائل الاستراتيجية المطروحة بعد اجتيازها لمرحلة التقويم. وعلى وفق ذلك فإن القرار الاستراتيجي يعد المرحلة الاكثر أهمية بين مراحل عملية الادارة الاستراتيجية[٢].

إن المغزى من اتخاذ القرار الاستراتيجي في أكثر الاحيان هو توجيـه المـوارد النـادرة وتعبئتها نحو تنفيذ الاهداف الاستراتيجية[٣]. فضلاً عن احكام العلائق المتبادلة بين عناصر القرار الاستراتيجي والمتمثلة بتأثيره في الاهداف والانشطة المنظمية على اختلاف صفاتها والشروع بما هـو جديد عـلى المنظمة وفتح آفاق ابداعية غير مألوفة في حراك المنظمة[٤].

---

(١) شوقي ناجي جواد، "ستراتيجيات الاعمال بناؤها وادارتها"، (مطبعة دار الكتب، بغداد ، ١٩٩٥)، ص ١٥٦ .

Harvey , F. H. , "Strategic Management and Policy" , (Merril Publishing Company , Ohio , 1988) , (٢)

P. 169 .

Ibid , P. 169 .(٣)

Ibid , P. 171(٤)

ويستشف من المفاهيم آنفة الذكر بأن سياق القرار الاستراتيجي يمر عبر عنصري الاقدام والابتسار اللذين يشكلان الخارطة الادراكية لمتخذ القرار. فضلاً عن فاعلية الترابط بينهما ويفضي الى الدلالة المنطقية والعلمية المتوخاة من وظيفة القرار الاستراتيجي في اطار ميدانه المعرفي. إذ أن الابتسار هو توقع ردود الفعل المستقبلية للقرار والمحسوبة من خلال استشراف طبيعة السيناريوهات المستقبلية لموضوع القرار، فضلاً عن المشاهد المحتملة. في حين عنصر الاقدام يتضمن المعرفة التامة بالواقع. وكما جاء في لسان العرب لابن منظور بأن البسر... هو التفكير في أزمات الزمن القادم قبل أن تقع، والمبادرة بمعالجة أسبابها قبل أن تستفحل[١]. والاستشراف كما ورد في تعريف الفيروزي في اطار لغة العرب، هو تحديد النظر الى الشيء بشكل يجعل الناظر أقوى على ادراكه واستبيانه والتدقيق في ماهيته[٢].

ونردف ما عرج عليه Quinn في سياق مفهومي للقرار الاستراتيجي[٣] وما يرمي اليه كل من الاقدام والابتسار من كونهما وسائل يتحدد في ضوئهما الاتجاه العام للمنظمة في اطار التغيرات المتوقعة وغير المتوقعة. إذ أن الاقدام يعد رديفاً لادراك القيود الداخلية وطبيعة الامكانات الواقعية في حين الابتسار هو رديف ادراك البيئة الخارجية وقيودها المحتملة وطبيعة الاوضاع من فرص أو تهديدات محتملة .

إن النظر الى مفهوم القرار الاستراتيجي وفقاً لما سبق من حديث لا يعني انفصاله عن منظومة الخارطة الادراكية للمدير الاستراتيجي، وإنما ننظر الى مفهوم القرار الاستراتيجي من كونه متغير استجابة تتحكم فيه القدرات العقلية وأنماطها

---

(١) محمد بريش ، "تعميق الفهم في الفكر الاستراتيجي : مدخل الى التغيير الثقافي" ، اسلامية المعرفة ، السنة ٣ العدد ٩ ، صفر - ربيع الاول ١٤١٨ هـ / ١٩٩٧ ، ص ٧٤ .

(٢) نفس المصدر ، ص ٨٦ .

(٣) Quinn J. B. & Mintzberg H. , & James R. M. , "The Strategy Process : Concepts , Contexts , And Cases" , (Prentice - Hall , U.S.A. , 1988) , P. 3

أو مايسمى بالهيئة الفكرية للانسان[1]. من نافلة القول أن الجهاز المفاهيمي للانسان (الهيئة الفكرية) تختلف من فرد الى آخر لأسباب لا حصر لها. وعلى هذا الاساس فإن القرار الاستراتيجي قد ينبثق عن كون مفهومه يرتبط برؤية متخذ القرار على أن وظيفة القرار وظيفة معرفية (Cognitive) أو غير معرفية (Non-Cognitive) أو اخبارية (Informative). ويستمر الجدل والحوار حول صياغة مفهوم محدد للقرار الاستراتيجي الى أمد بعيد وعبر بيئات القرار الذي يتخذ فيها. وقد أفصحت نتائج عدد من البحوث التي تتفق مع هذا الطرح :

(Anderson & Pain, 1978; Bourgeois, 1980; Jemison, 1981, Lenz, 1980)

عن وجود علاقات تأثير معنوية بين البيئة ومفهوم القرارات الاستراتيجية[2]. إذ أن مفهوم القرار الاستراتيجي في اطار البيئة المضطربة غير ما هو عليه في البيئة الخاملة أو المجزأة أو الهادئة[3]. ويعزى ذلك الى طبيعة المؤثرات والقيود التي تحتل أولوية في الهيئة الفكرية لمتخذ القرار الاستراتيجي[4].

إن تحليل بنية المفهوم في ضوء المعطيات آنفة الذكر قد غطت جزءاً رئيساً من عناصر القرار الاستراتيجي. وعند الاستئناس بفهم ديكارت لفلسفة المفهوم في كتابه مباديء الفلسفة[5]، إذ يشير الى سبر غور المفهوم ضمن شكلين متكاملين : الاول هو توضيح العناصر الاساسية وهذا ما قمنا بعرضه فيما مضى من المفهوم، والثاني توضيح العناصر الاضافية والتي تشكل امتداداً مهماً لفضاء المفهوم، إذ

---

(١) صلاح اسماعيل عبدالحق ، "المعنى والتحقق" ، المجلة الفلسفية العربية ، مجلد ٢ ، عدد ١ ، حزيران/يونيو ١٩٩٢ ، ص ٤٤ .

(٢) Jemison D. B., “The Contribution of Administrative Behavior to Strategic Management” , Academy of Management Review , 1981 , Vol. 6 , No. 4 , P. 632 .

(٣) Gerloff , Op. Cit. , P. 37 .

(٤) شوقي ناجي ، مصدر سبق ذكره ، ص ١٠٧ .

(٥) صلاح اسماعيل ، "دراسة المفاهيم من زاوية فلسفية" ، اسلامية المعرفة ، السنة الثانية ، العدد الثامن ، ذو الحجة ١٤١٧ هـ / ١٩٩٧ ، ص ١٥ .

يخرج حوار المفهوم من التعلق بالذات الى ما يحـاط بالـذات الانسـانية. وينطـوي عـلى هـذا أوجـه التفاعل بين الجهاز المفاهيمي لمتخذ القرار الاستراتيجي والفعل المستهدف منه. وفي هـذا الخصـوص طرح (Miles & Snow) صيغة سلوكية للقرار الاستراتيجي [١]. إذ عد القرار الاستراتيجي بمثابة وسـيلة تقود الى النمو، ويعبر القرار عن دوافع وسلوك متخذ القرار فضلاً عـن سـبغ محتـواه بالتوجهـات الاستراتيجية الشاملة التي يميل اليها من كونه ميالاً للمخاطرة أو متجنباً أو موازناً لها. وهنـا تلعـب دالة المخاطرة ويصاغ في ضوئها مفهوم القرار .

ويسترسل (Harvey) في عرض مفهوم القرار الاستراتيجي من خـلال دوره المـزدوج عـلى عـده غاية ووسيلة في آن واحد [٢]. إذ يصبح القرار الاستراتيجي غاية الاستراتيجية في مرحلة صياغتها فضـلاً عن تقرير بداية لمرحلة تنفيذها. وبني هذا المفهوم على أسـاس عقلانيـة متخـذ القـرار في تحديـده لسلوك القرار الاستراتيجي على وفق العلاقة التي عرضنا لها فيما مضى .

وحاور (Boseman & Phatak) مفهوم القرار الاستراتيجي من حيث المستوى الذي يتخـذ فيـه القرار [٣]. إذ يتخذ في مستوى الادارة العليا على أسـاس الـدور والموقع والقوة التـي تكمـن في جهـاز الادارة العليا. ومن هذا المنطلق فإن القرار الاستراتيجي هنا يشكل قوة توزيع الموارد الحرجة لـدعم تنفيذ القرارات الاستراتيجية في المستويات التنظيمية .

يبدو مضمون القرار الاستراتيجي في اطار الاراء السابق ذكرها في منظور البحـث بأنـه فعـل مركب لدوافع ذاتية وموضوعية تعكس الهيئة الفكرية والثقافية

---

(١) Miles R. E. , & Snow Ch. , C. , "Organizations : New Concepts for new Forms", California Management Review , Vol. XXVIII , No. 3 , Spring 1986 , P. 62 .

(٢) Harvey , Op. Cit. , P. 172 .

(٣) Boseman G. , & Phatak A. , "Strategic Management : Text and Cases" , (2nd ed. 1), (John Wiley & Sons , N. Y. , 1989) , P. 14 .

والمعرفية لمتخذ القرار الاستراتيجي التي ينطوي عليها استشعار مستقبلي تتكامل من خلاله عناصر الابتسار والاقدام فضلاً عن تعبئة المعرفة الظنية والمعرفة البرهانية ضمن نسق الاستقراء والاستنباط سعياً وراء تحقيق تطلعات أغلب الاطراف ذات المساس بمعطيات القرار .

ثالثاً : خصائص القرار الاستراتيجي والعوامل المؤثرة في فاعليته :

يحضى القرار الاستراتيجي بخصائص تميزه عن القرارات التكتيكية (الوظيفية والتشغيلية). ويستمد القرار الاستراتيجي خصائصه من جوهر عمل الادارة العليا في قيادتها للانشطة الشاملة للمنظمة. كما أن الوقوف على طبيعة خصائص القرار الاستراتيجي تساعد المعنيين به في تحليل العوامل المؤثرة فيه فضلاً عن تحديد الوسائل المناسبة لاتخاذ القرار الاستراتيجي في اطار فاعل، ومن الخصائص العامة التي أدت بالقرار الاستراتيجي الى تميزه بين الانشطة المنظمية المختلفة مايأتي:

١- يساهم القرار الاستراتيجي بشكل مباشر في تحديد الاتجاه الشمولي للمنظمة[١]. ويوضح (Johnson & Scholes) الاتجاه العام للمنظمة على أساس القرارات الاستراتيجية التي تسمي الانشطة الرئيسة للمنظمة ومجالاتها الرئيسة المعبرة عن مضامينها ومسؤولياتها[٢].

٢- تظهر آثار القرار الاستراتيجي على نتائج المنظمة في أغلب الاحيان ضمن الامد البعيد. وتستوجب هذه الخاصية حالة التروي في التحليل الاستراتيجي للاحداث سعياً وراء تقليل مفاجآت الظواهر الازموية والتغيرات المفاجئة وما يحيطها من غموض. ويكون نجاح المنظمة رهين دقة الاستشراف المستقبلي ومن خلال معطيات القرار الاستراتيجي ما يتصل بمواءمة الانشطة المنظمية مع امكانيات المنظمة ومواردها. حيث يمتد نطاق عمل القرار الاستراتيجي أبعد

---

(١). Harvey , Op. Cit. , P. 171

(٢) Johnson G. , & Scholes K. , "Exploring Corporate Strategy : Texts And Cases" , (Printice Hall , U.S.A. , 1990) , P. 8 .

من التحسب ومواجهة التهديدات البيئية أو استغلال الفرص، إذ يتضمن كذلك تعبئة الموارد لردع التهديدات واستثمار الفرص[1]. وبسبب تعقد المبادلات بين فرص وتهديدات البيئة فضلاً عن قوة وضعف امكانات المنظمة فإن القرار الاستراتيجي في حالة معينة ينعت بكونه قراراً غير مبرمج يصعب اعمامه لحالات مستقبلية أو لأنشطة منظمات متناظرة في الاهداف والانشطة .

٣- تتأثر القرارات الاستراتيجية اضافة الى القوى البيئية ومدى توافر الموارد المنظمية بقيم وتوقعات الاطراف ذوي النفوذ والصلة بالاهداف الاستراتيجية للمنظمة .

٤- غالباً ما تتصل القرارات الاستراتيجية بالحالات أو المشكلات التي تظهر لأول مرة أو على الاقل نادرة الحدوث[2].

٥- تخضع الكيفية التي تستلزمها حلول المشكلة الى اجتهادات متخذ القرار وهيئته الفكرية، وتتباين عند ذلك وسائل الحلول وتحديد البدائل فضلاً عن قلة وجود اجراءات قائمة بصدد الحلول .

إن الخصائص المتقدمة تشكل قاعدة مهمة للتعريف بالمعلومات التي ينبغي أن يحيط بها متخذ القرار الاستراتيجي فضلاً عن تحديد متخذ القرار للعوامل الضرورية التي من شأنها أن تؤثر في اتخاذ القرار وأن يحدد موقفه النهائي من البدائل المطروحة أمامه. والجدير بالذكر أن العوامل التي تتصل بالقرار الاستراتيجي عديدة ولا يمكن حصرها فضلاً عن تداخلها، مما يؤكد عدم ميسورية اتخاذ القرار الاستراتيجي وأن مهمة متخذ القرار من هذا النوع تعد صعبة وتستلزم قدراً من التفكير في تحديد العوامل الاكثر أهمية وأولويات التأثير، إذ أن اتخاذ القرار يتم في ضوء الكثير من القيود والعوامل التي يمكن أن تتضمن الآتي :

---

(١) Ibid , P. 8 .

(٢) Daft R. L. , “Organization Theory and Design” , (3 rd ed.) , (West Publishing Company N. Y. , 1996) , P. 356 .

١- العامل المعرفي : يعد العامل المعرفي الاكثر أهمية بين العوامل التي تؤثر في اتخاذ القرار وفاعليته، إذ يشير (نعمة الخفاجي) الى طابعه الذي منحه التميز والتفرد بين العوامل الاخرى من حيث كونه يشكل محور ادراك المثير (البيئة) وتبني الاستجابة (الخيار) ومن ثم يتشكل السلوك الاستراتيجي في صياغة أسلوب البقاء للمنظمة، وأردف قائلاً بأن من أسباب اختلاف أساليب الادارة وفلسفاتها وقراراتها، إنما يعود الى اختلاف المديرين والاستراتيجيين في المنظمة لامتلاك موارد وأساليب معرفية[١]. ويعرج (Glueck) الى أهمية هذا العامل من كونه يتضمن النظر في الظاهرة ضمن النسق المعرفي للادارة العليا من حيث الرؤية الموضوعية في تفسير الحقائق ووضعها في اطار منطقي أو النظر لنفس الظاهرة من خلال الرؤية الذاتية للحقائق وتفسيرها في اطار حكمي، لاسيما وأن الحقائق إن وجدت لا تتكلم عن نفسها وإنما تخضع لتفسير الاستراتيجي في المنظمة[٢]. والمعرفة في تعريفها الاصطلاحي عند (أحمد زكي بدوي) بأنها العملية التي يدرك بمقتضاها الفرد ويفسر ما يحيط به، ويتضمن الادراك جميع العمليات التي يحصل بمقتضاها الفرد على المعرفة بما في ذلك التفكير والتذكر والتخيل والتقييم والحكم[٣].

ويعد العامل المعرفي في اطارنا البحثي أحد الوسائل التي تفصح عن صياغة التوافق والانسجام الفكري (Cognitive Consonance) على مستوى القرار الاستراتيجي أو الادارة العليا. إذ أن التنافر الفكري (Cognitive Dissonance) قد يشكل أحد القيود أمام فاعلية القرار الاستراتيجي، لا سيما

---

(١) نعمة عباس خضير الخفاجي ، "المدخل المعرفي في تحليل الاختيار الاستراتيجي : دراسة اختبارية في صناعة التأمين العراقية" ، اطروحة دكتوراه غير منشورة ، قسم ادارة الاعمال - جامعة بغداد ، العراق ، ١٩٩٦ ، ص ١١ و ١٣ .

(٢) Glueck W.F., "Business Policy and Stratigec Management", (McGraw-Hill, Kogakusha, Ltd. , 1980) , P. 281 .

(٣) أحمد زكي بدوي ، "معجم مصطلحات العلوم الادارية" ، (دار الكتب المصري واللبناني ، القاهرة ، بيروت ، ١٩٨٤) ، ص ٩٩

وأن التعدد الفكري (Cognitive Multiplexity) ينبغي أن يمر عبر مبدأ التداؤب (Synergy) وصولاً الى الترابط الفكري والذهني (Cognitive Interconnectedness) كأحد ركائز قوة القرار الاستراتيجي وفاعليته .

٢- عامل المخاطرة : لقد حضي عامل المخاطرة بأهمية بالغة في عملية اتخاذ القرار الاستراتيجي. ويشارك متخذوا القرار الاستراتيجي في احكام العلاقة بين تحمل المخاطرة والعائد المتوقع من ذلك. وتعرف المخاطرة على أنها غموض تحقيق النتائج المتوقعة(1). وفي اطار الادارة الاستراتيجية ينظر الى المخاطرة على أنها تخمين ذاتي يحدده المدير حيال النتائج التي من المحتمل أن تحققها المنظمة عند اتخاذها قرار أو فعل معين .

إن موضوع المخاطرة يقترن بطبيعة توجهات المديرين نحو قبول المخاطرة من عدمه. ولذلك فإن المدير الاستراتيجي الذي يميل الى تحمل المخاطرة يتخذ قراراً استراتيجياً يختلف في محتواه عن المدير الذي لا يميل الى المخاطرة، ومن الطبيعي أن الاتجاه والميل يعدان من العناصر السلوكية التي تعبر عن الهيئة الفكرية بل العقلية لدى المدير. وعلى هذا الاساس فإن فاعلية القرار تقترن بمدى قدرة المدير على تقدير العلاقة بين العائد ومستوى المخاطرة التي يتحملها المدير فضلاً عن نقطة القرار الاستراتيجي التي تتحدد عندها مستوى أو معدل العائد المتوقع أمام كلف المخاطرة المتوقعة. كما يتحدد البديل الذي يقع عليه اختيار المدير على ضوء المفاضلة المحسوبة في مخيلة وفكر المدير .

٣- التناسب الحركي بين القرار كهدف ووسيلة تنفيذه : يشير (الاعرجي) الى أن افرازات الموقف وماينجم عنه من متغيرات قد تؤثر في ميل القرار الاستراتيجي نحو حالة اللاتناسب الحركي والوقوع في أزمة. وقد يكون ذلك بسبب التغييرات غير المسيطر عليها في عوالم الموقف(٢). وفي حالة ادراك متخذ

---

(1) Harvey , Op. Cit. , P. 178.

(٢) عاصم محمد حسين الاعرجي ، مصدر سبق ذكره ، ص ١٤ .

القرار الاستراتيجي لطبيعة الفجوة المتوقعة بين الهدف والوسيلة المشار اليها فإن حالة التناسب الحركي قد تتحقق وإلا فإن الامر يؤول الى حالة أزموية وقصور وسائل التنفيذ عن بلوغ تنفيذ الاهداف الاستراتيجية .

٤- حدود العقلانية : يشير (Simon) الى أن المدير يبحث عن خيار أو بـديل قابل للتطبيق وبدائل نهائية[1]. وإن القدرات العقلية للانسان لا تتسم بالمثالية وإنما تتباين من حيث رؤيتها للخيار ومقيدة بعوامل ذاتية وفسلجية، لذا فهي تختـار عـلى نحـو مـرض للـذات الانسانية مقيدة بمثلث أضلاعه هي قيم ومهارات ومعرفة متخذ القرار. إذ أن هذه الاضلاع تختلف مع اختلاف الافراد ومتخذي القرار. وعـلى هـذا النحـو فإن فاعليـة القـرار الاستراتيجي في سياق عنصرـ العقلانيـة يـرتبط بمـدى تحقيقـه لمصـالح الاطـراف ذوي الصـلة بنشـاط المنظمـة وأهـدافها الاستراتيجية .

إن سرد الخصائص والعوامل ذات الصلة باتخاذ القرار الاستراتيجي (مفهوماً ومحتوىً وفاعليـة)، لا تقـف عنـد مـا تـم طرحـه مسّبقاً، وإنما هنـاك علاقـة متداخلـة بـين تلك العوامـل والخصائص ومن الصعب فصلها بعضها عن بعض. ومن زاوية جدلية المنطلـق فإن المحـور هـذا لا يستبعد تصنيفها على نحو تتعلق بعوامل خاصة بمتخذ القرار وأخرى خاصة بالمنظمة وثالثة خاصة بالقرار الاستراتيجي ذاته ورابعة خاصة بالبيئة. والذي يهمنا هنا هو ميل البحث الى تعميق العوامل الخاصة بمتخذ القرار من حيث قدرته العقلية وتفكيره الاستراتيجي وسياقات ميله لاختيار مـدخل محدد في اتخاذه للقرار .

---

(١) Hodge B.J. & Anthony W. P., "Organization Theory: A Strategic Approach",(4 rth ed.), (Allyn & Bacon , U. S. A. , 1991) , P. 269 .

رابعاً : أصالة مفهوم المصطلح الاستراتيجي :

تعد الحاجة الى تقديم المصطلح الاستراتيجي في سياق اللغة العربية واسهامات الباحثين في تراثنا العريق من الامور المهمة. لاسيما وأن الثقافة اليوم في عالمنا الاسلامي والعربي تحتاج الى تعريف معاصر يبرز حركيتها وسعة مفهومها .

إن مصطلح استراتيجي واستراتيجية أصبح شائع الاستخدام في مختلف الميادين المعرفية. وأن غياب أصل المصطلح في اللغة العربية وعلى وفق ما تناوله الباحثون ضمن تراثنا الاسلامي والعربي يعد في توجهات بحثنا مثلبة ينبغي التنويه عنها. ويشير (عبدالمالك بو حجرة) الى أن المشكلة ترجع بالدرجة الاولى الى الجهل الفادح للمباديء التي بنيت عليها العربية وانعدام الاجتهاد لحد ما[١]. ورافق عجز الباحثين عن تناول المصطلح العربي جمود وخمول ولجوء الى التقليد والمحاكاة بشكل مبالغ فيه ازاء المصطلح الاجنبي، وبات اسهام الباحث العربي يتلاشى شيئاً فشيئاً حتى أصبح النظر الى المصطلح الاجنبي وكأنه ابداع لا مثيل له. وضمن هذا السياق فإن أصالة المصطلح في اطار تراثنا الاسلامي والعربي يطرح مرادفات تغني عن التقليد والشروع بالابداع في التعبير عن المفهوم .

إن أهمية الولوج في هذا الموضوع لايقف عند مسألة استبدال الالفاظ وإنما هي حالة فكرية وسلوكية كانت وراءها المجتمعات الراغبة في التمكين والمحافظة على السبق الحضاري والحريصة على مواكبة التقدم والتنافس ابتكاراً وابداعاً في مختلف مجالات الحياة، إذ أن اللغة هي جزء مهم في الثقافة وإن العلم جزء فاعل في الثقافة ومنصهر فيها[٢].

إن علم الادارة كان معروفاً عند علماء المسلمين والعرب، إلا أنه كان مصنفاً تحت عناوين مختلفة. إذ أن لفظ الادارة كان نادر الاستعمال، في حين شاع

---

(١) عبدالمالك بو حجرة ، "اقتراح في تكوين المصطلحات العلمية العربية" ، مجلة العلوم الانسانية ، منشورات جامعة قسطنطينة ، عدد ٩ ، ١٩٩٨ ، ص ٨٧ .

(٢) محمد بريش ، مصدر سبق ذكره ، ص ٧٨ .

لفظ التدبير في كتاباتهم. وكان لفظ التدبير يعبر عن تصريف أمور الدين والدولة والمنظمات في المجتمع. كما شاع لفظ التدبير في العهدين الاموي والعباسي، ومن أشهر ما كتب في ذلك أبو الحسن الماوردي[*] (٣٦٤-٤٥٠ هـ). إذ استخدم لفظة التدبير ليعني بها عملية التفكير في الامر وتوخي أصلح الطرق للقيام بعمل ما حول موضوع معين. ويحمل هذا المعنى ما أصطلح عليه باللفظ الاجنبي الادارة الاستراتيجية[١].

كما تطرق الثعالبي[**] في كتابه "تحفة الوزارة" الى طرح مصطلح الوزارة التفويضية

ليشير بها الى ما يقابلها من مصطلح "المديرين الاستراتيجيين" حيث عرفها بأنها مستوى الادارة التي تمتلك أمور التدبير والعقد والحل والتقليد والعزل. وميز عنها لفظ التنفيذية ليعني بها مستويات الادارة الوسطى والتشغيلية التي تأتمر بتوجيهات الوزارة التفويضية (الوزارة المطلقة)[٢] .

لقد شاعت كلمة الادارة في الدراسات الحديثة واضمحلت كلمة التدبير. وقد يعزى ذلك الى ميل أغلب الباحثين الى تفضيل الترجمة الحرفية الصماء من اللغات الاجنبية دون ادراك الاختلاف في المدلولات القيمية والثقافية ولكلا اللغتين فضلاً عن اشكالية شراك الترجمة .

لقد ميز الماوردي والثعالبي محتوى المصطلح الاستراتيجي من خلال مدلولاته في اللغة العربية، حيث خص مهام التدبير التفويضي (الادارة الاستراتيجية) باحكام شامل وعام لمسار المنظمة وتوجهاتها، في حين خص مهام التدبير التنفيذي

(*) هو أبو الحسن علي بن محمد بن حبيب الماوردي ولد بالبصرة عام ٣٦٤ هـ وتوفي عام ٤٥٠ هـ (عام ١٠٥٨ م) ورحل الى بغداد وتعلم وعلم فيها ، ومن أشهر كتبه (الاحكام السلطانية) و (الوزارة) و(تسهيل النظر وتعجيل السفر) و (نصيحة الملوك) .

(١) محمد ابراهيم المبارك ، "الادارة والتدبير" ، الادارة العامة ، العدد ٥١ ، سبتمبر ١٩٨٦ ، ص ٨٠ .

(**) هو أبو منصور عبدالملك بن محمد بن اسماعيل ، الشهير بالثعالبي النيسابوري . كانت ولادته عام (٣٥٠ هـ – ٩٦١ م) وتوفي عام (٤٢٩ هـ - ١٠٣٧ م) .

(٢) محمد ابراهيم المبارك ، مصدر سبق ذكره ، ص ٨١ .

(الادارة الوظيفية) باحكام كفاءة الـدائرة أو القسـم وتطورها. أمـا التـدبير الاشرافي وهو مايقابل مصطلح (الادارة الاشرافية) فقد خصها بعملية احكام كفاءة المدخلات وتطويرها[١]. وعنـد التـمعن بعناصر التمييز في اطار الطروحات الحديثة حول هذا الموضوع فإن تقسيم المهـام عـلى النسـق آنـف الذكر طرح ضمن مصطلحات استراتيجية المنظمة (الاستراتيجية الشمولية) التي تعنـى قراراتها الاستراتيجية بتوزيع الموارد النادرة بما يخدم التوجهات الاستراتيجية للمنظمة واستراتيجية الاعمال والتي تعنـى قراراتها الاستراتيجية بتطوير الوضع التنافسي على مستوى وحدات الاعمال الاستراتيجية في حـين تعنـى (الاستراتيجيـة الوظيفيـة والتشغيلية) باتخـاذ القرارات ذات الصلة بتطوير اداء المدخلات ورفع كفاءتها الانتاجية .

إن دلالات المعاني قد تختلف من لغة الى أخرى، وفي هذا السياق نجد ماخلفته شراك الترجمـة للمصـطلح الفرنسيـ (d'Administration) الى الـنص في الانكليزيـة، حيـث تـرجم الى مصطلح (Administration) تارة والى (Management) تارة خرى. وقد ترتب على اختلاف الـنص تكوين آراء أدت الى جدل طويل الامد ليس بسبب الكلمة وإنما بسبب الدلالات اللغوية التي رافقتها[٢]. ولـما كان هذا الامر أدى الى تناقضات في تحليل النص ومدلولاته على مستوى الاوساط الغربية، فكيـف اذن في الاوساط الناطقة باللغة العربية وغيرها. حيث اعتمد الباحثون سياقات أكثر اشكالية، ومنها ترجمة الالفاظ الـواردة مـن اللغـات الاجنبيـة الى نـص حـرفي. وسـاير هـذا الجمهـور مـن البـاحثين السياقات التي نقلت ألفاظاً من الاغريقية الى الانكليزية أو الفرنسية وغيرها. وبذلك فإن غياب النظر في دقائق المعاني ساهم في تلوث البحث ولغته في اللغـة العربية. فضلاً عـن شيوع ظاهرة الاختلال المفهومي في كثير من الاحيان، وعدت هـذه الظاهرة مـن أخطـر الامراض التي تصيب المفاهيم وتحريف معناها. وقد يكون ذلك تحقيقاً لمقاصد معينة وأغراض فكرية ومعرفية عند مـن يمارسه. ويمكن أن نلقي على هذا التصور أضواءً شارحة عندما نجد من يستبدل

---

(١) نفس المصدر ، ص ٨٩ .

(٢) محمد ابراهيم المبارك ، مصدر سبق ذكره ، ص ٨٤ .

كلمة عقيدة بكلمة انسانية في حالة ترجمة مصطلح كهذا، فالعقيدة تعني شيئاً كبيراً في بنية المفهوم الاسلامي للكلمة وتبنى عليه منظومات سلوكية تختلف في دلالاتها للمفهوم عن مفهوم الانسانية. ولذلك ينبغي أن يكون المترجم على وعي تام بأصول اللغتين المترجم منها واليها وثقافتيهما ريثما يختار المصطلح المقابل بدقة وإلا قد يحدث الخطأ الدلالي في الترجمة .

لقد قامت محاولات عديدة على مستوى اختيار المصطلح العربي الدقيق لما يعنيه المصطلح الوارد من اللغة الاجنبية، ومن هذه المحاولات دراسة (محمد المبارك)[1]، حيث بحث في التراث العربي عن مايقابل كلمة "استراتيجي" فوجد مصطلح "احكامي" والتي أشتقت من مادة "حكم"، وأحكم الشيء احكاماً فأتقنه، ويقال عنه يحسن دقائق الصناعات ويتقنها حكيم. وقد سمى الاعشى القصيدة المحكمة حكيمة. وفي هذا السياق فإن "القرار الاستراتيجي" يقابله مصطلح "القرار المحكم". وقد ورد في القرآن الكريم مفهوم الاحكامية (الاستراتيجية) في أكثر من آية ... وفي قوله تعالى (ربنا وابعث فيهم رسولا يتلو عليه آياتك ويعلمهم الكتاب والحكمة ويزكيهم إنك أنت العزيز الحكيم) {البقرة: ١٢٩} ويفسر ابن كثير المتوفى عام (٧٧٤ هـ) لكلمة الحكمة في الآية المذكورة (ويعلمهم الكتاب والحكمة) أي يعلمهم الخير فيفعلوه والشر فيتقوه). وقوله تعالى (إنك أنت العزيز الحكيم)أي العزيز الذي لا يعجزه شيء وهو قادر على كل شيء، الحكيم في أفعاله وأقواله فيصنع الاشياء في مجالها لعلمه وحكمته وعدله. وفي تفسير الشيخ حسنين مخلوف في "صفوة البيان لمعاني القرآن" بأن قوله تعالى (ويعلمهم الكتاب والحكمة) وهي في الاصل اصابة الحق واتقان الدور ووضع الامور في نصابها الصحيح على هدي من القدرة والارادة التي يمتلكها الحكيم .

إن المتتبع للمعنى الدلالي في المصطلح العربي يجد بأن الاحكامية تقابل الاستراتيجية، والتدبير المحكم تقابل الادارة الاستراتيجية، ويجد نفسه أمام تراث يزخر بكل ما يحتاجه ميدان المعرفة في الادارة وغيرها .

---

(١) نفس المصدر ، ص ١٢٨ .

المبحث الثاني

مداخل اتخاذ القرارات الاستراتيجية

تمهيد :

خضعت مداخل اتخاذ القرارات الاستراتيجية الى جدل مستمر، ويدور الجدل حول كيف ينبغي للمدير أن يتخذ القرار[١]. وعلى مر التاريخ كان الحوار قائماً بين من يميل نحو عقلنة القرار كأساس لتعظيم العوائد المتوقعة في اطار مفهوم الرجل الاقتصادي (Economic Man) من جهة، وبين من يدحض هذه الرؤية ويتهمها بكونها غير واقعية. واستبدلت بطرح مفهوم الرجل الاداري (Administrative Man) والبحث عن الحلول الوسطية في عوالم القرارات. وأعقبت هذه القطبية في المنظور رؤى عديدة حملت مسميات عديدة آلت الى انبثاق مداخل مختلفة لاتخاذ القرارات. وفي هذا السياق يتناول هذا المبحث مداخل اتخاذ القرارات الاستراتيجية التي تعكس في محتواها معالم الهيئة الفكرية لمتخذ القرار ورؤيته في مرحلة اختيار البديل الاستراتيجي حصراً، دون الخوض في عملية صنع القرار الاستراتيجي ومراحله .

إن مرحلة اتخاذ القرار الاستراتيجي هي محور عملية صنع القرار، سيما وأن المديرين الاستراتيجيين يستخدمون تحليلاتهم الخاصة للمشاكل والاهداف والبدائل لغرض اختيار بديل يحقق في نظرهم فرص النجاح[٢].

المعطيات الفلسفية لمداخل اتخاذ القرار الاستراتيجي :

تمثل المعطيات الفلسفية في مجال البحث عن ماهية مداخل اتخاذ القرار الاستراتيجي كماً ضخماً من المعارف التي تم التعامل معها بشكل أو آخر، وفق

---

(١). Steiner & Miner , Op. Cit. , P. 204

(٢). Daft , Op. Cit. , P. 357

مُناظير المهتمين بهذا الميدان، وقد يتضمن الطرح النظري تناقضات وتوجهات مضادة، وفي هذا السياق فقد تم التعامل معها بعناية فائقة، كي يكون نسيج الافكار متوحداً، ويعرض هذا المبحث اطاراً تتناسق مكوناته النظرية بما ينسجم مع بعض المطالب والضرورات العلمية. ويستند تصنيفنا للمداخل على أسس فلسفية تحاور منطق البناء النظري ذي الصلة بموضوع البحث فضلاً عن رفد أنموذج البحث بالادلة الموضوعية والاصالة النظرية وعلى النحو الآتي :

أولاً : الخارطة العقلية المعرفية وصيغ اتخاذ القرار الاستراتيجي Cognitive Map:

تعد الخريطة العقلية المعرفية أو ماتسمى بخارطة الادراك أحد الاساليب التي يلجأ اليها متخذ القرار الاستراتيجي في تقويم وتفسير بدائل القرار الاستراتيجي لحظة عرض تلك البدائل عليه[١]. إذ أن اختيار مدخل معين عند اتخاذ القرار يعتمد على المعرفة (Cognition) التي يحيط بها متخذ القرار. وأن هذه المعرفة هي حصيلة العملية العقلية التي يصبح بها الفرد واعياً ببيئته الداخلية والخارجية، فضلاً عن اتصاله المستمر بهما. كما أن عمليات المعرفة في هذا الاطار تتضمن الاحساس، والادراك، والانتباه، والتذكر، والربط، والحكم، والتفكير، والوعي[٢].

ويشير (Janis, 1989) الى أن البدائل التي تجتاز مراحل عملية صناعة القرار الاستراتيجي ستؤول بالنتيجة الى شعور متخذ القرار في الادارة العليا بأهمية البديل دون غيره[٣]. وعندئذ يخضع البديل الى معيار تخمين متخذ القرار وماتقرره الخارطة الادراكية من أشكال الالتزام بالافعال التي ينبري عليها البديل الاستراتيجي (Commitment to Action). ويضيف كل من (Klayman & Schoemaker ,1993) الى أن معيار التخمين يعتمد على المخزون المعرفي في الذاكرة البعيدة لمتخذ

(١) عبدالمنعم حنفي،"موسوعة علم النفس والتحليل النفسي"، (دار مأمون للطباعة، القاهرة، ١٩٧٥)، ص١٤٣.

(٢) نفس المصدر ، ص ١٤٣ .

(٣) Noorderhaven , N., "Strategic Decision Making", (Addison-Wesley, G. B., 1995), P.33.

القرار الاستراتيجي ويجعل من هذا المخزون مسوغاً لاختيار البديل الاستراتيجي من بين البدائل المتاحة[١].

ويضيف (Achwenk , 1988) الى ماسبق ذكره بأن الاطار العقلي المعرفي لمتخذ القرار الاستراتيجي يتضمن مجموعة من الافتراضات الاستراتيجية (Strategic Assumptions) حول مضمون معين .ويسترسل كذلك في عد هذا الاطار حالة تعكس معتقدات (Beliefs) متخذ القرار حول أهمية الموضوعات وطبيعة العلاقة السببية بين مقدمات الموضوع وغاياته[٢].

إن اختلاف الخارطة الادراكية أو الاطار العقلي المعرفي يعني اختلاف افتراضات متخذ القرارات الاستراتيجية وبالتالي اختلاف اختياراتهم حول المدخل المناسب لاتخاذ القرار الاستراتيجي .

ثانياً : مدخلي المحتوى والعملية وصيغ اتخاذ القرار الاستراتيجي :

Process and Content Approachs

تعددت المداخل والاساليب الباحثة عن طبيعة الحصول على المعرفة المؤدية الى تفضيل توجه فلسفي بصدد اتخاذ القرار دون غيره، أو باتجاه حل مشكلة معينة أو مواجهة موقف مستعص. وفي هذا الصدد يشير (Romme , 1993) الى اتجاهين مهمين يساعدان في الوصول الى اختيار البديل الذي يحقق أفضل نتائج النجاح. وهذان الاتجاهان هما مدخل المحتوى (Content Approach) ومدخل العملية (Process Approch) ويرى (Thomas , 1988) في مدخل المحتوى على أنه ينطلق من استخدام الخبرة المتراكمة في اختيار البديل تحت مختلف الظروف والاحوال[٣].

---

(١) Noorderhaven, N, "Strategic Decision Making", (Addison-Wesley, G. B., 1995), P. 76.

(٢) Ibid , P. 76 .

(٣) Romme A. G. L. , "A Self - Organization Perspective on Strategy Formation" , (Data Wyse , N. Y. , 1993) , P. 3 .

يستند مدخل المحتوى الى مجموعة افتراضات تشابه افتراضات منهج الاستدلال (Deduction). إذ يتضمن هذا المنهج أسلوب القياس المنطقي والكشف عن القوانين والظروف التي تحكم الظواهر والاحداث أو المشكلات[١]. ويعد هذا المدخل أداة تساعد متخذ القرار الاستراتيجي في النظر الى الامور العامة والمؤشرات العامة ثم يتدرج نحو النظر الى الجزئيات. أي أنه يبحث في الميادين الاساسية ويستدل بها على النتائج المتوقعة. كما ينبغي لمتخذ القرار عند تبنيه لهذا المدخل أن يتقن المعرفة النظرية وفلسفتها كي يحيل الظواهر الى قوانين تستند الى المنطق المعرفي ومجاله، ومستفيداً من خبرته في تفسيره الذاتي للبيانات والمعلومات الخاصة بالقرار[٢].

أما بخصوص مدخل العملية (Process Approach) فيذهب التركيز هنا على أهمية تطبيق خطواته واجراءات علمية ضمن نسق محدد ينطوي عليه اختيار البديل الذي من المحتمل أن يحقق النجاح المطلوب[٣] . يتطابق محتوى هذا المدخل مع افتراضات المنهج الاستقرائي (Induction) إذ يعتمد متخذ القرار عند تبنيه هذا المدخل تتبع الجزئيات بغية الوصول الى أحكام عامة[٤]. ومن الضروري أن يتقن متخذ القرار المعرفة التطبيقية وتحليل الواقع والوصول الى قوانين كمية قادرة على تفسير المشكلة .

يستنتج من الحوار الفلسفي آنف الذكر، تكامل المدخلين في تغطية المستلزمات النظرية لاتخاذ القرار الاستراتيجي، سيما وأن منطق العلاقة الفلسفية بين الاستقراء والاستدلال تبدو لنا علاقة تامة وضرورية. وهذه العلاقة تؤلف امتداد الرؤية المحيطة بالقرار الاستراتيجي في فضاء المعطيات المعلوماتية المتنوعة في

---

(١) عامر ابراهيم قنديلجي ، "البحث العلمي واستخدام مصادر المعلومات" ، (الجامعة المستنصرية ، بغداد ، ١٩٩٣) ، ص ١٧ .

(٢) Thomas J. G. , “Strategic Management” , Harper and Row , N. Y.) , P.6 .

(٣) Romme , Loc - Cit.

(٤) عامر ابراهيم قنديلجي ، مصدر سابق ، ص ١٨ .

مقدماتها بين دواعي المحتوى ودواعي الحقائق إذ أنه من الممكن أن يكون الاستقراء طريقاً للاستدلال وبالعكس، كما أن استنطاق هذه العلاقة تفصح عن امتداد الجزئي الى الكلي، والحسي- الى العقلي، والمشخص الى المطلق، ومن ثم الاحاطة بمعالم الاشياء الى الاحاطة بالنسق الشامل الذي تؤلفه فلسفة اتخاذ القرار الاستراتيجي .

ثالثاً : المدخل المعياري والمدخل الوصفي ومتضمنات اتخاذ القرار الاستراتيجي :

Normative-Descriptive Approachs and the Context of Strategic ecision Making:

تداول علماء الادارة الاستراتيجية مصطلحات عديدة تختلف في النص وتتشابه في المضمون. وعند تحليل مضمون النص لمسميات مختلفة نجدها قد انطلقت من بداية فكرية واحدة، يمضي- أحدها في السبق الفكري ويسعى الآخر الى الابداع والتقويم لما مضى- وتعد الاطر الفكرية آنفة الذكر سواء ما جاء في مدخل المحتوى والاستنباط أو في مدخل العملية والاستقراء هي بالاساس حلقات مهمة في باب بناء فلسفة اتخاذ القرار الاستراتيجي. بل هي جوهره وحجر الزاوية إذا أردنا الدقة. وهذه التوطئة تقودنا الى استكمال حلقات الاجتهاد في الفكر الفلسفي الاداري وما حوى هذا الفكر من تقويم واضافة لمتضمنات المنهج الفكري في ثنائيته الجدلية. إذ يتراوح اختيار البديل الناجح في منظور متخذ القرار الاستراتيجي بين رؤية معيارية للقرار ورؤية وصفية له. وأن عملية التفضيل للبديل الناجح تكمن في اختيار متخذ القرار لمنهج محدد يعكس افتراضاته الخاصة بعلية تفضيلاته للاختيار. ومن هذه النقطة تظهر ثنائية التسويغ بين تأييد للبديل وبين معارض له. وأن بناء الافتراضات هي بالاحرى انعكاس لقواعد المعلومات التي قد حوتها الخارطة الادراكية لمتخذ القرار. وتؤثر هذه القاعدة في تحديد معالم خاصة تميز مداخل اتخاذ القرار وعلى النحو الآتي :

أ. المدخــل المعيـاري Normative Approach :

يشير (Thomson , 1967) الى أن وضوح العلاقات بين الاسباب والنتائج مـن جهـة وامكانيـة رفد هذه العلاقات بالحقائق والمعطيـات الواقعيـة مـن جهـة أخرى يعـزز امكانيـة متخـذ القرار الاستراتيجي في رصد حركية البيئة والتنبؤ بها[1]. وعند تمتع واقع مناخ اتخاذ القرار بهـذه المقدمات فإن هيمنة المدخل المعياري على استراتيجية اتخاذ القرار تصبح مجدية. سيما وأن المدخل المعياري يتمتع بأغلب الاسباب المتاحة أمام الحل الامثل. وفي هذا الاطار فإن أغلب النظريـات التـي تصدت لموضوع اتخاذ القرار الامثل كانت تتحدث من منطلق نسق العقلانية. وأصبح منهج العقلانية قريناً للمـدخل المعيـاري في اتخـاذ القـرار. وقد واجـه منهج العقلانيـة قبـولاً واسعـاً في ميـدان الادارة والاستراتيجية، وفي نفس الوقت لقي معارضة اختلفت شدتها باختلاف الرؤية التـي قيمت هـذا المنهج. وضمن هذا النسق الفلسفي ظهرت أوجه مختلفة للعقلانية تقترن بافتراضات تصف منطق العقلانية وأنماطها على النحو الآتي[2] (March & Simon , 1993):

١- العقلانية الحقيقية (Substantial rationality) :

يحتل هذا النمط من العقلانيـة حيزاً محدوداً في مساحة العقلانيـة. وتقـترن هـذه العقلانيـة بتوافر كافة البيانات الموضوعية عن البديل الاستراتيجي. ويتخذ المدير الاستراتيجي قراره على أسـاس الوضوح التام بين مقدمات المشكلة ونتائجها. ويهتم المدير باختيار البديل الذي يحقق أقصى- قـدر من النجاح المخطط له .

٢- العقلانية الاداتية (Instrumental rationality) :

تعبر هذه العقلانية عن حسن استخدام الوسائل المناسبة عنـد اختيـار البـديل الاستراتيجي بغية الوصول الى النتائج المتوقعة. ويؤخذ على هذا النمط من العقلانية حالة عـدم تناسب دواعـي القرار بالنتائج المتوخاة منه .

---

(١). Noorderhaven , Op. Cit. , P. 47

(٢). Ibid , P. 47

٣- **العقلانية المعرفية** (Cognitive rationality) :

تمر عقلانية اختيار البديل وفق هذا النمط من خلال النظام القيمي للمدير الاستراتيجي. إذ يستند اختيار البديل واتخاذه مشروعاً للقرار على قاعدة معلومات يحددها متخذ القرار، وتنطبع هذه القاعدة بقيم المدير. ويصبح القرار الاستراتيجي حالة تعبر عن معاني القيم. وعد بعض الباحثين هذا النمط لوناً من ألوان العقلانية الاداتية .

٤- **العقلانية الاجرائية** (Procedural rationality) :

يقوم هذا النمط على افتراض فلسفي مفاده أن متخذ القرار الاستراتيجي يمتلك مزايا من أهمها احاطته بمقدمات المشكلة وعواقبها فضلاً عن امتلاكه هيئة فكرية تطرح قواعد معلوماتية ترفد عملية اختيار البديل الناجح. وتتحقق العقلانية الاجرائية من خلال تفاعل هذه المزايا واحالتها الى مجموعة اجراءات ينبغي أن تحقق عملية الاختيار الدقيق للبديل الاستراتيجي .

يستنتج من العرض الفلسفي آنف الذكر، أن التمييز بين أنماط العقلانية تساعد في فرز مقاصد العقلانية التي يصبو متخذ القرار الاستراتيجي بلوغها. إذ تتحدد هذه المقاصد ضمن مسارين هما، عقلانية الاختيار وعقلانية النتائج المتوقعة. وإن عقلانية الاختيار تتحقق من خلال العقلانية المطلقة (الحقيقية) والعقلانية الاداتية. في حين تتحقق عقلانية النتائج عبر العقلانية المعرفية والعقلانية الاجرائية. ومع اختلاف متضمنات العقلانية فإن العقلانية على أية صورة كانت تعد أمراً ضرورياً لبلوغ البديل العقلاني في اطار المدخل المعياري لاتخاذ القرار الاستراتيجي .

إن الحوار الفلسفي الذي امتد بين من يقف مع أقصى اليمين للمعيارية ومساندة مستميتة لاراء العقلانية المطلقة وتعضيدها من جهة، وبين من يذهب نحو اليسار في منهج المعيارية. وكل فريق يضّمن فلسفته آراء خادمة لغاياته وأهدافه المتمثلة في تقليل الفعل الميداني لحجج الخصم وأدلته وبراهينه، وسعياً وراء الانتصار لمقرراته ومتبنياته، وفي هذا الاطار اقترح العالمان (Dean & Sharfman , 1993)

مدخلين فرعيين يمثلان ثنائية المدخل المعياري في اتخاذ القرار الاستراتيجي وعلى النحو الآتي[١]:

١. **المدخل الهيكلي الرسمي** (Formal Structred Approach) :

يقترن الاخذ بهذا المدخل بهيمنة متخذ القرار الاستراتيجي بشكل مطلق على جميع المعلومات والمعرفة اللازمة لاختيار البديل الاستراتيجي. وقد طور (Steiner & Miner, 1977) مجموعة من المؤشرات التي تعبر عن آلية العمل بهذا المدخل من أهمها الآتي[٢]:

* يخطط للقرار من خلال قنوات الهيكل الرسمي بعد استكمال كافة مستلزمات اتخاذ القرار الاستراتيجي .

* تعبئة كافة العناصر النشطة وذات الصلة لغرض تهيئة بيانات دقيقة وتفصيلية لأغراض اتخاذ القرار .

* توظيف المنطلقات الفلسفية للمنهج العقلاني في اعداد بنية معلومات القرار.

ويعزز (Bell, et al , 1990) هذه المؤشرات بأهمية اعتماد الاسلوب الكمي والنماذج الرياضية في حساب النتائج المتوقعة من اختيار بديل محدد. فضلاً عن ربط النتائج بما يحقق البديل من بواعث اقتصادية مدعماً ذلك بالحقائق[٣].

كما ساهم (Johnson & Scholes , 1993) في تفسير هذا المدخل من كونه مدخلاً قطعياً وغير مرن. ويستند في هذه الرؤية الى كون اختيار البديل الاستراتيجي مقيداً بفلسفة الادارة العليا والمحددة سلفاً[٤].

---

(١). Ibid , P. 48

(٢). Steiner & Miner , Op. Cit. , P. 200

(٣) Bell D. E., Raiffa H. & Tversky A., "Descriptive, Normative, And Prescriptive Interactions In Decision Making" , Journal of the Operation Research Society, Vol. 14, No. 3, March 1990, PP. 10-11 .

(٤). Johnson , & Scholes , Op. Cit. , P. 42

إن المدخل الهيكلي - الرسمي هو أحد الاوجه القصدية (Intent Facet)، إذ أن مقاصد القرار والاختيار قد حددت مسبقاً قبل تطوير البدائل، وبهذا فإن البدائل التي تظهر تكون في حدها الادنى .

٢. **المدخل التراكمي - الفرعي** (Incremental Approach) :

يقع المدخل الفرعي ضمن فلسفة المدخل المعياري إذ يبين(Bell, et al, 1990) أن حصول متخذ القرار على جزء مهم من المعلومات الضرورية والمعرفة المناسبة تكفي أن يتم في اطارها اختيار البديل القراري .

وأوضح (Lindblom , 1959) أن الانسان يتمتع بقدرات تفكير محدودة عند تعامله مع المشكلات المعقدة. ويؤدي ذلك بشكل تلقائي الى نقص في المعلومات ومن ثم الى صعوبة الالمام بكل البدائل. لذا فإنه أنكر قدرة الاسلوب المثالي على التعامل مع المشكلات المعقدة ومن الوهم امكانية اخضاع المشكلات للارقام والمقاييس الرياضية. بيد أنه رأى في نظرية اتخاذ القرارات الاحصائية أو الرياضية أسلوباً لتبسيط المشكلة وتقديمها بأنموذج مبسط للواقع[١]. كما عرض كذلك (Lindblom) فكرة المدخل الفرعي الذي يقوم على مبدأ الاضافات المتقطعة (Disjointed Increment) القائمة على تحديد الاهداف بشكل مبسط والآخذ بعناصر قليلة ذات صلة مباشرة بالقرار. ويلجأ المدير الاستراتيجي الى اجراء تحليل منطقي لتلك العناصر وتشخيص السلوك التاريخي لمتغيرات القرار والسلوك المتوقع له[٢].

لقد بذلت جهود بحثية عديدة تقترب توجهاتها مع ثوابت المدخل الفرعي، ومن تلك البحوث ما يطلق عليها بأنموذج كارنيجي لاتخاذ القرارات (Carnegie Model). وأعد هذا الانموذج من خلال حصيلة أعمال العلماء Richard)

---

(١) محمد حربي حسن ، "علم المنظمة" ، (مديرية دار الكتب للطباعة والنشر ، موصل ، عراق ، ١٩٨٩) ، ص ص ٢١١ - ٢١٢

(٢). Bell , et al , Op. Cit. , P. 9

March,and Herbert Simon) Cyert,James حيث أجريت بحوثهم في جامعة ميلون كارنيجي (Carnegie-Mellon University) ودارت تلك البحوث حول مفهوم العقلانية المحدودة لمتخذ القرار، وأدت نتائجها الى طرح تصورات مماثلة للمدخل الحالي حول القرارات المنظمية[١].

إن من أهم الاعتبارات التي رافقت هذا المدخل هو النظر الى البدائل القرارية من خلال فلسفة المثالية الواقعية، فضلاً عن عدم امكانية جمع المعلومات أو المعرفة التي تتطلبها عملية اتخاذ القرار الاستراتيجي من شخصيات تتمتع بنفس القدر من المثالية أو ما اصطلح عليها بالمثالية المطلقة. وبخصوص النظر الى متغيرات القرار فإن عملية قياسها كمياً قد يصلح لجزء منها، إذ تبقى هناك متغيرات ذات صلة بالقرار ذات طبيعة وصفية يصعب تكميمها. وأبرز (Daft , 1996) مسألة تصور دقة المعلومات والمعرفة اللازمة لاتخاذ القرار بسبب غموض بعض مظاهر القرار عند البعض المزمع اسهامهم في رفد القرار بالمعلوماتية والمعرفة عبر مستويات الادارة المختلفة. كما أن المتتبع لواقع اتخاذ القرارات الاستراتيجية يجد في حقيقتها أنها قرارات تعتمد على جهود وتطلعات ومصالح أطراف عديدة داخل وخارج المنظمة[٢]. ولذلك فإن هذه الخاصية تجعل من القرار الاستراتيجي مركزاً لتوازن المصالح التي تسعى جميع الاطراف أن تحققها من خلال هذه القناة. وهذا الامر يكفي أن يفسر مفهوم المثالية الواقعية من حيث أن المثالية الادارية (Administrative Rationality) ليس بالضرورة أن يكون هناك في ثناياها مثالية سياسية (Political Rationality) أو مثالية اقتصادية (Economic Rationality) وإنما هناك توازن في مثالية جبرية يحددها الواقع. إذ تقف مصالح الاطراف المختلفة حدوداً مانعة أمام المثالية المطلقة .

---

(١). Daft , Op. Cit. , P. 365

(٢). Ibid , P. 366

إن الحوار الفلسفي لأفكار البحث في المدخل التراكمي الفرعي يقودنا الى التسليم بأهم الافتراضات التي حددت لهذا المدخل وهي[١]:

* يركز متخذ القرار الاستراتيجي على البدائل التي تختلف جزئياً عن البدائل المعمول بها حالياً، مستفيداً من فكرة الاضافات المتقطعة (Disjointed Increment) التي دعا اليها العالم (Lindblom) .

* يتم تحديد عدد محدود من البدائل وليس جميع البدائل .

* يهتم متخذ القرار الاستراتيجي بعدد محدود من النتائج المتوقعة أثناء عملية التقويم .

* يعاد تعريف المشكلة بشكل مستمر ودوري ومن ثم تكييف الوسائل والغايات بما يحقق امكانية ادارة المشكلة المطروحة واتخاذ قرارات بصددها .

* لا يمكن التسليم بحل وحيد للمشكلة أو بديل فريد للتغلب على المشكلة.

* إن القرارات التي يتخذها المدير الاستراتيجي تكون على الاغلب ذات توجهات علاجية للواقع أكثر منه لتطوير حالات مستقبلية .

* يعتمد متخذ القرار الاستراتيجي على حاضر المنظمة وينطلق منه لمعالجة الوثوب المستقبلي بشكل تدريجي .

وضمّن (Dror , 1964) شروطاً مهمة ينبغي أن ترافق تطبيق هذا المدخل في اتخاذ القرارات وهي[٢]:

* أن تكون نتائج السياسات الحالية جيدة ومرضية .

* أن تكون المشكلة ذات طبيعة مستمرة في مضمونها وخصائصها .

* أن تكون وسائل المعالجة ثابتة ومتناسبة مع حاجة المشكلة لها .

---

(١) Stiener & Miner , Op. Cit. , P. 202.

(٢) محمد حربي حسن ، مصدر سبق ذكره ، ص ٢١٣ .

إن من أهم خصائص المدخل التراكمي أو ما يطلق عليه بالانموذج التدرجي أنـه يقـوم عـلى الآتي :

* يركن المدير الاستراتيجي الى خبرته المتراكمة ومعرفته عند اختياره للبديل موضوع القرار .

* محدودية ميل متخذ القرار الاستراتيجي نحو تبني المخاطرة في تبني الخيــارات المطروحة .

* يسعى المدير بشكل تدريجي نحو تحقيق الاهداف المنظمية ودون تغيير جذري في محتواها .

* يفضل المدير في هذا المدخل البدائل التي فيها نقاط التقاء وتشابه مع بدائل يخبرها في الماضي .

يستنتج من الآراء الواردة في المدخل المعياري وتفريعاته وما ينبثق عنه مـن مـداخل لاتخـاذ القرار الاستراتيجي بأن هـذا التوجه يخـدم في اختيـار البـديل الاسـتراتيجي عـلى مـنهج مـا نسميه بعقلانية الخيار (Choice Driven Rationality). إذ أن توافر معلومات عن البدائل المتاحة أمام متخذ القرار كلياً أو جزئياً يساعد بشكل أو بآخر في تحقيق قدراً مهماً من عقلانية الخيار. وهذه المرحلـة تعد أهم نقطة في عملية اتخاذ القرار الاستراتيجي، والتي تعقبها مرحلة مكملة لها في مـا نسـميه لاحقاً بعقلانية النتائج التي لا تتمتع بخصائص المدخل المعياري وافتراضاته .

ب. المدخل الوصفي (Descriptive Approach) :

يشير (Thompson , 1967) في معرض تمييزه بين أسـاليب اتخـاذ القرارات المنظميـة في اطار العلاقة بين الاسباب والنتائج ومسـتوى الثقـة بتلك العلاقـة، الى أن غيـاب العلاقـة الواضحة بـين الاسباب والنتائج وسيادة حالة من عدم التأكد فيها فإن الاسلوب التقديري أو التخميني يهيمن على عملية اتخاذ القرار

الاستراتيجي[١]، إذ يعتمد متخذ القرار الاستراتيجي على استراتيجية قرار مركبة من الاختيار الحكمي والاختيار الايحائي (Inspirational and Judgmental). ويذهب تركيز متخذ القرار الاستراتيجي نحو بلوغ النتائج الممكنة من خلال قرار استراتيجي يتخذ ضمن أحد الصيغ الريادية (Enterpreneural) أو الحدسية (Intuitive)[٢].

ويؤسس المدخل الوصفي على مجموعة افتراضات تشكل مقدمات رئيسة للمداخل الريادية والحدسية في اتخاذ القرار الاستراتيجي. وتتحدد هذه الافتراضات على النحو الآتي:

* يتخذ القرار الاستراتيجي من منطلق ممارسة المدير لوظائف المالك الحقيقي للمنظمة. ويطلق (Mintzberg) على هذا الاسلوب من الاختيار ((بانموذج الاعمال)) حيث تتحدد أهداف القرار طبقاً لرؤية المدير الاستراتيجي[٣].

* يندفع متخذ القرار الاستراتيجي نحو استثمار الفرص التي تتهيأ في البيئة. ويشير (Miles & Snow , 1985) الى تبني متخذ القرار السلوك المغامر في اجراء تغييرات جذرية على الوضع القائم سواء على المنتجات أو الاسواق التي تحاول دخولها[٤].

* يكتنف النتائج المتوقعة من عملية اتخاذ القرار حالة من الغموض وعدم التأكد. ويعتمد متخذ القرار تخميناته للوضع المستقبلي وتقديراته الشخصية له[٥].

---

(١) توماس وهيلين ، ودافيد هنجر : "الادارة الاستراتيجية" ، ترجمة محمد وعبدالحميد مرسي وآخرون ، معهد الادارة العامة ، السعودية ، ١٩٩٠ ، ص ٣٠٩ .

(٢) شوقي ناجي جواد ، مصدر سبق ذكره ، ص ١٥٣ .

(٣) توماس وهيلين ، ودافيد هنجر ، مصدر سبق ذكره ، ص ٣٠٩ .

(٤) Miles & Snow , Op. Cit. , P. 62.

(٥) Lyles M. A. , & Thomas H. , "Strategic Problem Formulation : Biases And Assumptions Embedded In Alternative Decision Making Models" , Journal of Management Studies , 25 . 2 March 1988 , P. 135 .

* يغلب على صيغ تفكير متخذ القرار النمط الحدسي، ويعزز هذا النمط بالفكر الجماعي والمشاركة على أساس من التنسيق المنظم بين مراكز القرارات الاستراتيجية[١].

* تعد المثالية في منظور المدخل الوصفي حالة وهمية (Utopian)[٢].

إن الافتراضات الفلسفية آنفة الذكر تمثل خصائص عامة للمدخل الوصفي، بيد أن مقايسة تلك الخصائص في اطار أكثر تفصيلاً يسمح باشتقاق مداخل فرعية تعتمد صيغ وتصنيفات جديدة تميز كل خيار مقايسة بخواصه وعلى النحو الاتي :

١. مدخل الحدس في اتخاذ القرار الاستراتيجي (Intuitive Approach) :

يغلب على هذا المدخل انطباع عملية اختيار البديل الاستراتيجي بالافتراضات والمواقف المبدئية (عقائد) التي يفصح عنها الجهاز المفاهيمي لمتخذ القرار الاستراتيجي. ويشير في هذا الصدد (Johnson & Scholes, 1993) الى أن انموذج التفكير (Paradigm) وما ينبثق عنه من عقائد تصبح محوراً للاستشعار بالوضع البيئي المرتقب[٣].

ويضيف (Agor , 1994) الى فاعلية انموذج التفكير وما يرتبط به من مهارات المدير العقلية في تقويم البديل الاستراتيجي على هذا الاساس. وإن الابداع المستقبلي المتوقع هو محطة طبيعية لمستوى القدرة المعرفية لدى المدير في استشراف المستقبل. ولاشك في أن عمق الخبرة والتجربة الناجحة عن مسيرة طويلة تعد أداة في رفد التفسير الذاتي للمستقبل[٤].

---

(١) محمد حربي حسن ، مصدر سبق ذكره ، ص ٢١٥ .

(٢) شوقي ناجي جواد ، مصدر سبق ذكره ، ص ١٦٦ .

(٣) Johnson & Scholes , Op. Cit. , P. 50 .

(٤) Agor H. W. , "Intuition & Strategic Planning" , Management Annual Edition , (2 nd ed.) (The Dushkin , N. Y. , 1994) , P. 63 .

ومن خلال الحوار الفلسفي آنف الذكر فإن المدخل الحدسي (Intuitive Approach) يدخل في بنية المفهوم الوصفي لاتخاذ القرار الاستراتيجي .

ويطرح (ابراهيم محمد بدري، ١٩٨٤) عدداً من الخصائص التي تلازم المدخل الحدسي من أهمها الآتي[١]:

* منهج الحدس منبعه الخبرة القائمة على مدخل التجربة والخطأ فضلاً عن التقليد والمحاكاة .

* يقوم منهج الحدس على المعرفة الثاقبة للامور فضلاً عن احاطة المدير بالمنطق الفلسفي للعلائق بين متغيرات القرار .

* يبحث منهج الحدس في القرارات التي تخضع لآلية المهام الوصفية ويغلب على متغيراته الخصائص الوصفية (السلوكية) مما يصعب ركونها الى التكميم .

ويضيف (Steiner & Miner , 1977) خصائص أخرى للمدخل الحدسي من أهمها[٢].

* يعد احساس المدير في تقديره للمواقف المستقبلية ركناً ركيناً في اختيار البديل الاستراتيجي .

* الحدس في حقيقته هو حالة تنبؤية يعتريها قدر من الشك في النتائج .

* الحدس هو قرين الذكاء (Intelligence) وحيث يكون الحدس يكون الذكاء .

* ينظر الى الحدس على أنه عملية فكرية تتسم بسرعة حسم الموقف، وهو مغاير للتفكير، إذ يعد هذا عملية بطيئة قياساً للحدس .

* يقوم الحدس على الاستقراء ويقع في دائرة الاجتهاد ويقابل أسلوب التحليل في منهج العقلانية .

---

(١) ابراهيم محمد بدري ، "اتخاذ القرارات ومراجعة المعلومات" ، الادارة العامة ، العدد ٤٣، نوفمبر ١٩٨٤، ص ١٢١ .

(٢). Steiner & Miner , Op. Cit. , P. 200

* الحدس رديف للرؤية الكمية ومكمل لها (Intuitive is what analysis is not) .

ويذهب (Von Winterfeldt and Edwards) الى أبعد من ذلك، إذ يرى في الحدس من أنه منظومة قواعد قرار تكمن في دواخل الفرد على الرغم من كون هذه القواعد غير مصنفة وغير مدركة (Uncodified and Unconscious). كما تعمل هذه القواعد على سرعة استجابة متخذ القرار لحالات محددة[١] .

ووصف (كوزيس وبوزنر، ١٩٨٩) الحدس بأنه (الرؤيا) التي يمتلكها المدير الاستراتيجي. وعزز هذا الرأي بأن من المهام الاستراتيجية للادارة العليا هو طرح رؤيا شمولية للعمل المنظمي. وفي هذا الاطار، درس العالمان (Waren Benis & Bert Nanus) مهام تسعين زعيماً فوجدا أن أحد أهم المهام كانت هي تطوير رؤية للمنظمة التي يقودونها ويؤكدان في نص مترجم ((من أجل اختيار اتجاه، يجب أن يكون الزعيم أولاً قد طور صورة عقلية عن حالة مستقبلية ممكنة ومرغوبة للمؤسسة. وهذه الصورة التي ندعوها رؤيا، قد تكون غامضة كالحلم، أو محددة باحكام كهدف أو كبيان، والنقطة المهمة هي أن الرؤيا تبين بوضوح مستقبلاً واقعياً، موثوقاً وجذاباً للمؤسسة)) [٢].

ويعد الحدس في سياق الرؤيا بأنه ينبوع الرؤيا، والحدس بالاساس مشتق من الكلمة اللاتينية التي تعني ((النظر الى))، والرؤية تتعلق بمقدراتنا على التصور والتخيل. وتنبثق أهميتها من أن هناك الكثير جداً سيظل غير مفسر في ظلام الحدس[٣] .

---

(١) Ibid , P. 72 .

(٢) جيمس كوزيس وباري بوزنر ، "تحديات الزعامة" ، ترجمة جورج خوري ، (مركز الكتب الاردني ، ١٩٨٩) ، ص ٩٤ .

(٣) نفس المصدر ، ص ١٠٣ .

٢. مدخل المشارك في اتخاذ القرار الاستراتيجي (EnterpreneurialApproach):

عرف هذا المدخل من خلال مسميات مختلفة، حيث أطلق عليه (Mintzberg) بـ (انموذج الاعمال)[١]، ويطلق عليه (شوقي ناجي) بالصيغة الريادية للخيار الاستراتيجي[٢]. ويتفق أغلب العلماء الذين نظروا لهذا المدخل (Gartner, 1993) على أنه مدخل فلسفي مبني على اتخاذ القرارات الاستراتيجية من وجهة نظر المالك الحقيقي لثروة المنظمة[٣]. وتنتفي عند هذا الامر عملية التشكيك في سلوك القرار الاستراتيجي المبني على المغامرة والمخاطرة وغموض النتائج المتوقعة.. وتكمن دوافع متخذ القرار في أغلب الاحوال على بلوغ الريادة في مختلف مجالات العمل المنظمي سواءً على مستوى المنتج أو السوق[٤].

كما يستند هذا المدخل على المواءمة بين الاهداف الموضوعية الحالية للمنظمة وبين التقويم الذاتي للمستقبل. فضلاً عن المواءمة بين المخاطر المتوقعة والعوائد المرتقبة من الفرص المحتملة. ومن الخصائص المهمة التي تميز هذا المدخل عن سواه من المداخل ما يأتي:

* المبادأة النشطة كدافع لاتخاذ القرارات .

* تهدف المنظمة في اطار هذا الانموذج الى تحقيق النمو .

* تنحصر مسؤولية اختيار البديل الناجح حصراً بالعناصر المهيمنة على عنصر الاستثمار في المنظمة .

* تقسم القرارات بقدر عالي من الجرأة .

---

(١) توماس وهيلين ، ودافيد هنجر ، مصدر سابق ، ص ٣٠٩ .

(٢) شوقي ناجي جواد ، مصدر سابق ، ص ٣٠٩ .

(٣) Gartner W. B. , "Who is an Entrepreneur ? Is The Wrong Question Management" , (The Dashken Inc. , 1993) , P. 207 .

(٤) اسماعيل محمد السيد ، "الادارة الاستراتيجية : مفاهيم وحالات تطبيقية" ، (المكتب العربي الحديث ، الاسكندرية ، ١٩٩٠) ، ص ٥٥ .

* رؤية متخذ القرار الاستراتيجي تتسم بالشمولية .

* أغلب القرارات الاستراتيجية ذات آماد بعيدة .

* القرارات التي تتخذ في هذا النمط من المنظمات ذات أسس حكمية .

* تحاط الافعال والانشطة والقرارات بقدر من عدم التأكد .

* تبذل جهود حثيثة للبحث عن كل ما هو جديد .

وفي معرض الحديث عن مجال تطبيق هذا المدخل، فقد قيل أنه يصلح للعمل في المنظمات الصغيرة الحجم، إلا أن (Mintzberg, 1973) دحض ذلك الادعاء، وأكد أهميته كمدخل يصلح للتطبيق في جميع المنظمات التي تعمل في اطار الفروض المشار اليها آنفاً بهذا المدخل. وأشار الى أن المنظمات الكبيرة هي الاخرى بحاجة ماسة الى التطوير والمبادأة واستثمار الفرص الجديدة والبحث عن كل ما هو جديد، فضلاً عن تعزيز تلك الغايات بالامكانيات المنظمية[١]، كما يضيف (شوقي ناجي) الى مؤشرات هذا المدخل، بأن المدير الاستراتيجي هنا يعتمد خطوات انتقائية سريعة وفجائية تجاه حالة عدم التأكد. ويعزز ذلك بحالة الاندفاع وتخطي التهديدات الصغيرة[٢].

نستنتج من المعطيات الفلسفية الخاصة بالمدخل الوصفي وما انبثق عنه من مداخل لاتخاذ القرارات الاستراتيجية، بأنه أسلوب مهم في تحقيق ما نسميه بعقلانية النتائج (Choice Driven Rationality)، وبذلك فإن نقص المعلومات ومستلزمات التأكد من مستقبل القرارات التي تتخذ، لا تثني متخذ القرار من أن يفكر من خلال ما تتاح له من معلومات ومعرفة بالنتائج النهائية التي تجعل منظمته في وضع منظمي أفضل، ونعزز هذه الرؤية بما تنطوي عليه فروض هذا المدخل وتعبئتها لبلوغ هذا النمط من العقلانية .

---

(١) Steiner & Miner , Op. Cit. , P. 201 .

(٢) شوقي ناجي جزاد ، مصدر سابق ، ص ١٥٠ .

رابعاً : أضواء شارحة على مدخل اتخاذ القرار الاستراتيجي في المنهجية الاسلامية:

تمهيد :

يستشف من العرض الفلسفي آنف الذكر وما حوته الدراسات الفكرية والعلمية التي عرضت في الغرب وما آلت اليه من اكتشاف المداخل التي عرضنا تفاصيلها في المبحث السابق. إن كبار الفلاسفة والمفكرين وعلماء مختلفين قد بنوا نظرياتهم وأنساقهم الفكرية في اطار ما تمليه عليهم معطيات العقل. في حين لم يحظ هذا الميدان في الدراسات والبحوث العلمية الحديثة بهذا القدر من الاهتمام في اطار البلدان الاسلامية. إذ يتغاضى بعض من الخوض في هذا الجانب الحيوي وأدى ذلك الى خلو الدراسات من هذا النوع مما قدمه علماؤنا الاوائل أصحاب الفكر الموسوعي المتجدد والانتاج الفكري الغزير، ويتقدم هذا كله ضرورة عرض المفاهيم الفلسفية التي يطرحها علماء القرار الاستراتيجي على المنهجية الاسلامية وبالذات في اطار المنظمات العاملة في البيئة الاسلامية. مستفيدين من معطيات مصادر المنهجية الاسلامية الرئيسة متمثلة بالقرآن الكريم والسنة النبوية المطهرة .

أولاً : المغزى من عرض القرار الاستراتيجي على المنهجية الاسلامية :

لاشك أن اتخاذ القرار الاستراتيجي كما أصطلح عليه العلماء في التراث الاسلامي وهو ((ترتيب أمور معلومة لتؤدي الى مجهول)) [1] يعبر عن طريقة العقل في التفكير لادراك الشيء وتدبير شؤون الحياة. كما يعد الترابط بين العقل والقرار الاستراتيجي محصلة طبيعية لواقع حركة متخذ القرار الاستراتيجي في التفكير .

---

(١) عبدالمجيد عمر النجار ، "الايمان والعمران" ، اسلامية المعرفة ، السنة الثانية ، العدد ٨ ، أبريل ١٩٩٧، ص٥٦ .

راجع كذلك :

* الجرجاني : "التعريفات" ، (بيروت ، مكتبة لبنان ، ١٩٨٠) ، ص ١٧٦ .

* ابن سينا : "الاشارات والتنبيهات"، تحقيق سليمان دنيا، (القاهرة، مطبعة الحلبي ، ١٩٤٧) ، ص ٢٣ .

ولذلك فإن المغزى الرئيس هو الافصاح عن امكانية بث المنهج الاسلامي في معترك المنهجيات التي أصبحت مناراً للفكر الاداري بلا حدود (Global)، إذ نجح الباحث الياباني في مجال عرض الفلسفات الادارية وتفريعاتها على المنهجية اليابانية كما نقب في تراثه الفكري الياباني وصاغ نظرية (Z) ومن أبرزهم هو العالم (William Ouchi). وقاد هذا الامر الى التأثير في توجهات الباحث الاميركي والغربي وتعبئة فكره للكتابة عن المنهجية اليابانية سواء في اتخاذ القرار أو الانتاج أو غير ذلك. ومن الباحثين البارزين على الساحة العلمية الامريكية وغيرها وممن كتبوا عن منهجيات الادارة اليابانية والاسهام في بث محتوى فلسفة الادارة اليابانية هم العلماء المعروفون في الوسط الاداري ومنهم (Peter Drucker) و (Herbert Simon) و (Henry Mintzberg) و (Michael Porter). وهذا يعني وباعتراف الباحثين الاميركيين والغربيين المشار اليهم آنفاً بأهمية الفكر الاداري الياباني في تنمية الفكر الاستراتيجي الاداري وعلى مختلف الصعد والبيئات سواء في الدول الاوربية أم الشرق أسيوية أو حتى العربية، وفي هذا السياق يندر أن نجد كتاباً أو بحثاً في الادارة يخلو من الاشارة الى المنهجية اليابانية وأهميتها في الادارة المعاصرة .

إذا كان الواقع كما ذكرناه آنفاً فحري بالباحث المسلم أن يحاور الفلسفة والفكر في اطار الادارة الاستراتيجية معززاً ذلك التراكم المعرفي بما انطوت عليه المنهجية الاسلامية في ميدان الادارة الاستراتيجية وغيرها .

وفي سياق البحث الحالي فإن الفائدة من عرض الموضوع ضمن اطار المنهجية الاسلامية تكمن في الآتي :

* رصد المؤشرات المنهجية التي تنسجم وادارة القرار الاستراتيجي في المنظمات العاملة ضمن البلدان الاسلامية، مع الاخذ بالمعطيات الفلسفية التي ساهم بها علماء القرار الاستراتيجي وبما لايتعارض مع المنهج الاسلامي .
* بث الوعي الاداري لدى المدير الاستراتيجي العامل في البيئة الاسلامية نحو ضرورة الابتعاد عن التقليد دون وعي، لأن التقليد من هذا النوع يعطل الفكر وينهي ملكة الابداع

* تساعد هذه الوقفة في تهيئة المدير الاستراتيجي لممارسة دوره القراري من دون الخلط الـذي قـد يحصل عندما يبتعد عن فهم واستيعاب الحقائق ضمن الرؤية الاسلامية .

* اثارة اهتمام الباحثين والدارسين العرب والمسلمين لتأصيل هذا الفكر .

ثانياً : القواسم المشتركة لمداخل اتخاذ القرار الاستراتيجي في ميزان المنهجية الاسلامية :

لغرض عرض مداخل اتخاذ القرار الاستراتيجي آنفة الـذكر عـلى المنهجيـة الاسلامية، ينبغـي تحديد المعالم المشتركة التي تشكل خصائص عامة (General Charactaristics) لتلـك المـداخل، ومـن ثم بيان موقف المنهجية الاسلامية منها وعلى النحو الآتي :

١. المعرفة العقلية :

أشرت المداخل الوصفية والمعيارية، وما أتصل بهما مـن تفريعـات أن حجـم هيمنـة متخـذ القرار الاستراتيجي على كمية المعلومات اللازمة لاتخاذ القرار الاستراتيجي يعد محوراً للتمييـز بـين المداخل فضلاً عن اختلاف بنية افتراضاتها، ومن ثـم يصـدر حكـم متخـذ القرار الاسـتراتيجي حـول اختيار بديل معين دون سواه. وعندما نعرض هذا على المنهجية الاسلامية لاتخاذ القرار الاسـتراتيجي نجد بأن العقل هو مصدر فرعي للاحكام من منظور شرعي مع عدم تقليل الاسلام مـن أهميتـه، إذ أن مصادر الحكم في هذا السياق تتمثل حسـب أهميتهـا، بـالقرآن الكـريم، والسنة، والاجـماع، والعقل. والقرآن الكريم هو الاصل الاول والاسـاس في معرفـة الحكـم عـلى الشيـء أو التصرف وبـما يفيده النص القرآني من أمر أو نهي، على سبيل الايجاب أو الترجيح أو الاباحة. وعلى سبيل المثال لو كان القرار الاستراتيجي يتخذ على أساس أحد البدائل التي تفيد في تبني "استراتيجية تنافسية الى حد قطع العنق" (Cut Throat Competitive Strategy). قـد يكـون هـذا البـديل مقبـولاً كمشروع قـرار استراتيجي في منظومة السوق الليبرالي في حين نجد

تلك الاستراتيجية تقع في باب النهي عند عرضه على المنهجية الاسلامية في اتخاذ القرار الاستراتيجي ولها أحكام شرعية توضح أسباب النهي .

ومن الجدير بالذكر أن القرآن الكريم قد ضمّ بحدود خمسمائة آية في الاحكام[١]، وأصبح هذا الموضوع الآن علماً يطلق عليه علم آيات الاحكام الشرعية والبحث فيه أصبح من ضرورات العصر لاسيما وأن القرآن الكريم منذ نزوله عد حجة على جميع البشر .

٢. مصدر الائتمار في اختيار البديل الاستراتيجي :

يأتمر متخذ القرار الاستراتيجي عند بحثه عن الحقيقة بأسباب مختلفة ومن أهمها البيانات والمعلومات التي يتوصل اليها، وتوجه هذه الاسباب حركته في التفكير باتخاذ موقف محدد دون غيره، كما يحدد علماء اتخاذ القرار الاستراتيجي في البيئة العربية هذه الاسباب حصراً بالاسباب الموضوعية تارة والذاتية تارة أخرى. وأن هذه الاسباب ترسم نتيجة معينة ينبغي الوصول اليها محكومة بالهوى أو الشهوة الذاتية لمتخذ القرار. وقد تكون النتيجة مدعاة بالعادات والتقاليد الاجتماعية المستحكمة أو قد تكون توجهات ذاتية لمراكز القوة في المنظمة. وكل هذه الاسباب تضع للعقل نتائج مسبقة وتوجهه اليها مقيدة حركته الحرة في التفكير، وقد توصل الى نتائج أخرى مخالفة للنتائج المرسومة. في حين يتحرر متخذ القرار الاستراتيجي في اطار المنهجية الاسلامية من القيود آنفة الذكر، إذ هناك جهة خارجة عن تلك الاسباب أو القيود تكمن في عرض الخيار أو الاختيار لأوامر الله تعالى مخالفة لما يدعو اليه التشهي من تحقيق نزعة اقتصادية غير مقيدة، أو كسب مادي مطلق أو تآلف باطل. إن المنهجية الاسلامية تساعد متخذ القرار الاستراتيجي في صد النفس عن ميلها ويردها الى عقلانية الهداية ويرجح الائتمار والانتهاء الى أوامر الله تعالى لا الى دواعي ميل النفس دون قيود .

---

(١) داؤد العطار ، "موجز علوم القرآن" ، (مطبعة الزهراء ، بغداد ، ١٩٧٣) ، ص ٩ .

٣. الغاية من اتخاذ القرار الاستراتيجي :

إن المتتبع لاتجاهات متخذ القرار الاستراتيجي نحو بلوغ غاية محددة من البديل الذي يقع عليه الاختيار في اطار مختلف المداخل المشار اليها لتوصل الى أن هناك غايات مختلفة منها غايات تحقيق أقصى عائد وأخرى عدم بلوغ ذلك بسبب قيود العقلانية وغير ذلك. ونجد اطار الغايات من القرار محددة بطبيعة المعرفة التي يحملها متخذ القرار الاستراتيجي فضلاً عن طبيعة مجال العمل الذي يمارسه المدير الاستراتيجي. في حين أن الغاية في المنهجية الاسلامية واحدة من اتخاذ القرار الاستراتيجي وهي عبادة الله تعالى من خلال كل قرار يتخذ وابتغاء مرضاته بتحقيق الخلافة في الارض. وعلى هذه الغاية تلتقي جميع مساعي الافراد أو المديرين سواء على مستوى التفكير أو الجهد المبذول. كما أن كل الغايات القريبة من تقصية الربح أو العائد أو استثمار الفرص أو التوغل في السوق أو غير ذلك هي وسائل لتحقيق الغاية العليا (العبادة لله لا لغيره) .

إن الوحدة الغائية في المنهجية الاسلامية تبرر الوسائل المنضبطة بقواعد شرعية توزن عندها مطالب الاطراف ذوي المصلحة المتعلقة باتخاذ القرار الاستراتيجي .

٤. الاستنباط والاستقراء :

تتحدد مداخل اتخاذ القرار الاستراتيجي كما مر ذكرها آنفاً على أساس طبيعة الاسلوب المعتمد في اختيار البديل الناجح من حيث كونه أسلوباً استنباطياً أو استقرائياً. وعند عرض هذين الاسلوبين على المنهجية الفلسفية فضلاً عن عرضها على المنهجية الاسلامية، يتضح بأن ثمة اختلافاً في متضمنات التطبيق. إذ وجدنا في النظر الفلسفي بأن اختيار أحد الاسلوبين المذكورين يعتمد بشكل مطلق على ميول متخذ القرار وقناعته الذاتية بحيثيات المدخلات المعلوماتية للقرار الاستراتيجي. في حين نجد ضوابط أخرى في النظر الاسلامي تتحدد هذه الضوابط وفقاً للمقتضى الشرعي. إذ يعد الاستنباط في المنهجية الاسلامية هو حالة اشتقاق

الاحكام الشرعية من أدلتها التفصيلية. وتكون القرارات مقيدة بالادلة التفصيلية الـواردة في الـنص القرآني أو السنة، وعند وجود النص تنتهي دواعي الاجتهاد في معرض الـنص[١]. وعلى هـذا الاسـاس تصبح القرارات الاستراتيجية موقوفة بـنص مـن القـرآن والسنة. لاسـيما وأن بعض النصوص لا تحتمل ألفاظها غير معنى واحد. أما في حالة احتمال النص أكـثر مـن معنى فتبـدأ حالة الاستقراء (الاجتهاد). ويقترن بهذا الاسلوب ضرورة وقوفه عـلى قاعدة معرفيـة مركبـة مـن معـارف لغويـة وشرعية وواقعية والتي ينبغي أن يلم بها متخذ القرار الاستراتيجي وعلى النحو الآتي :

* **المعارف اللغوية** : وهي الالفاظ والتراكيب المتعلقة بأدلة الحكم المراد استنباطه .

* **المعارف الشرعية** : وهي النصوص الشرعية من الكتاب والسنة المتعلقة بالحكم ومعرفـة أقسامها كالعموم والخصوص، والمطلق والمقيد، والناسخ والمنسوخ وقواعد التعادل والتراجيح .

* **معرفة حقيقة الواقع الذي يراد اصدار الحكم عليه،** والـذي يـسمى مناط الحكـم، ويستطيع المجتهد إن لم يدرك الواقع بنفسه، أن يسأل عالماً أو خبيراً عن هذا الواقع.

إن التشريع الاسلامي شـمل كـل مناحي الحيـاة، فقـد ضمن اللـه سـبحانه وتعالى هذا التشريع جميع الانظمة اللازمة لتنظيم علاقات الناس في حياتهم، وضمن لمـن التـزم بهذا التشريـع النجاح في الدارين، قال تعالى (ونزلنا عليك الكتاب تبياناً لكل شيء وهدى ورحمة وبشرى للعالمين) {النحل: ٨٩}.

---

(١) عبدالكريم زيدان، "الوجيز في أصول الفقه"، (مطبعة سلمان الاعظمي ، بغداد، ١٩٦٤)، ص ٣١٤.

الفصل الثاني

المنطق النظري للتفكير الاستراتيجي

تمــــهيد :

ظهر مفهوم التفكير الاستراتيجي ومنطلقاته الفلسفية كرد فعل أحدثته الاوساط البحثية التي نقبت في استخدامات الادارة الاستراتيجية لأسلوب التخطيط الاستراتيجي ومدى فاعليته في بلوغ الغايات المنظمية، إذ كان مفهوم التخطيط الاستراتيجي شائعاً عند الباحثين في ادارة الاعمال خلال منتصف الستينات . وتزامن هذا الانتشار مع صدور كتاب لمؤلفه البروفيسور (Igor Ansoff) تحت عنوان استراتيجية المنظمة (Corporate Strategy) عام ١٩٦٥ . ومنذ ذلك الحين خضع مفهوم التخطيط الاستراتيجي الى الاختبارات المكثفة من الباحثين المختصين، حيث لم يجدوا ضالتهم المنشودة في تطبيقاته على أرض الواقع . وبدأ البحث على أثر ذلك عن أسلوب بديل يتجاوز الاخطاء والاوهام[١] (Pitfalls and Fallacies) التي اكتنفت تطبيقاته، وبما يخدم التوجهات الاستراتيجية في المنظمة[٢].

وفي هذا الاطار يتناول هذا الفصل محاورة الفلسفات التي تطرقت الى موضوع التفكير والتفكير الاستراتيجي فضلاً عن علاقتهما بالعقل . إذ أن هذه الموضوعات كانت ومازالت مثار جدل فلسفي عميق. وأن سبر غور هذه الموضوعات والوقوف على متضمناتها المنطقية وعلاقتها التبادلية يساعد في تغطية عوامل التأثير في تحديد أنماط اختيارات المدير الاستراتيجي ضمن البحث الحالي . كما أن المستمدات النظرية وتنوعها يخدم البحث في كشف علية الاختلاف في أنماط التفكير الاستراتيجي وتوظيفها على نحو منهجي ضمن ميدان الادارة الاستراتيجية، لاسيما وأن أغلب التوجهات المعاصرة في هذا الميدان تركز بشكل

---

(١) Mintzberg H. , "Rethinking Strategic Planning Part I: Pitfalls and Fallacies" , Long Range Planning , Vol. 27 , No. 3 , PP. 12 - 21 , 1994.

(٢) Mintzberg H. , "Rethinking Strategic Planning Part II : New Roles for Planners" , Long Range Planning , Vol. 27 , No. 3 , PP. 22 - 30 , 1994.

كبير على فهم سياقات المنافسة بين المنظمات على أنها منافسة معرفية تهيمن على مـا ذهبـت اليـه التوجهات التقليديـة وقياسـاتها الماديـة في المنافسـة . ولغـرض تغطيـة منطـق التفكير الاستراتيجي لأغراض البحث الحالي فقد تم عرض الموضوع على النحو الآتي :

المبحث الاول : مفهوم التفكير والتفكير الاستراتيجي .

أولاً : مفهوم التفكير .

ثانياً : مفهوم التفكير الاستراتيجي .

ثالثاً : عناصر التفكير الاستراتيجي .

رابعاً : العمليات العقلية وأنماط التفكير .

خامساً : تأصيل معالم الفكر الاستراتيجي في اطار أنماط التفكير .

المبحث الثاني : المعطيات الفلسفية لأنماط التفكير الاستراتيجي .

أولاً : رؤية فلسفية لأنماط التفكير .

ثانياً : رؤية منهجية لأنماط لتفكير .

ثالثاً : رؤية اجرائية لأنماط التفكير .

رابعاً : أنماط التفكير الاستراتيجي في اطار المنهجية الاسلامية .

المبحث الاول

مفهـــوم التفكـــير والتفكـــير الاســـتراتيجي

أولاً : مفهـــوم التفكـــــير :

اشتغل الفلاسفة ردحاً طويلاً من الزمن في تقديم تصوراتهم حول التفكير . وباتت تصوراتهم بهذا الخصوص محل جدل مستمر بغية الوصول الى طرح مفهوم موحد للتفكير . واستند الفلاسفة في تعريفاتهم للتفكير الى مستمدات نظرية مختلفة تقع بين العقلية والتجريبية تارة وبين المثالية والواقعية تارة أخرى ولكل حجج وانتقادات .

يقول ديكارت في فلسفته المثالية في تفسير علية الفكر بالواقع ((كل موضوعات معرفتنا ننظر اليها إما على أنها أشياء أو حقائق الاشياء)) [(١)] ويرى الوجود على أنه يعود الى الفكر ويثبت مقولته الشهيرة ((أنا أفكر، إذن فأنا موجود)) [(٢)] وقوة الذهن عنده هي وحدها التي يدرك بها ماهيات الاشياء والاجسام . وهذه المثالية أفصحت عن حصول المعرفة من العالم الخارجي - الواقعي. وقد تضمنت مثاليته تقسيماً للحكم العقلي على نوعين[(٣)]:

١- **الحكم التحليلي** : وهو الحكم الذي يستعمله العقل لأجل التوضيح .

٢- **الحكم التركيبي** : وهي أحكام أولية أو قبلية تعالج موضوعات فطرية في النفس البشرية ومستمدة من النظرة البشرية وقد يسبغها العقل على المدركات الحسية ليتكون من ذلك علم ومعرفة .

---

(١) راجح عبدالحميد الكردي، "نظرية المعرفة بين القرآن والفلسفة"، (مكتبة المؤيد، الرياض، ١٩٩٢)، ص ٢٥٥ .

(٢) جان فال، "الفلسفة الفرنسية : من ديكارت الى سارتر"، ترجمة فؤاد كامل، (دار الكتاب العربي للطباعة والنشر، القاهرة، ١٩٦٨)، ص ٩ .

(٣) راجح عبدالحميد الكردي، مصدر سابق، ص ٢٥٦ .

وعلى ضوء ماتم عرضه آنفاً فإن طبيعة المعرفة عند ديكارت وقعت بين العقلية والتجريبية وبين المثالية والواقعية، إذ جمع بين المعطيات الحسية في التفكير وبين المفاهيم العقلية في التركيب .

إن لفظ التفكير عند ديكارت هو غير لفظ التفكير عند غيره من الفلاسفة . ولا نريد أن نخوض في الفوارق التفصيلية بين المدارس الفلسفية في تعريفها لفلسفة التفكير وإنما نختار ما نعزز به المطلب المنهجي في تحديد الفروقات الرئيسة في فلسفة التفكير . وفي هذا الصدد فإن المنهج الديكارتي ساهم في اعطاء الصورة الحقيقية لأحد أوجه التفكير وفق المنهج الفلسفي العقلي، ونستكمل هذا المنهج بما امتد اليه النظر عند الفلاسفة العرب والمسلمين وعلى وجه التحديد ما ذهب اليه الفيلسوف المسلم الإمام الغزالي[*] ورسالته التي تحمل عنوان "الرسالة اللدنية" وماحوته من المذهب الحدسي للمعرفة مع عدم التقليل من أهمية المذهب الواقعي الذي عرضنا تفصيلاته عند ديكارت . إذ لا تستطيع الفلسفة على اختلاف مستمداتها أن تنكر على الفكر أهمية الفطرة وقوانينها في صياغة العمليات العقلية وأنشطتها، وإن الفلسفات التي تنكر ذلك تقع في تناقض العلية، حيث لا يمكن أن يجعل الشيء و (العقل) متوقفاً على نفسه (العقل)، أي اثبات الشيء بنفسه[1] .

وفي هذا الاطار اضافة فلسفة التفكير منهجاً اضافياً لما سبق أسست على الفطرة الانسانية العارفة وإننا نتأمل الانسان كائناً معقداً (في اشارة صريحة للدكتور ألكسيس كارل الحائز على جائزة نوبل) إذ تتكامل عنده الخصائص المادية والعقلية

(*) حجة الاسلام أبي حامد محمد الغزالي : ولد في مدينة (طوس) من مدن خراسان عام (١٠٥٨ م) وبعد جولاته العلمية في أنحاء مختلفة استقر في العراق وفوض اليه التدريس في المدرسة النظامية ببغداد . وهاجر بعد ذلك الى الحجاز والشام والقدس ومصر وعاد الى (طوس) وتوفي فيها عام (١١١١ م)، وله مؤلفات عديدة تزيد على عشرين مؤلفاً، وترجمت مؤلفاته الى عدة لغات.

(١) محي الدين صبري الكردي، "الجواهر الغوالي من رسائل الامام حجة الاسلام الغزالي".(مطبعة السعادة، محافظة مصر، ١٩٣٤)، ص ٢٠ .

وأن العقل وحده لا يستطيع ايجاد العلم(١). إذ من الواضح أن الاكتشافات الكبيرة ليست نتاج العقل فقط . فإن العباقرة يملكون الى جانب قوتهم على الملاحظة والفهم - صفات أخرى مثل البصيرة والخيال المبتدع . فعن طريق البصيرة يتعلمون أشياء يجهلها الآخرون، ويدركون العلاقات بين الظواهر شبه المنفصلة، كما يحسون بطريقة لا شعورية . والشاعر النابغة يسلك بالغريزة الطريق المؤدي الى الاكتشافات . ولقد كان يطلق على هذه الظاهرة أسم الالهام، أو الوحي، في الازمنة السابقة . ولهذا فإن الفلسفة التي وقع فيها ((ديكارت)) كانت تدور حول عده المادة والعقل شيئين غير متجانسين كما هي الحال في كل شيئين مختلفين . في حين أن النشاط الفسيولوجي (المادة) هي امتداد للنشاط العقلي وبالعكس(٢) .

لقد أضاف الامام الغزالي صور جديدة للتفكير، وزج البعد المادي ووضح طبيعة اسهامه في المعرفة وقال ((أعلم إن العلم تصور النفس الناطقة المطمئنة حقائق الاشياء وصورها المجردة عن المواد بأعيانها وكيفياتها وكمياتها وجواهرها وذواتها إن كانت مفردة . والعالم هو المحيط المدرك المتصور، والمعلوم هو ذات الشيء الذي ينتقش علمه في النفس . وشرف العلم على قدر معلومه . ورتبة العالم تكون بسبب رتبة العلم . ولاشك أن أفضل المعلومات وأشرفها وأجلها هو الله الصانع المبدع الحق الواحد))(٣). وقد نقل الغزالي خلاصة أقوال الفلاسفة القدامى في عملية التفكير وسماها بالقوى المدركة فقال : ((بأن القوى المدركة قسمان : ظاهرة وباطنة، فالظاهرة هي الحواس، والباطنة ثلاثة أقسام هي : القوة الخيالية - وهي في مقدمة الدماغ - التي تجتمع فيها ما يدرك بالحواس الخمس، وفيه يصدر الحكم على ما اجتمعت عليه الحواس . والقوة الوهمية التي تدرك المعاني التي لا يستدعي وجودها جسماً ولكن قد يعرض له أن يكون في جسم، وهو في التجويف الاخير من الدماغ . والقوة التي تسمى في الحيوانات متخيلة وفي الانسان مفكرة، وعملها تركب الصور المحسوسة بعضها مع بعض وتركب المعاني على الصور، وهي في التجويف

(١) ألكسيس كاريل، "الانسان ذلك المجهول"، ترجمة عادل شفيق، (كتب الجوائز العالمية، الهيئة العامة للكتاب، القاهرة - بيروت، ١٩٧٣)، ص ص ١٠٠ - ١٠١ .

(٢) نفس المصدر، ص ٩٨ .

(٣) محي الدين صبري الكردي، مصدر سابق، ص ٢١ .

الاوسط من الدماغ)) . ثم نقل عنهم أنهم يقولون أن القوة التي تنطبع فيها صور المحسوسات تحفظ تلك الصور حتى تبقى بعد القبول وتسمى القوة الحافظة، والمعاني التي تنطبع في الوهمية وتحفظها قوة تسمى القوة الذاكرة . وكأن الفلاسفة القدامى يريدون أن يقولوا بأن الدماغ مقسم الى جهات، كل جهة لها وظيفة معينة وبجمع تلك الوظائف تحصل العملية العقلية أو مايسمى بالتفكير[١] . وقد فصل الغزالي بين نوعين من التفكير ؛ التفكير الاستدلالي والتفكير الكشفي أو الالهامي . وقرن هذه الانماط من التفكير بصفاء العلاقة مع الله سبحانه وتعالى وتطهير القلب من حطام الدنيا وجلائه وتزكيته . وبهذا فالتفكير عند الامام الغزالي لم يكن فلسفياً وإنما تفكيراً ايمانياً وسنامه معرفة الله تعالى، وغاية التفكير[٢] هنا مناطة بدوره في ايقاظ العقل، وهداية الانسان الى قوانين الحياة وعلل الوجود، ويصاحب هذا المنظور جميع القرارات التي يتخذها الفرد في حياته. إذ يشترط في متخذ القرار عند منهج الامام الغزالي، أن يكون متديناً . والتدين هنا هو الكسب الانساني في الاستجابة لتعاليم الدين وشرعه وتكييف الحياة بحسبها في التصور والسلوك[٣] .

إن الركون للمعرفة العقلية دون مصادر اضافية كالحس أو الحدس والخبرة وغيرها قد لا يحقق المراد من النظر الشمولي للامور المعنوية . سيما ما يتعلق بالقضايا المعنوية التي ليست لها قيمة محددة وثابتة. فالعقل إذن وحده لا يمكن الاهتداء به الى معرفة الشؤون المعنوية لموازين الخير والشر، والحسن والقبح، والنفع والضرر، والمعروف والمنكر، والحق والباطل، والعدل والظلم، والواجب والمحرم والمباح .

---

(١) أحمد الشيخ محمد الباليساني، "التفكير في الاسلام"، (دار الحرية للطباعة، بغداد، ١٩٨٩)، ص ٨- ٩ .

(٢) السيد سابق، "العقائد الاسلامية"، (دار الكتاب العربي، بيروت، التاريخ بلا)، ص ٢٢ .

(٣) محمد صالح عطية نصيف الحمداني، "التفسير العقلي حجيته وضوابطه"، أطروحة ماجستير غير منشورة، جامعة بغداد، كلية الشريعة، ١٩٨٧)، ص ٨٨ .

ثانياً : مفهوم التفكـــير الاستراتيجي :

شهدت السنوات الاخيرة تداولاً مكثفاً لمصطلح التفكير الاستراتيجي، وبلغ استخدامه حداً تجاوز مفهومه أحياناً . كما استخدم مصطلح التفكير الاستراتيجي للتعبير عن مرادفات بعيدة في مضمونها عن خصائص هذا المصطلح . وبهذا أصبح مصطلح التفكير الاستراتيجي مدعاة للتأصيل في اطار خصائصه وعناصره وموضع استخدامه ليتميز عن غيره من المصطلحات المتداولة في ميدان الادارة الاستراتيجية .

لقد رافق تداول مصطلح التفكير الاستراتيجي ظاهرة المنافسة وبالذات تعزيز الوضع التنافسي (Competitive Position) للمنظمات وما يترتب على ذلك من تعقد متغيرات القرارات الاستراتيجية ومنظوماتها المعلوماتية. ومع بزوغ علاقة التفكير بالوضع التنافسي اتجهت الانظار نحو استخدام مصطلح التفكير الاستراتيجي كبديل لما كان مألوفاً في التوجهات التقليدية باستخدامها لمصطلح التخطيط الاستراتيجي . وقام هذا الجدل على أساس افتراضي ينص على أن التفكير في مجريات المستقبل تتطلب نمطاً ابداعياً أكثر منه نمطاً تقليدياً . إذ يعد التفكير الاستراتيجي ضمن هذا السياق ملائماً لغرض الاستفادة من معطيات الحاضر في رسم صورة المستقبل على نهج الابداع والابتكار وربما التغيير الجذري للوضع التنافسي للمنظمة[١] .

ويشير (Mason , 1986) الى شمولية التفكير الاستراتيجي لمراحل تسبق مرحلة التخطيط الاستراتيجي[٢]، إذ أن التفكير يلازم جميع مراحل عملية الادارة الاستراتيجية، إلا أن (Mintzberg) عارض هذا الاتجاه والشامل في التعريف، إذ عد التفكير الاستراتيجي هو طريق خاص للتفكير، وتميزه خصائص محددة، ينجم عنه منظور متكامل للمنظمة . وبهذا الخصوص فإن التفكير الاستراتيجي

---

(١) Liedtko J. M., "Strategic Thinking can it be Taught", Long Rang Planning , Vol. 31, No. 1 , 1998 , P. 120 .

(٢) Mason J. , "Developing Strategic Thinking" , Long Rang Planning , Vol. 19 , No. 3, 1986 , P. 73.

وفقاً لـ (Mintzberg) هو عملية تركيبية (Synthesizing Process) ناجمة عن حسن توظيف الحدس والابداع في رسم التوجهات الاستراتيجية للمنظمة . وذهب مع هذا الرأي العالمان (Prahalad & Homel , 1994) حيث استخدموا مصطلحاً آخر للدلالة على التفكير الاستراتيجي وهو "البناء الاستراتيجي البارع"[1] (Crafting Strategic Architecture) كما اكتسب التفكير الاستراتيجي أهمية بارزة عند بعض علماء الاستراتيجية ومنهم (Gluick,Kaufman,and Waleck , 1982) إذ عد التفكير الاستراتيجي أحد مداخل الادارة الاستراتيجية التي تتطلب ادارة أنشطتها قدراً من الابداع والاستبصار (Insight) أو ما يسمى بالادراك الفجائي حسب تعبير مدرسة الـ (Gestalt) لما ينطوي عليه الموقف من دلالة، في اطار المنظمة . ويكون تفكير المدير الاستراتيجي ضمن هذا السياق هو نفسه تفكير المالك الحقيقي للمنظمة (Entrepreneurial)[2] ويعد هذا المدخل ذا صبغة شبه رسمية في اتخاذ القرارات الاستراتيجية فضلاً عن أن طبيعة الخطط الاستراتيجية غالباً ما تكون عالية المرونة فيه .

لقد ذهبت أغلب التوجهات الحديثة نحو مفهوم التركيب (Synthesis Concept) للتعبير عن مقاصد التفكير الاستراتيجي . ومما لاشك فيه أن هذا الاتجاه يدعو الى تصميم القواعد والافعال على نحو جديد دون تقليد للماضي أو للغير، وتستند هذه القواعد والافعال على قاعدة معرفية مهيئة لهذا الغرض . في حين هناك توجهات تقليدية تنظر الى التفكير الاستراتيجي من زاوية كونه عملية تحليلية .(alytical Process) وأن المستقبل غير منفصل عن الماضي والحاضر، إذ أن التفكير الاستراتيجي على هذا الاساس هو ليس مهارة اكتشاف دون قواعد وأنظمة تضبط حركة الاكتشاف أو الابداع . إنما هو استخدام مناظرات معنوية للوصول الى أفكار جديدة . وفي هذا السياق فإن تقسيم التفكير الاستراتيجي الى منحنيين أحدهما تحليلي وآخر ابداعي . ويعد التفكير الاستراتيجي التحليلي بمثابة

Liedtko , Op. Cit. , P. 121.(١)

Harvey , Op. Cit. , P. 13.(٢)

الماكنة الذكية (Intelligent Machine) توجه وتعالج المعلومات، وكذلك التفكير الاستراتيجي المبدع بمثابة استراتيجية خيال ابداعي[١] (Strategy as creative imagination).

إن التفكير الاستراتيجي في ضوء الحوار آنف الذكر لابد أن يحمل الوجهين التحليلي والتركيبي، إذ أن القرارات الاستراتيجية تستند الى معطيات معلوماتية يسهم في تغذيتها الواقع والخيال . كما أن كلا الوجهين هما من صلب مهام المدير الاستراتيجي في المنظمات المعاصرة . وأن الوضع المنظمي (Organization Position) في اطار عملها ضمن نطاق تنافس المنظمات المناظرة لها تحدد خيارات التفكير الاستراتيجي لدى المدير الاستراتيجي، وليس من السهولة أن تترك هذه الخيارات مفتوحة دون قيود وإنما تخضع بشكل أو آخر للخارطة الادراكية لمتخذ القرار الاستراتيجي والمنطلقات المعرفية ونضجها في تحديد هيمنة أنماط التفكير الاستراتيجي بعضها على بعض .

ويوجه (Hamel & Prahalad, 1989) دور التفكير الاستراتيجي بأوجهه المختلفة في تحقيق التموضع الاستراتيجي للمنظمة (Strategic Fit) بما يلائم وضعها التنافسي- المطلوب، وبما ينسجم ودورة حياتها المنظمية أو السلعية[٢] . ومن هذا المنطلق فإن التفكير الاستراتيجي يعد أسلوباً مضافاً لتحقيق التلاؤم بين الامكانات المنظمية وواقع المنافسة . لاسيما وأن معطيات القرن الحالي أفصحت عن تحولات جذرية في مفهوم المنافسة التي توجت ببزوغ ظاهرة العولمة، التي تضيف مهام اضافية لموقع الادارة الاستراتيجية في قيادة المنظمات المستقبلية . وأصبح التفكير بالعلاقات المنظورة وغير المنظورة لمجمل الانشطة المنظمية وتداخلاتها مع مختلف الانماط البيئية أحد أهم السمات الذي تميز به التفكير الاستراتيجي .

---

(١) Liedtka , Op. Cit. , P. 121.

(٢) Hamel G. & Prahalad C. K. ,"Strategic Intent", Harvard Business Review, May-June , 1989 , P. 63.

ثالثاً : عناصر التفكـير الاستراتيجي :

إن المتتبع للبحوث التي تناولت مصطلح التفكير الاستراتيجي يجد في كل منها صياغة لأحـد عناصر التفكير الاستراتيجي بما يخدم غرض الباحث في تبنيه لذلك العنصر .

يشير (Hamel & Prahalad, 1989) الى عنصر القصد الاستراتيجي[١] (Strategic Intent) الملحـق بعملية التفكير . إذ قـد يكون التفكيـر بقصـد تقليـد المنـافس (Competitor imitation) أو بقصـد المبادأة (Initiative). ويعد التفكير الاستراتيجي في هذا الاطار عبارة عن توجه الادارة العليا في بلـوغ أهدافها الاستراتيجية المستقبلية . ومن الممكن أن يكون عنصر القصدية استراتيجية تتمحـور حولها توجهات متخذ القرار الاستراتيجي نحو السوق أو السلعة أو كليهما[٢] ويضفي هذا العنصرـ خاصـية التنـوع في التفكيـر الاستراتيجـي وأهميتـه في تحديـد خيـارات المنافسـة مـن خـلال أنمـاط التفكير ومقاصده الغائية (Purposeful Intent). ومن البـديهي أن الادارة الاستراتيجيـة تقـوم بالاسـاس عـلى الغاية كمنطلق يهتدي به جميع العاملين في المنظمـة وتوجـه طـاقتهم الماديـة لبلـوغ ذلـك بشـكل صحيح[٣] .

كما يعد عنصر شمولية التفكير في كيفية تأثير أنواع البيئات على عمل المنظمة، ويدعى هـذا العنصر بالمنظور المنظمي (Systems Perspective) وكما وصفها (Peter Senge) عند تعرضـه لموضـوع التعلم المنظمي بأن التفكير الاستراتيجي هنا هو انموذج ذهني له تأثير مؤكـد عـلى سـلوكنا . وهـذا الانموذج لابد من أن يحيط بمجمل المتغيرات التي تفسر كيفيـة عمـل العـالم مـن حولنـا[٤] . ويشير (Moore) ضمن السياق ذاته أن توسيع عملية التفكير لتشمل متغيرات خارج

---

(١).Ibid , P. 63

(٢) , Day G., "The Capabilites of Market-Driven Organizations" , The Journal of Marketing, October

1994 , P. 37.

(٣).Liedtka , Op. Cit. , P. 122

(٤).Ibid , P. 122

حدود الصناعة أو المنظمة سوف يفتح حتماً باباً للابتكار . وعلى هذا الاساس فإن القرارات الاستراتيجية التي تتضمن خيارات التعاون أو التنافس إنما هي نتاج التفكير الاستراتيجي للادارة العليا . كما أن الانموذج الذهني (التفكير الاستراتيجي) يحقق الفهم الواعي لسياقات التكامل العمودي على مستوى استراتيجيات المنظمة فضلاً عن التكامل الافقي على مستوى الاختصاصات والانشطة المنظمية . وعندما يكون المدير الاستراتيجي على درجة عالية من الوعي بمتغيرات النظام الكلي وحركته وعلاقاته المركبة فإن فاعلية الاداء عندئذ تكون محصلة طبيعية للانموذج الذهني[١] .

يصاحب التفكير الموجه نحو الغايات (المقاصد) (Intent) عنصر انتهاز الفرص الذكية[٢]. (Intelligent Opportunism) وتعد هذه المصاحبة الفكرية وعاءً يحتوي على امكانيات التعامل مع نوعين من الاستراتيجيات ؛ أحدهما الاستراتيجية المقصودة (Intended) والاخرى الاستراتيجية العرضية (Emerging). إذ أن الاستراتيجية العرضية تعد أحد محاور التفكير الاستراتيجي الموجه نحو انتهاز الفرص الذكية التي قد تذهب هذه الفرص عند عدم التحسب للتغيرات البيئية الطارئة، ومن ثم فإن اغفال أية احتمالات لتعبئة الفرص الطارئة قد يؤدي الى حدوث خسارة غير منظورة في حساب الفكر الاستراتيجي .

ومن عناصر التفكير الاستراتيجي ما يتعلق بتوقيت التفكير . ويعد التفكير في الوقت المناسب (Thinking In Time) من الامور المهمة التي تسد الفجوة بين واقعية الحاضر وقصد المستقبل . إذ أن التفكير الاستراتيجي في هذه الحالة لا ينحصر في مواءمة الموارد الحالية والامكانات المنظمية مع الفرص المتاحة في البيئة وإنما يتضمن التفكير في وسائل زيادة الموارد الحالية لبلوغ الغايات التوسعية في المستقبل . وتؤسس هذه الرؤية على

---

(١) Robbins S. P. , "Organization Theory : Structure , Design & Applications" , (3 rd ed.) (Prentice - Hall , Int. , 1989) , P. 59.

(٢) Liedtka , Op. Cit. , P. 123.

استحضار معطيات الماضي ومقارنتها بالواقع ومن ثم استشراف المستقبل وصولاً الى تحديد المهم من الموروث والتخلي عن الاشياء غير المهمة وتطوير الحاضر لبلوغ المستقبل[١] .

والعنصر الاخير في التفكير الاستراتيجي هو التوجه نحو الفرضيات (Hypothesis Driven)، ويعد هذا العنصر مرآة عاكسة للصورة العلمية للتفكير . إذ يلجأ متخذ القرار الاستراتيجي بوضع افتراضات علمية لكل بديل ومن ثم يجمع بيانات خاصة بذلك البديل ويعمل على اختياره والتحقق منه ومن امكانية قبوله أو رفضه على قاعدة علمية . ويتم وضع الفروض على أساس طرح الاسئلة الابداعية على غرار ماذا ... إذا ؟ ويبحث عن اجابة لذلك السؤال وهو إذا ... عندها ... ؟ وتبدو الاجابات الجديدة حيال الافكار وتظهر عندها العلاقات بين الاسباب والنتائج .

إن المنظمات التي تنجح في توفير عناصر التفكير الاستراتيجي في ادارتها سوف تتمتع بميزة تنافسية على نظائرها من المنظمات . وتحقق لها قدراً مهماً من فاعلية اتخاذ القرار على النحو الذي تساهم به تلك الخصائص في رفد هذه الفاعلية[٢] وعلى النحو الآتي:

* الاهتمام بالمقاصد والغايات يوجه تفكير متخذ القرار الاستراتيجي نحو البدائل التي من الممكن أن يتم تعبئة مؤشرات المستقبل على ضوء القرارات الحالية . ويصبح هذا العامل مثار تنافس مع المنظمات المتناظرة .

* يساهم التفكير في الوقت المناسب في سرعة الاستجابة أو الاندفاع نحو الفرص المنظمية . وتتكامل هذه الخاصية مع خاصية انتهاز الفرص الذكية .

Ibid , P. 123.(١)

Liedtka , Op. Cit. , 124.(٢)

* التفكير الموجه بالفرضيات يستثمر مزايا القدرات العلمية لمتخذ القرار ويزجها مع التفكير الابداعي مما يحقق أنماطاً تفكيرية متكاملة للظواهر والمشكلات المنظمية .

* تساهم الخصائص أو العناصر بمجملها في تطوير الطاقات التنافسية وتحقيق مناورة استراتيجية يصعب على المنافسين اختراقها عندما يحسن متخذ القرار الاستراتيجي استخدام هذه العناصر .

* استخدام التفكير الاستراتيجي ينقذ عملية اتخاذ القرارات الاستراتيجية من الاخطاء التي قد تعزى الى خلو التفكير من عناصره آنفة الذكر .

وتشير معظم الدراسات التي تناولت عملية تقويم التخطيط الاستراتيجي وما ينطوي عليـه من أخطاء، الى ضرورة تبني منهجاً بديلاً في الادارة الاستراتيجية مـن شـأنه أن يعـزز قـدرات متخـذ القرار الاستراتيجي في اختيار بدائل القرار الاستراتيجي بعيداً عـن فقـدان الفرص غـير المنظورة[١] . ومن ثم يجد عملية اختيار البديل بمثابة ثورة في القرار الاستراتيجي[٢] . ومـن أبـرز البحـوث التـي تناولت الاخطاء التي تظهر في التخطيط الاستراتيجي هو ما قدمه (Mintzberg) حول قـراءة جديـدة للتخطيط الاستراتيجي الجـزء الاول : الاخطـــاء والتضـليل[٣] . وفي سـياق محـاورة أهميـة التفكير الاستراتيجي في التغلب على هذه الاخطاء تطرح التصورات الآتية :

---

(١) Thomoson A.A., Strickland III A. J., Kramer T. R., "Reading In Strategic Management" , (15 th ed.) , (Irwin , Chicago , 1995) , P. 3.

(٢) Hamel G., "Strategy As Revolution" , Harvard Business Review , July-August , 1996, PP. 69 – 82

(٣) Mintzberg , Op. Cit. , PP. 12 - 21.

١- توجه عناصر التفكير الاستراتيجي مجمل عمليات التفكير في مختلف المستويات التنظيمية نحو المقاصد الاستراتيجية (Strategic Intent) وبما يحقق تجانس التفكير وتنميته عن أخطاء افتراضات التخطيط .(Planning Persumed Pitfalls).

٢- ينجم عن تجانس التفكير خاصية الاجماع الاستراتيجي والتفكير الجمعي . ويدفع هذا الامر جميع الاطراف نحو قبول الالتزامات المترتبة على الاجماع تجاه اتخذا القرار وتنفيذه . ويجنب هذا الامر الادارة الاستراتيجية الوقوع في أخطاء الالتزامات .(Commitment Pitfall)

٣- غالباً مايعاني الاسلوب التقليدي للتخطيط الاستراتيجي من أخطاء التغيير (Change Pitfall)، وقد يعزى ذلك الى خلو التخطيط من عنصر المرونة واستخدام معطيات التفكير العلمي، في حين شمول التفكير الاستراتيجي للتفكير العلمي والتفكير الحدسي يضفي للادارة الاستراتيجية صفة المرونة في التخطيط والتحسب لجميع أشكال التغيير التي تحصل في الامد المستقبلي[١] .

٤- يعد التفكير الجمعي (Group Think) أحد أوجه التفكير الاستراتيجي . ويستمد هذا الاطار التفكيري فلسفته من أسس مقاربة الى حدما أسس العملية السياسية للقرار الاستراتيجي . ولذلك فإن المدير الاستراتيجي قد يلجأ الى استخدام مهارته العقلية في بلورة آفاق التفكير لدى المديرين العاملين بمعيته وبما ينسجم والتوجهات الاستراتيجية للمنظمة . وفي هذا السياق فإن حشد الاصوات لقبول الخيار الذي يقع عليه اختيار المدير الاستراتيجي يعد ضرباً من السياسة[٢]. ويشير (Mintzberg) الى أن أبرز الاخطاء التي يعاني منها التخطيط الاستراتيجي هو الخطأ السياسي (Politics Pitfall) الذي يبعد متغيرات التخطيط الاستراتيجي عن معيار الموضوعية . ويعزى هذا الخطأ الى

---

(١) Robbins , Op. Cit. , P. 381.

(٢) Ibid , P. 262.

انحياز المخطط الاستراتيجي الى قناعاته حول البيانات والمؤشرات المستحصلة من التحليل الكمي في الاغلب، فضلاً عن الاخطاء بسبب المواقف المسبقة للمخطط[1] (The Fallacy of Predctermination)

يستشف من الحوار الفلسفي آنف الذكر، أن التفكير الاستراتيجي هو عملية تطورية تبدأ بالتحليل وفهم مكونات الظاهرة المنظمية أو المشكلة وجزئياتها وماتتضمنه من حقائق وبديهيات تنتهي بالتركيب واضافة الافكار التي تبنى على المنهجية الابداعية . وأن المفكر الاستراتيجي أياً كان موقعه فهو متعلم وليس عارف (Learner Rather Than Knower) كما أن التفكير الاستراتيجي تنطوي عليه مهارات من الممكن أن تتطور ضمن اطار تعليمي متعدد الاغراض . يحتوي في ثناياه المبادأة والحوار وطرح الرؤى فضلاً عن مناقشته هذه المعطيات وتقويمها دورياً وبما يحقق فاعلية القرار الاستراتيجي ودقة استبصار المستقبل .

رابعاً : العمليات العقلية وأنماط التفكير :

بعد عرضنا لمفهوم وعناصر التفكير الاستراتيجي، نجد من الاهمية بمكان أن نتعرض لمصدر التفكير وهو العقل وماهيته ومكانته في اصدار الاحكام والمعالم الفلسفية للعقل .

والعقل[*] لغة : هو الحجر كما ورد ذلك في لسان العرب لابن منظور . وعقل الشيء أدركه على حقيقته وتدبره . وللعقل مرادفات كثيرة وهي بحدود ثلاثة عشر مرادفاً للعقل في القرآن الكريم منها "الفؤاد"، و "اللب" و "النهى" عدا ما ورد بألفاظ أخرى تحتمل معانيها أن يكون المراد منها العقل . وما اتفقت

Mintzberg , Op. Cit , P. 15.(1)

(*) وردت كلمة العقل في القرآن الكريم وتصاريفها فقط في تسع وأربعين آية، وجاء ذكر معناها في ست عشرة آية أخرى.

كلمة العلماء على شيء كاتفاقهم على أن ضرورات الحياة التي لا قيام لها بـدونها، يقـف العقـل في مقدمتها[١]، بل أهمها وجلها متوقف عليه .

إن نمط التفكير هو أحد نواتج العقل، إذ يـتمخض عـن العقـل أمـور عديـدة منهـا التفكـير والاستدلال وتركيب التصورات والتصديقات[٢] . ويشير المعنى الاصطلاحي للعقل عند عموم العلـماء بأنه سلامة الفطرة وهو عبارة عن معان مجتمعة في الذهن، تكون مقدمات تسـتنبط بهـا المصـالح والاغراض، وهذا ما عرضه الامام الغزالي في كتابه معيار العلم[٣] .

نستشف من ذلك أن خصائص التفكير تستمد من العمليـات العقليـة وسـلامة آلـة التفكـير وكفاءتها . ولكن يبقى العقل أمام وجهات نظر مختلفـة مـن حيـث الفلسـفة التـي تعـالج مفهـوم العقل، ولكل فئة وجهة نظر معينة لسنا بحاجة الى عرض تناقضاتها وإنمـا نطـرح محصـلة الاتفـاق على أن العقل هو قوة جبل عليها الانسان يدرك بها البديهيات ويبني عليها النظريات[٤] .

لقد اهتم المسلمون بالعقل، إذ يعد في النظر الاسلامي أحد وسائل المعرفة[٥] فضلاً عن كونه مناطـاً للتكليـف، وتنشـأ المعرفـة هنـا عـن طريـق اسـتخدام العقـل بطريقـة النظـر أو الاسـتدلال وبالمعرفة يتفاوت البشر نتيجة لمقدار فهمهم وقدرتهم على النظر والاسـتدلال لمعرفـة قـدر الاشـياء النافعة (الفرص) والاستفادة منها ومعرفة الاشياء الضارة (التهديد) وتجنبها .

ويعد العقل معياراً للمفاضلة سواء في المنطـق الفلسـفي أو المنطـق الاسـلامي . وقـد ورد في سنن أبي داؤد وسنن الدارمي والحاكم والمستدرك في حديث صحيح

(١) طه جابر العلواني، "العقل وموقعه في المنهجية الاسلامية"، اسلامية المعرفة، السـنة الثانيـة، العـدد ٦، سـبتمبر ١٩٩٦، ص ١٢ .

(٢) محمد صالح عطية نصيف الحمداني، مصدر سبق ذكره، ص ٢٨٧ .

(٣) نفس المصدر، ص ٢٨٦ .

(٤) مصطفى ابراهيم الزلمي، "فلسفة الشريعة"، (دار الرسالة للطباعة، بغداد، ١٩٧٩)، ص ٢٦٣ .

(٥) سيد سابق، مصدر سابق، ص ١٩ .

على شرط الشيخين، فعن عائشة أم المؤمنين رضي الـلـه عنها قالت: (قلت يا رسول الـلـه بـأي شيء يتفاضل الناس، قال بالعقل في الدنيا والآخرة، قلت أليس يجزى النـاس بـأعمالهم، قـال يـا عائشـة : وهل يعمل بطاعة الـلـه تعالى إلا من عقل فبقدر عقولهم يعملون وعلى قدر ما يعملون يجزون) .

وفي المنطق الفلسفي مواقف محددة من العقل على أنه معياراً للمفاضلة، إذ بالعقل تسـد الفجوة بين الذات العارفة والشيء المعروف . وإن العقل ضمن هذا السياق هـو تعبير عـن فاعليـة النشاط الذهني، وبهذا يتفاوت البشر في هذا النشاط[١] .

وفي الوقت الذي يتجه الفلاسفة المسلمون نحو استخدام العقل لادراكات دنيوية وأخروية، فإن الفلاسفة الوضعيين يتجهون الى ادراكات جزئية وأخرى كلية . ومن هذا المصدر يحدد سقراط نظريته في امكان المعرفـة مـن خـلال التصـور الكلي مبيناً كيفيـة تكوينه بالاستقراء والفرق بـين المنظورين هنا هو عدم اجابة الفلاسفة الوضعيون على تساؤل كبير وهو هـل أن المعرفـة العقليـة لدى الفرد مقيدة بالفطرة وحدها أم هنـاك كينونـة تغـذي هـذه الفطرة بالطاقـة العقليـة لتمتـد عمليات العقل الى المدى المحدد للادراك ؟

لقد أدرك سقراط هذه الصعوبة وترك فلسفة العقل مفتوحة النهايـة واكتفى بـالقول ((إن صعوبة ما هي - البحث عن الحقيقة - تمنعنا من طلب الحقيقة كما يبـدو، فالانسـان بامكانـه أن يطلب ما يعرفه ومالا يعرفه، إنه لا يطلب ما يعرفه لأنه قد عرفه أصلاً، ولا يطلب مالا يعرفه أبداً، لأنه لا يعرف ما ينبغي أن يطلبه))[٢] .

إن خلو الفلسفة الباحثة عن مكانة العقل في التفكير مـن العقيـدة التـي دعـا اليـه المنهج الاسلامي ترك تلك الفلسفة أمام معترك فكري منغلـق عـلى ادراك الموجـود والكينونـة الماديـة . وإن دائرة التفكير لا تعدو أن تتمحور حـول النـفس الانسانية ومحركاتهـا الذاتيـة . في حين أن المـنهج الاسلامي دعا الى استخدام العقل في دائرة

---

(١) راجح عبدالحميد الكردي، مصدر سابق، ص ١٣٦ .

(٢) نفس المصدر، ص ١٣٧ .

النفس الانسانية ومعطيات الايمان المطلق بالوجود غير المنظور . وأن قيمة الدليل البرهاني أو الموجود هو أحد عناصر تعميق اليقين المستقر . فقد قال الله سبحانه وتعالى (قد بينا الآيات لقوم يوقنون) {البقرة: ١١٨} والجدير بالذكر أن اليقين هو الاساس لكل معرفة ممكنة وركناً ركيناً فيه، والتصديق ركن مهم في عقيدة المسلم . وعند امكانية الجمع بين يقين المعاينة ويقين البرهان ترتفع عندهما درجة اليقين .

إن التطرق الى اليقين هنا هو ذاته عند التطرق الى قناعة متخذ القرار الاستراتيجي وتسليمه المطلق للقاعدة المعلوماتية التي يستند اليها في اختيار أحد بدائل القرار . وأن المضي في عرض فلسفة المصطلحات وفقاً لمقتضيات البحث الحالي فنجد لزاماً علينا أن نلقي بعض المعالم على المنهج الفلسفي المادي أمام معالم المنهج الاسلامي .

إن اليقين في النظر الاسلامي[1] هو مضاد للجهل والظن والريب، إذ ترتبط عملية حصول اليقين لدى متخذ القرار الاستراتيجي بثلاث مصادر هي :

١- مصادر حسية وتسمى (عين اليقين)، حيث تشارك الحواس في تغطية المعلومات اللازمة لبلوغ الحقائق، وتصبح الحواس مصدراً للتفكير .

٢- مصادر عقلية (علم اليقين)، حيث يشارك الادراك العقلي في تغطية المعلومات المعقولة والمنطقية لمتخذ القرار . ويصبح العقل مصدراً للتفكير .

٣- مصادر الحدس والايمان وتسمى (اليقين الحدسي) ويطلق عليه (نور البصيرة) . إذ تضاف استخدامات العقل ضمن مديات تفكير تزيد على نطاق التفكير العقلي والحسيـ . ويختلف اليقين الحدسي في مضمونه عن مضمون الحدس عند الفلاسفة الماديين . إذ يعد في النظر الوضعي (المادي) ضرباً من اليقين العقلي، في حين يعد في النظر الاسلامي يقيناً غير مباشر يمتد الى عالم الغيب

_____

(١) يراجع : ابن رشد، فصل المقال (فلسفة ابن رشد)، ط٣، (المكتبة المحمودية، القاهرة، ١٣٨٨ هـ)، ص٢٨ .

وارتباطه بعالم الشهادة . ويكتفي الحدس عند المنطق الوصفي في حدود دائرة عالم الشهادة فقط .

يقف وراء المفاهيم والمقاصد الفلسفية آنفة الذكر عدد غير محدود من أنماط التفكير, وقد يحتوي كل نمط تفكيري ضرباً فلسفياً نابعاً من أسس المنظور الى العقل واستخداماته . كما أن عملية التفكير سواء ماكان موجهاً نحو الواقع أم نحو المظاهر النظرية فإنه ينطبع بمستلزمات الميدان الذي يتموضع فيه حضارياً واجتماعياً وثقافياً وسياسياً واقتصادياً . وقد ساهم في توسيع دائرة عمل التفكير عوامل عديدة اضافت اليه خصائص محددة ينتمي اليها ومنها الخصائص الادارية التي تعد ركناً رئيساً في بحثنا المعني .

خامساً : تأصيل معالم الفكر الاستراتيجي في اطار أنماط التفكير :

يعد الفكر تحصيلاً للمعارف ونواتجها، ويتنوع الفكر بتنوع تلك المعارف وظواهرها[١] . ويرتبط مفهوم الفكر بالمدرسية أو المذاهب التي تشكل اتجاهاً فلسفياً للتفكير، يرتبط في هذا المذهب أو ذاك اتباعاً يميلون الى تبني مباديء معرفية محددة يكنون لها الموالاة والانتماء[٢] . ولاشك أن لكل فكر حضارة وثقافة نمت وترعرعت في مكان وزمان محددين أسفرت عواملها عن بزوغ فكر معين ميز تلك الحضارة عن غيرها . ولسنا بصدد الكلام والتحليل للحضارات السابقة وإنما نريد أن نقف على مرسى الحضارات وهي الحضارة الغربية وما أنجبته من الفكر الصناعي القائم على العلم والتكنولوجيا . حيث نجد الغرب قد تجمع لديه معظم التراث الفكري العالمي منذ القرن الثاني عشر وقام على البناء الحضاري الاغريقي والروماني والعربي . وفي القرن السادس عشر استوعبت الغرب التراث الفكري العالمي ونجح في فتح آفاق فكرية جديدة كانت ومازالت تمثل بواكير العصور

(١) محمد بريش، مصدر سبق ذكره، ص ٧٧ .

(٢) أحمد سليم سعيدان، "مقدمة لتاريخ الفكر العلمي في الاسلام"، عالم المعرفة، سلسلة رقم ١٣١، ١٩٨٨، ص ٨٢ .

الصناعية التي هي من صنعه . ومع تطور الفكر الغربي أفضى في النهاية الى الفكر المعاصر والذي انبثق عنه أنظمة مدرسية (Scholasticism) مثلت اتجاهات تفكيرية مختلفة . ومع تطور الحياة المدنية ونشوء المدن في القرن الثاني عشر- وبالاخص في ايطاليا وفرنسا وسائر أوربا وتأسيس الجامعات لتشبع العقول بالمعارف التي تضيف اليهم ما تقدمه المدارس والاديرة والكنائس آنذاك . والجدير بالذكر أن نشوء تلك الجامعات كان على غرار معاهد العلم الاندلسية في غرناطة وقرطبة مستفيدين من احتكاك الغرب بالحضارة الاسلامية ثم عن طريق الحروب الصليبية التي بدأت في مطلع القرن الحادي عشر الميلادي، وامتدت ثلاثة قرون، وكان نتيجة الامر احتلال الغرب أجزاء من العالم الاسلامي . كما كان الموروث الفلسفي في تلك الحقبة له أثر في اعادة تقويم الفكر الغربي سيما وأن الغرب عرف ابن رشد نابغة الاندلس والتي كانت أعماله تسمى في الغرب بالرشدية[١] والتي كانت بداية للفكر العقلاني (Rationality) وعرف تلامذة الغرب هذا المنهج وأصبح الطلبة في جامعة باريس يعتنقون هذه الفلسفة لكونها تشكل منطلقاً مهماً في أنماطهم الفكرية وانعكاسها على اتخاذهم مختلف القرارات المتعلقة بأمورهم العامة .

كان المنهج العقلاني على ذلك النحو بداية جديدة لنهاية منجزات المدرسة الكنسية لتوما الاكويني (١٢٢٥ - ١٢٧٤ م) في عرف الغرب، حيث كان المألوف آنذاك سلطان النصوص الدينية وليس سلطان العقل . وكانت معالم مدرسة توما الاكويني ذات طابع لا يهتم في مسألة الوصول الى الحقائق عن طريق العقل أو بالاحرى العلاقة بين الاسباب والنتائج، في حين ذهب الفيلسوف العربي ابن رشد الى عد العقل كوجود يساعد في ادراك نظام الاشياء الموجودة وترتيبها . وينبري على العقل تصور الاشياء (ادراك العلاقات) وترتيب عليتها ومراميها[٢] . ودار الصراع على هذه الشاكلة بين الحكم العقلي أي ادراك العلاقات بين متغيرات

---

(١) نفس المصدر، ص ص ٨٨ - ٩٠ .

(٢) محمد عابد الجابري، "ابن رشد : سيرة وفكر"، دراسة ونصوص، (مركز دراسات الوحدة العربية، بيروت، ١٩٩٨)، ص ١٩٥ .

الموقف أو القرار أو ماشابه ذلك، وبين الحكم المثالي الارسطي القائم على الاعتقاد بمطلق الاشياء .

وعند امعان النظر في معالم الفكر الاستراتيجي التي أرست أنماطاً للتفكير نجد لزاماً علينا أن نشير الى دعوة أرسطو الى الفكر الاستنتاجي، إذ يتلخص في ألا يقبل في حقل العلم إلا ماقام على صحته دليل . والدليل عند الاغريق هو دليل منطقي استنتاجي. وقد طبق هذا المنهج الفكري أقليدس والذي عاش في الاسكندرية حوالي سنة ٣٠٠ ق. م.

وظهر الفكر التجريبي عند روجر بيكون (١٢١٩ - ١٢٩٢ م)، ويتضمن هذا الفكر اعتماد الدليل التجريبي المثبت بصحة التجربة والقياس، وعده الاصل في اصدار الاحكام . والقياس هنا ليس المقصود به المناطقة أي قياس الحاضر على الماضي وإنما استخدام التقدير بالوحدات الكمية عند عرض الحقائق . والجدير بالذكر أن بيكون استوعب الكثير من الفكر العربي والعلم العربي وعرف العربية والعبرية، ويستشهد في كتاباته بابن الهيثم، وابن سينا، والكندي ... وغيرهم . ويعترف بيكون بخط ابن رشد في الوصول الى الحقائق، ولكنه يقول أن العقل وحده ليس مضمون العواقب إلا إذا ساندته الخبرة والتجربة واعترف في طروحاته بالعقلانية المقيدة (Bounded Rationality) وعنده ظهرت معالم جديدة في مفهوم العقلانية ولذلك دعا الى تقويم الادلة ومن ثم الوصول الى أفضلها واختياره .

كان روجر بيكون أول داعية للفكر التجريبي ولكن دعوته سرت بطيئاً في الفكر الاوربي حتى القرن الرابع عشر الميلادي، إذ جدد لها الفيلسوف فرنسيس بيكون (١٥٦١ - ١٦٢٦ م) الذي عاصر الفكر الاوربي بين العصور الوسطى المظلمة حتى عصر الثورة العلمية وبزوغ الفكر المعاصر .

ومع اطلالة القرن السابع عشر[١] بلغ الفكر الاستراتيجي ذروته في الغرب مستفيداً من التراث الفكري الذي أنتجته الحضارات السابقة . وهكذا دواليك

---

(١) محمد عابد الجابري، مصدر سابق، ص ص ١٠٦ - ١٠٧ .

توالت اسهامات فكرية تلاحقت عندها الاطر الفلسفية في بناء قواعد ينطلق منها عمل العقل وتحديد خياراته . وهذا ديكارت (Rene Descartes) (١٥٩٦ - ١٦٥٠م) وطرحه مفهوماً يوجه فيه العقل توجيهاً سليماً والبحث عن الحقيقة في العلوم .

A Discourse on the Method of Rightly Conducting The Reason , and Seeking Truth in The Science.

وجاء لوك (١٦٣٢ - ١٧٠٤ م) باحثاً عن الفهم الانساني (Essay Concerning Human Understanding) وكانت دعوة ديكارت العالم الفرنسي تتجه الى الفكر الاستنتاجي متجهاً من دراسة الكل ومن ثم الوصول الى الجزء، أي أنه يدرس المباديء العامة وقواعدها ومن ثم يطبقها على الاجزاء، ودعوته الى عقلانية القرار أسوة بمنهج ابن رشد .

لقد بدأ الغرب طريقه في التفكير وأسست أنماطه التفكيرية على المعطيات الفلسفية التي ذكرنا جانباً منها . ومضى فيها ومازال ماضياً : منهجه العلمي في التفكير بدأ أساساً بثنائية المعالم وقعت بين التجريبية والعقلانية، أي بين الواقع ومعطياته المعنوية . وعند عرض النظريات التي تناولت أنماط التفكير الاستراتيجي ونظريات اتخاذ القرارات الاستراتيجية على مسرح التأصيل وبالذات في القرن العشرين يتجلى لنا أن عقلانية القرار والتفكير وما طرحه (Dror,Lindblom, Simon, Mintzberg, Quinn)(*) وغيرهم كثير، لا يمكن أن نعبر عنه أنه نتاج فكرهم الخالص وإنما هو محاكاة لفلسفة عمقها التاريخ الفلسفي لهذه الميادين .

وكما نجد بأن محاورة الآراء آنفة الذكر تدلل على أن الابداع في مجال الفكر الاستراتيجي يكاد يكون ضئيلاً على مستوى التنظير . إذ الافكار هي ذاتها، وإنما ما قد حصل من تطور في ميدان الفكر والقرار إنما هو في الوسائل والتقنيات التي

(*) هذه الاسماء معروفة عند الباحثين في مجال اتخاذ القرارات ونظرياتها في النصف الثاني من القرن العشرين، ويعدون مرجعاً علمياً لايخلو أي بحث أو كتاب علمي من مرجعيتهم كاسناد معرفي.

حفزت بزوغ الفكر الموضوعي الذي أصبح ركيزة مهمة لمنهجيات الفكر الاستقرائي والاستنباطي والتجريبي . وهذه الرؤية تكاد تكون منطلقاً مهماً في تقويم الانجاز الفلسفي عبر التاريخ وبالذات الانجاز النظري، إذ أنه لا يتمتع بوتائر نمو مهمة في معرض المقارنة مع النماء الهائل الذي تحققه الوسائل التحليلية وأدواتها . وهذا المؤشر غير المتوازن يدفعنا الى دعوة جديدة للتنقيب بشكل جاد في نمو الافكار ونماذجها التي لم تجد من ينقلها بأمانة الى مواضعها المناسبة ريثما تحفز دوافع الانجاز النظري مستفيدة من معطيات الثورة المعلوماتية وتقنياتها الهائلة .

قد يعزو بعضنا ذلك الاهتمام على صعيد الغرب فحسب، وربما ينظر اليها من خلال قوته الفائقة . وقد يكون ذلك بسبب السبات الذي شهدته الساحات الاسلامية والعربية في مجال تنشيط الفكر الاستراتيجي المعاصر . ومرد ذلك ربما يكمن في قطيعة أغلب الباحثين العرب والمسلمين وغيرهم للارث الهائل الذي ورثناه فضلاً عن عدم بلورتنا لفكر ذاتي يثريه ويضيف اليه . سيما وأن الفكر الاستراتيجي قد صيغ بنصوص من القرآن الكريم والسنة المطهرة . ونحن أمة مأمورة بذلك . مأمورة وحياً بالاعـداد والتقديم للمستقبل . وضمن هذا السياق قال تعالى (يا أيها الـذين آمنـوا اتقوا اللـه ولتنظر نفس ما قدمت لغد واتقوا اللـه إن اللـه خبـير بمـا تعلمـون) {الحشر: ١٨} وهذه دلالة من دلالات عديدة تدعو الى الفكر الاستراتيجي المستقبلي فضلاً عـن الايمان بالـذات والهوية والعمل على أساس الذات المتكافئة والموازية للغير .

وفي هذا الاطار فإن ما سنقدمه من معطيات فلسفية لأنماط التفكير لاحقاً، سينطلق مـن هذه القواعد مع اشارة الى طروحات الباحثين في هذا المجال عله يساعد الباحثين في مقارنة أبواب التأصيل في البحث الحالي وما تنطق به البحوث والدراسات الموثقة في مجالاتها ومواضعها .

المبحث الثاني

المعطيات الفلسفية لأنماط التفكير الاستراتيجي

تمــــهيد :

تابعنا في المبحث السابق حركة التفكير الاستراتيجي ضمن الاطر الفلسفية عبر حقب زمنية مختلفة . وتوجت الجهود التي بذلها العارف والعالم في ميدان التفكير بمعطيات فلسفية تبلورت على ركائزها مناهج لها خصائصها المميزة سواء على مستوى التفكير أو مستوى اتخاذ القرار. واستقرت حركة الحوار في المجهول الفلسفي وتحركت نحو تقصي- حقائق المعلوم، وعندئذ حصل التمييز بين الفلسفة والعلم. إذ أن باطن العلم فلسفة ومظهر الفلسفة حكمة تنتظر التطبيق، فضلاً عن أن العلم أحد السبل التي تحمل الفلسفة الى أنموذج تطبيقي. وقد ذهب جل اهتمام الباحثين في هذا القرن نحو محاكاة الفلسفة ومن منظار القواعد العلمية التي اتسمت هذه الاخيرة ببديهيات منطقية ترقى الى مستوى القانون النظري. ومن هذا الاطار صيغت نظريات مختلفة شكلت مجاميع نظرية اجتمعت على منطلقات فلسفية نعبر عنها هنا بالرؤية .

وخضع نمط التفكير الى رؤى مختلفة، تعبر هذه الرؤى عن المدخل المعرفي الذي يحقق أغراض البحث والباحث في موضوع أنماط التفكير . وفي هذا الاطار فإن المبحث الحالي يعالج المعطيات الفلسفية لأنماط التفكير الاستراتيجي على النحو الآتي :

أولاً : الرؤية الفسلجية لأنماط التفكير الاستراتيجي :

ينظر علماء الادارة الاستراتيجية الى اتخاذ القرار الاستراتيجي على أنه نظام عقلي وعصبي[(١)] (Brain and nervous System) ويقف وراء هذا النظر رؤية ثاقبة لوظائف الدماغ وعملياته، فضلاً عن أن فهم طبيعة العقل وتركيبه يعكس

---

(١) Daft , Op. Cit. , P. 35.

واقع اختلاف أنماط التفكير بين الافراد[١] . وإن اختلاف الانماط التفكيرية ترتبط باختلاف المستلزمات المعلوماتية لأتخاذ القرار[٢] .

والجدير بالذكر أن البحث عن الفسيولوجيا الواعية (Brain Physiology)، أي عن كيفية حدوث الوعي في الجهاز الدماغي، ينبغي أن ينظر اليه من جهتين : الاول (الجهة الروحية Spiritual) على أساس أن الوعي يعد وظيفة من وظائف العقل، وهو كما تعرض لمفهومه الفلاسفة من أن العقل قوة مجدة، أي قوة غير المادة . والثانية (الجهة الفسيولوجية) على أساس أن الوعي مظهر من مظاهر العقل، أي أن العقل هنا هو قوة غير مجردة، بل هو عمل من أعمال الدماغ، والدماغ عضو المادة[٣]. وفي هذا الصدد يقول الاستاذ (هالبرتون) أحد علماء الفسيولوجيا "لايشك أحد بأن فينا شيئاً به نعلم، وبه ندرك الامور على ما هي عليه، وبواسطته نميل نحو الشيء وننقبض وننشرح، ونتألم ونتلذذ بحسب ما يؤثر فينا ونتعظ بما سبق اختباره وتجربته في ذهننا، ونسميه (العقل)"[٤]. وعلى مر العصور يختلف العلماء في تعيين ماهية العقل، ومركزه، وكيفية عمله وعلاقته بالجهاز العصبي ومرد ذلك أن ميدان علم التحليل العقلي كان بحد ذاته موجوداً لوجود حقائقه وعوامله، ولكن لم تتهيأ الظروف لوضعه بصيغة مستقلة به إلا في القرن العشرين عندما تهيأت له الظروف أن يكون علماً مستقلاً ساهم في اخراجه منذ عام ١٩٠٠ فرويد و(هايتزنغ Hitzig) و(فريتس Fritsch) و(فرير Ferrier) و(غولتز Goltz) وغيرهم ممن بينوا الصلة القاطعة القريبة بين الوظائف العضوية وبين الاقسام المحددة من الدماغ[٥] .

---

(١) Rose S. , "The Consious Brain" , (Cox. & Nyman Ltd. , 1973) P. 36.

(٢) Mintzberg H. , "Planning of the left side and Managing on the right" , Harvard Business Review , Vol. 54 , July - August , 1976 , P. 715.

(٣) عبدالرحمن الكيالي، "أضواء وآراء"، الجزء الاول، (مطبعة الضاد - حلب، الجمهورية العربية المتحدة، ١٩٥٩)، ص ١٣ .

(٤) نفس المصدر، ص ١٣ .

(٥) نفس المصدر، ص ٢٩ .

وفي معرض الحديث عن أنماط التفكير وأقسام الدماغ في اطار الادارة الاستراتيجية يشير (Mintzberg , 1976) عند تناوله هذا الموضوع الى عرض لقصة تداولها الناس ضمن فلكلور الشرق الاوسط عن رجل يدعى ناصرالدين[١]. حيث دارت أحداث القصة حول هذا الرجل وهو يبحث عن مفتاح كان قد فقده . إذ سأله صديق له وهو يبحث في الارض عن ضالته، ماذا فقدت يا ناصرالدين ؟ أجاب ناصرالدين فقدت مفتاحاً . وسأله سؤالاً آخر، اين فقدت المفتاح ؟ قال في البيت . ولماذا لا تبحث عنه داخل البيت ؟ قال هنا يوجد ضوء أكثر من الداخل .

إن هذه القصة قديمة وعفى عليها الدهر، إلا أنها ليست كما تبدو فكاهة، وإنما لا تخلو من مغزى أزلي غامض . وبدأ (Mintzberg) عندئذ يبحث في ألغاز هذه القصة . وصاغ بموجبها عدداً من الآثارات البحثية، علها تقود الى الوصول الى اجابات محددة تصلح أن تشكل رؤية جديدة . وبالفعل توجت جهوده البحثية في كشف اعتبارات وظائفية لأنماط التفكير عند الفرد، إذ حاور(Mintzberg) أعمال الباحثين والعلماء المختصين بأمراض الجملة العصبية وجراحة الدماغ فضلاً عن أعمال علماء النفس، وتتبع آثارها العلمية عبر حقب زمنية طويلة . وقام بتحليل معطياتها العلمية ووجد بأن البنية الثنائية للدماغ والمكونة من فصين كانت وراء اختلاف أنماط التفكير لدى الافراد . إذ أن الفص الايسر من الدماغ يسيطر على حركات الجانب الايمن من الجسم، وأن الفص الايمن منه يسيطر على حركات الجانب الايسر من الجسم . وعززت تلك الاكتشافات بجهود حديثة وبينت وظائف هذه الاجزاء من الدماغ . ويترتب على الفص الايسر من الدماغ (ويستثنى من ذلك الاعسر، أي الذي يعمل بيسراه) وظيفة التفكير المنطقي . في حين يترتب على الفص الايمن منه وظيفة التفكير الظني (الشمولي)[٢] عند هيمنة الجانب الايسر من الدماغ على العمليات العقلية، فإن التفكير الاستراتيجي يتصف بخصائص منطقية وعلمية وتحليلية . ويدور التفكير حول الحقائق والواقع المستمدة

---

(١) Mintzberg , Op. Cit. , P. 715.

(٢) Loc - Cit.

من عملية تتابع الاحداث وتحليلها والتخطيط المتأني لها . في حين يغلب على هيمنة الجانب الايمن من الدماغ خصائص حدسية وتصورية تتزامن مع طبيعة الخيال والتلقائية عند الفرد من هذا النمط[1] .

ويشير (Robey Tagaret) أن هيمنة أحد جانبي الدماغ لا يعني غياب دور الجانب الآخر في عمليات التأثير، وإنما هناك ربما تأثير مشترك في خصائص التفكير يساهم بها كلا الجانبين[2] .

إن الاختلاف الذي تفصح عنه الرؤية الفسلجية يترتب عليه اختلاف في عملية تحديد وحل المشكلات . وتمثل هذه العملية بمجملها الحالة التي يتركز عليها اتخاذ القرار[3] . إذ أن الشق الاول من هذه العملية يتضمن تحديد البنية المعلوماتية التي يستشعرها متخذ القرار . وتشكل هذه البنية مصدراً مهماً في تحديد متغيرات المشكلة وتطبيقها . في حين يتمحور الشق الثاني في عملية اتحاذ القرار بحل المشكلة بعد وضوح أبعادها، وبما يستوجب التفكير بالبديل أو الخيار المناسب فضلاً عن اختيار الاسلوب وسبل المعالجة والاسباب التي تقف وراء المشكلة[4] ومن هنا فإن الفص الايمن من الدماغ يكون فاعلاً في التعامل مع المشكلات المعنوية ومايتبعها من مستلزمات القرار، وأن الفص الايسر يكون فاعلاً في التعامل مع المشكلات المادية .

وفي معرض الاتجاه العام لأنماط التفكير الاستراتيجي المنبثقة عن مراكز التفكير في قسمي الدماغ، فإن هناك اختلاف يكمن في وظائفية الدماغ . إذ يتجه الفص الايمن (Right Hemispheric) نحو اصدار حكم ذاتي بخصوص اختيار

---

(١) سلوى السامرائي، "تقدير التلاؤم بين الانماط الشخصية لمتخذي القرار وخصائص نظام المعلومات الادارية : دراسة تحليلية لآراء عينة من المدراء في حل المشاكل في شركات القطاع الصناعي العراقي المختلط، رسالة دكتوراه، جامعة بغداد، قسم ادارة الاعمال، ١٩٩٥، ص ٩ .

(٢) نفس المصدر، ص ٩ .

(٣) Daft , Op. Cit. , P. 555.

(٤) Loc - Cit.

بديل معين، في حين يتجه الفص الايسر (Left Hemispheric) نحو التحليل المتأني للمشكلة ومن ثم يتم اختيار بديل دون غيره من البدائل . ويشير (Mintzberg) في دراسة أجراها حول واقع اختيار المديرين الاستراتيجيين للبدائل الاستراتيجية . حيث حدد خمسة وعشرين قراراً استراتيجياً كعينة لدراسته . فوجد أن أغلب المديرين قد استخدموا الحكم الشخصي عند تحديدهم للخيار الاستراتيجي . في حين لجأ ٢٢% منهم الى اختيار أسلوب التحليل المباشر والمنظم للوصول الى الخيار الاستراتيجي(١) .

إن هذه المساقات الفلسفية لا تخلو من أنساق معرفية تقف وراء حجية كل تصنيف عقلي . إذ يعد النمط الايسر للتفكير موطناً للمعرفة الواقعية ذات الصلة بالحقائق الاولية وغير القابلة للشك والجدل، حيث يوجد برهان هذه الحقائق في ذاتها دونما حاجة الى دليل يقف لها . وتستعين القاعدة المعرفية في هذا النمط بالوسائل الحسية والصيغ البراكماتية لتحليل العناصر الرئيسة ذات الصلة بالموضوع . أما فيما يخص النمط الايمن للتفكير فإنه موطن المعرفة الظنية القائمة على الاحساس العام لدى الفرد(٢) إذ أن الاحساس العام قد يقوم على استنتاج الافكار من المعاني المتصلة بمحاور التفكير، وربما لا يكون هناك صلة بين المعاني وبين الواقع الملموس . إلا أن الواقع قد يكون أحد المقدمات الاولية التي تعزز آفاق الخيال أو المسائل الميتافيزيقية .

وتجدر الاشارة في معرض حديثنا عن تمييز أنماط التفكير على الاساس الفسلجي، إن العلاقة بين أعمال وعمليات العقل عبر قسمي الدماغ هي علاقة سببية ليس إلا. إذ أن الخيال أو الحدس المتموضع في الفص الايمن لا يأتي من فراغ وإنما لابد من أن ينطلق من صورة ذهنية طبعها الواقع وحاكتها التجربة وخالفها الخيال الى منتهى معين . وهذه العلاقة التي رأينا في ثناياها الحراك الجدلي يدفعنا

---

(١) Mintzberg , Op. Cit. , P. 721.

(٢) أحمد جمال ظاهر، "البحث العلمي الحديث"، (دار الفكر للنشر والتوزيع، عمان، ١٩٨٤)، ص ٤٣ .

للقول من أن التفكير الناقد[1] (التفكير الاستراتيجي) بأنماطه اليمنى واليسرى لا يساعد في الوصول الى حقيقة الخيارات الاستراتيجية بشكل مطلق . ويعزى ذلك الى أن الفص الايسر يختص بادراك الواقع وثوابته، ومع وجود الواقع فإن هناك حقيقة مسلوبة تسببها العوالم المحيطة بالواقع غير المسيطر عليها . ومن هنا يبدأ عمل الفص الايمن في اضفاء معطيات الذات أو الوعي أو معطيات الذهن عن عوالم المحيط الخارجي لاستكمال الصورة الكلية للاشياء المراد اتخاذ قرارات بشأنها .

إن العملية التداؤبية (Synergestic Process) بين فصي الدماغ تعد ضرورية في الوصول الى حقيقة نسبية لخياراتنا الاستراتيجية . وإن عدم تسليمنا بالحقيقة المطلقة مهما تقدمت وسائل التقويم والاختيار ينبثق من كون التباين الفسلجي في التفكير لايحقق اطلاقاً الاتفاق التام على خياراتنا الاستراتيجية سواءً على مستوى الادراك أم على مستوى العمليات الذهنية . إذ أن هامش الاختلاف في التعبير عن الحقيقة يعد ضرباً من مستلزمات التطور العقلي والمعرفي ومن ثم حافزاً مهماً للعمل على وفق التفكير الجمعي (Group Thinking) ولايخلو التنوع الفكري من أهمية بالغة في ممارسة الادوار حسب هيكلها في الهرم التنظيمي، حيث تتطلب المواقع الادارية في مستوى القمة الاستراتيجية (Strategic Apex) مهارات فكرية تتعامل مع المواقف المجردة غير المادية . وفي هذا الصدد قامت الباحثة الاميركية كيث جولاي (Keith Golay) في أوائل الثمانينات من هذا القرن أن تلحق هذا النمط بالمفكر المفاهيمي المحدد والمفكر المفاهيمي الشامل . وتشمل هذه الخصائص بمجملها أنشطة الفص الايمن من الدماغ . كما تتطلب المواقع الادارية على مستوى الادارة الوظيفية أو التشغيلية (Functional - Operational Levels) مهارات فكرية تتعامل مع المواقف المحددة ذات الطابع الفني (Technical) وفي نفس السياق أشارت (Keith Golay) الى هذه الانشطة بأنها واقعية - برامجاتية تتطلب أنماطاً حسية - تحليلية غير مرنة[2] . وهذه الخصائص يوفرها العقل الايسر .

---

(١) هند الحموري ومحمود الوهر، "تطور القدرة على التفكير الناقد"، مجلة دراسات، مجلد (٢)، عدد (١)، آذار ١٩٩٨، ص ١٤٦ .

(٢) عصام نجيب، مصدر سبق ذكره، ص ٩١ و ص ٩٣ .

ثانياً : الرؤية المنهجية لأنماط التفكير الاستراتيجي :

لاشك أن أنماط التفكير على اختلافها هي قائمة على منطق . وأن ميدان المنطق ذاته يشكل منهجاً يقوم على دعامتين رئيستين هما : المنطق التحليلي والمنطق التركيبي . وهذان المنهجان يستمدان مقدماتهما من فلسفات أغنت معالمهما وعلى النحو الآتي :

١- **المنهج التحليلي** (Analytic Pattern) :

يعد المنهج التحليلي أحد أوجه التصور التقليدي في الادارة . إذ يغلب على تفكير متخذ القرارات الاستراتيجية خاصية التعامل مع الاستراتيجيات المقصودة .(Intended Strategics) وعندئذ فإن الاهداف الاستراتيجية محددة سلفاً وأن البيانات حول القرارات ومصادرها واضحة وكافية . ولم يبذل متخذ القرار الاستراتيجي جهداً استثنائياً في تحديد الاهداف سوى قيامه بوضع اعتبارات تحليل البيانات الخاصة بسد الفجوة بين التوقعات المقصودة ومواءمتها لمرحلة تنفيذ القرارات الاستراتيجية[١] .

يتسم هذا المنهج بالواقعية الفلسفية التي تدعو الى تبني الموقف العلمي في تحديد الخيارات الاستراتيجية فضلاً عن أن المعرفة التي يحملها متخذ القرار إنما هي صورة ذهنية للشيء المعروف بذاتيته[٢]. ويغلب على المعرفة خاصية الاستنباط، أي الانتقال بالتفكير من الكلية الى الجزئيات .

يتعامل هذا المنهج مع الاحداث أو المشكلات المألوفة التي تتضمن في ثناياها مسلمات تشكل مقدمات مهمة للتحليل، فضلاً عن امكانية تدعيم موثوقية متخذ القرار بهذه المقدمات من خلال اختبارات محددة يلجأ اليها متخذ القرار قبل التسليم بها واعتمادها كمنطلق لاتخاذ القرار . ومن رواد هذا المنهج أرسطو وتوما

(١) Mintzberg H., "The Fall and Rise of Strategic Planning" , Harvard Business Review, January - February , 1994 , P. 114.

(٢) راجع عبدالحميد الكردي، مصدر سبق ذكره، ص ٢٩٢ .

الاكويني وبرتراند[١] حيث ركز هؤلاء الفلاسفة على أهمية المعرفة الحسية والمعرفة المباشرة في تشكيل قاعدة التفكير عند متخذ القرار . وفي هذا السياق فإن المنطق التحليلي للتفكير الاستراتيجي ينظر الى المشكلة أو القضية باعتبارها أبسط وحدة للتفكير تستوجب فهمها من خلال الحقائق المتوافرة عنها وتحليلها الى عناصرها بعضها أو كلها[٢] . ويركن متخذ القرار في اسناد تفكيره الى معطيات المنهج العلمي الموضوعي في اختيار البديل[٣] .

إن اعتماد السياق الموضوعي في التفكير لمتغيرات القرار لا يخلو من مشكلات، إذ أن أصعب ما يجابه متخذ القرار الاستراتيجي اليوم هو كيفية اختيار مصادر البيانات والمعلومات فضلاً عن أساليب الاختيار المناسبة . كما أن المنهج التحليلي لا يعني نمطية التفكير في اطار هذا المنهج وإنما نجد أن أغلب المديرين اليوم يجابهون نفس الواقع ونفس الظواهر والبيانات، غير أنهم يحكمون على ذلك الواقع ومؤشراته بشكل مختلف يترتب عليها اختيار بدائل قرار غير متشابهة[٤] .

وفي اطار الاشارة الى استراتيجية التفكير الاستراتيجي التحليلي، فإن المنهج التحليلي يتبنى استراتيجية تنبؤ محددة .(Deterministic Strategy) وتفترض هذه الاستراتيجية أن التفكير في الحاضر هو مسبب قوي للمستقبل[٥] . وتشكل هذه الاستراتيجية التفكيرية أحد أشكال أنماط التفكير التحليلي . كما يظهر في النمط التحليلي شكلاً آخر من التفكير يعتمد على مايسمى باستراتيجية التنبؤ القائم على أعراض المشكلة (Symptomatic Strategy)، والتي تقف على افتراض أن التفكير بأعراض المشكلات الحالية والتحقق منها وتحليلها يعد قاعدة انطلاق للتفكير بم سيؤول اليه المستقبل[٦] .

---

(١) أحمد جمال ظاهر، مصدر سبق ذكره، ص ٤٣ .

(٢) صلاح اسماعيل عبدالحق، مصدر سبق ذكره، ص ٤٨.

(٣) ابراهيم محمد بدوي، مصدر سبق ذكره، ص ١١٨ .

(٤) Georgoff D. M. , & Murdick R. G. , PP. 110 - 111.

(٥) Loc - Cit. , P. 120.

(٦) Loc - Cit. , P. 120.

إن ميل المنهج التحليلي الى الثقة بالاساليب الكمية في تحديد الخيار الاستراتيجي الناجح لايعني أن هذه الاساليب خالية من مشكلات القصور في تخفيض الغموض المستقبلي . وقد تظهر هذه المشكلة بسبب عدم موضوعية الاحداث السابقة أو عدم موضوعية من يقدم بيانات تخص موضوع القرار وما شابه ذلك . وغالباً ما نجد أن ما تفعله التحليلات الكمية هي عملية وصف حركة التغير في موضوع القياس مناطاً بعلاقته بمتغير آخر[١] . كما تقوم فلسفة المنهج التحليلي في اطار القياس الكمي، على أساس فهم العلاقة بين السبب والنتيجة .(Cause & Effect) وعند حدوث سوء تقدير الاسباب سوف يقود حتماً الى أخطاء في النتائج التي يعتمدها متخذ القرار الاستراتيجي في اختيار البديل .

ويسعى المديرون ذوو نمط التفكير التحليلي الى التفكير بما يجب عمله[٢] . ويتعاملون مع الاعمال التي تخضع للتخطيط المحكم في ظروف بيئية شبه مؤكدة ومستقرة[٣] . ويلجأ متخذ القرار الى الاهتمام بتفاصيل المشكلة والعمل على معالجتها وفقاً لمنظور التغيير التدريجي ومن ثم البحث عن علاقاتها السببية والعمل على تحديد النتائج المتوقعة من الخيارات المرشحة لأن تكون قرارات مستقبلية غير فاشلة[٤] . والجدير بالذكر أن عملية الاختيار وفق هذا المنهج أو غيره هي المرحلة المميزة في عملية اتخاذ القرارات، وأن هذه العملية هي مرحلة من مراحل تسبقها وتتبعها وتكون في مجموعها عملية متكاملة يمكن تسميتها بعملية صنع القرار . وفي هذا الاطار فإن نمط التفكير الاستراتيجي سيكون هنا حاسماً لنتائج صنع القرار .

---

(١) Parker G. C., & Segura E. L , "How to get a better forcast" , Harvard Business Review, March - April 1971 , P. 99.

(٢) Mintzberg (1994) , Op. Cit. , P. 114.

(٣) Hambrick D. C., "Strategic Awareness within Top Management Teams" , Strategic Management Journal , Vol. 2 , 1981 , P. 269.

(٤) Thomas J. G. , "Strategic Management : Concepts , Practices , and Cases" , (Harper & Row , N. Y. , , 1988) , P. 17.

٢- المنهج التركيبي (التأليف) (Thynsis Pattern) :

يقف هذا المنهج على الطرف النقيض لافتراضات المنهج التحليلي . ويحتل هذا المنهج أهمية موازية فضلاً عن كونه استكمالاً لمسار اتخاذ القرارات الاستراتيجية التي لم تقع ضمن اطار المنهج التحليلي . ويقوم هذا المنهج على بناء الافكار بعضها مع بعض وربطها بالقدرات العقلية في الاستبصار (Insight) والحدس(Intuition)[*] المؤديان الى التخيل الابداعي[٢] (Creative Imagination) إذ أن التخيل الابداعي ذو طابع ذاتي وأن اتجاه نشاط التفكير يكون من الداخل الى الخارج نحو الموضوع المستهدف، وأن العملية الفكرية لا تستقبل موضوعاتها من الخارج[٣] . والجدير بالذكر أن المنهج التركيبي يتوافق مع المديرين من ذوي الملكة الخلاقة في المجال الذهني . ويقوم هذا المنهج على افتراض رئيسي أساسه، أن كل فرد يدرك الاشياء أو البدائل بحسب مقوماته الذهنية وما ينجم عنها من تأثير في اللحظة الادراكية , ويسوق الاستاذ محمود أمين العالم مثالاً يفصح عن تباين الافراد في النظر الى الشيء بطريقة مختلفة . إذ يقول أن الرسام والرجل الرياضي والتاجر والشخص الذي لا اتجاه له يرى كل منهم نفس (الحصان) ولكن بطريقة مختلفة . والصفات التي يهتم بها أحدهم يغفلها الآخر[٤] . وهذا الامر يعطي أسس التباين في أنماط التفكير ضمن هذا الاطار نفسه . ومع هذا فإن هناك مباديء رئيسة تجمع هذه الانماط تحت باب التركيب والتأليف للرؤى . إذ يقول ديكارت بوجود طريقين للوصول الى معرفة الاشياء دون خشية الوقوع في الخطأ وهما الـ (Intuitus) الحدس وتعني (بالفرنسية Intuition) وكذلك القياس (Deduction)

(*) (Insight) استبصار لفظ انكليزي و (Intuition) حدس لفظ فرنسي، يعطيان دلالة لغوية واحدة، ويختلفان في أن الاستبصار هو الادراك الفجائي، في حين الحدس هو ادراك فطري.

(٢) محمود الخضيري، "كيف نترجم الاصطلاح (Intuition)"، مجلة علم النفس، مجلد ١، عدد ٣، فبراير ١٩٤٦، ص ٣٨٢ .

(٣) محمود أمين العالم، "الاسس النفسية لعملية الخلق"، مجلة علم النفس، مجلد ٢، عدد ٢، أوكتوبر ١٩٤٦، ص ٣١٣ .

(٤) نفس المصدر، ص ٣٠٥ .

ويعرف ديكارت الحدس بأنه ما تتصوره النفس الخالصة المتنبهة تصوراً هـو مـن السـهولة والتميـز بحيث لا يبقى أي شك فيما نفهمه . أو تصور النفس الخالصة المتنبهة تصوراً ينشأ عـن نـور العقـل وحده . ولما كان هذا التصور أبسط كان تبعاً لهذا أوثق من القياس نفسه[١] . نستطيع أن نقول أن تعريف ديكارت للحدس هو نحو من أنحاء المعرفة يصدق على كل نمط تفكيري قائم على الاستقراء (Induction) (تتبع الجزئيات للتوصـل منهـا الى حكـم كـلي)[٢] . واستخدم مصطلح الحـدس عنـد أرسطو بصيغة اصطلاحية تصفها الكلمة اليونانية (Eustochia) في كتابه (البرهان) ليدل معناها عـلى (حسن الحدس) . والمقصود من حسن الحدس هو الذكاء عند الفيلسوف الاسلامي ابـن سـينا، إذ يقول ابن سينا ((الذكاء جودة حدس من هذه القوة تقع في زمان قصير غير ممهل))[٣] .

ويشيـر الاسـتاذ محمود الخضيري الى أن أقرب مصطلح يقابل الحدس على غـرار فلسـفة ديكارت هي البداهة أو البديهة، ويستند في تسميته الى أن الفكر هـو حركـة انتقـال منطقـي مـن موضوعات حاضرة الى المطلوبات . وبذلك فإن الاستقراء هـو حاصـل لقـوة البديهـة . ويعـزز هـذا الاتجاه الراغب الاصفهاني حيث عرف البديهة بأنها معرفة ثاقبة تجيء بلا فكر ولا قصد وهـو قـد جعل المقابل لها الروية[٤] .

وما تجلى من فضائل لغتنا في ما يقابل المنهج التركيبي ما اصطلح عليه ب ((الفراسة))، وقد يقع الخلط بين مضمون الفراسة ومضمون البديهة أو الحدس عنـد الكثيرين . والفراسـة هـي علـم قائم بذاته ويقع تحت مصطلح علمي هو . (Physiognomy) ويتكـون المصطلح مـن شـقين، الاول هو (Physio) ويعني

---

(١) محمود الخضيري، مصدر سبق ذكره، ص ٣٧٧ .

(٢) منير البعلبكي، "المورد"، (دار العلم للملايين، بيروت، ١٩٨٥)، ص ٤٦٢ .

(٣) محمود الخضيري، مصدر سبق ذكره، ص ٣٧٩، والنص وارد في منطق الشـفا، مخطوط للمتحف البريطاني، ص ١١٢ ب) .

(٤) محمود الخضيري، مصدر سبق ذكره، ص ٣٨١ .

الطبيعة أو المادة أو الجسم وحسب السياق الذي هو فيه، والشق الثاني هو (gnomy) وهي كلمة ألمانية تعني (Judge) أي الحكم . وبهذا فهي تعني ما تشير اليه القواميس الطبية بأن الفراسـة هـي تحديد الخصائص العقلية والخلقية ونوعياتها من خلال الوجه أو ملامحه (Countenence of face)، ويعبر الوجه ومظهره عن شيء ما[1] ولهذا العلم أنصار يؤكدون أهميـة الخبرة والدراية في ممارسة هذا العلم لغرض تقديم أحكام صادقة . وتتجلى أهميـة الفراسـة في خصائص المواقع القيادية للمنظمة عند كورت ليفين، حيث يطلق عليهم بالاعضاء المفاتيح (Gate Keepers) والـذين يعـدون أفضل الشرائح التي تقود عمليات التغيير في المنظمة[2] .

إن علم الفراسة كان قد وجد منذ أقدم العصور، وقد فهم على أنه قـوة ذاتيـة كامنـة لـدى بعض من الافراد، يتمكن الفرد من استخدامها لادراك الكثير عن أفعال واتجاهات الآخرين . وعرف هذا العلم قدماء المصريين واشار اليه أبقراط قبل الميلاد بنحـو أربعـة قرون وكتـب عنـه الطبيب اليوناني جالينوس في القرن الثاني للميلاد . وألف فيه أرسطو وجعله علمـاً مسـتقلاً وقـد نقل العـرب هـذا العلـم عـن أرسـطو وألـف فيـه الـرازي وابـن رشـد . ومـن العرب نقل الى أوربا في العصور الوسطى[3] .

تشترك المسميات المشار اليها آنفاً في كونهـا مـنهج تركيبي في التفكير، إذ ينتقـل الفـرد في التفكير من الجزء الى الكل، ويركب العلاقات الجديدة معتمداً فيها على ملكة التفكير والوصـول الى رؤية جديدة للحالة . ويعد هذا المنهج أحد أساليب التعامل الجيد مع قواعد التغيير المفاجيء أو العشوائي . ويقوم المنهج على

---

(١) محمد محمود عبدالجبار، "الشخصية في ضوء علم النفس"، (مطبعة الحكمة، بغداد، ١٩٩٠)، ص ١٣٧.

(٢) نفس المصدر، ص ١٨٧ .

(٣) أحمد حسين، "الطاقة الانسانية"، (المكتبة العصرية، صيدا، بيروت، ١٩٧٠)، ص ٣٦٨ .

استراتيجية تنبؤ مبدئية تستند الى المفاهيم المجردة[١] . ويلجأ الفرد الى التخطيط القائم على القدرات الذهنية، وسبر غور عدم التأكد البيئي . ويذهب جل التفكير بالنتائج المتوقعة والثقة التامة بتحقيق النجاح في بلوغها[٢] .

إن أنماط التفكير الاستراتيجي وفقاً لتصنيفاتها آنفة الذكر لا يمكن أن تفصل بينها فواصل دقيقة للغاية، إذ أن ثمة تداخلاً يحدث في أرض الواقع . وأن الخيار الاستراتيجي قد يكون حصيلة جانب عقلي وتجريبي وغير ذلك . وهذا ما ذهب اليه كانت (Kant) حين قال ((الادراك العقلي بدون ادراك حسي يكون فاضياً، وإن الادراك الحسي بغير ادراك عقلي يكون أعمى)) [٣] . وهذه الحقيقة تفرض وجود أنماط تفكيرية تكاملية يناور من خلالها متخذ القرار الاستراتيجي في ساحات القرار لتحقيق أهداف استراتيجية وأوضاع تنافسية تستجيب بها أنماط التفكير المناسبة .

ثالثاً : الرؤية الاجرائية لأنماط التفكير الاستراتيجي :

تمتزج الانماط التفكيرية على النحو الذي عرضنا له في المحاور السابقة مع بعضها البعض، بطريقة يصعب فصلها ضمن حدود فاصلة . إذ أن عملية التمييز بينها لا تتم إلا من خلال مؤشراتها العامة على أرض الواقع . وفي هذا السياق فإن الرؤية الاجرائية قد تفسر لنا النمط أو الاسلوب[٤] (Style) الذي يلجأ اليه متخذ القرار الاستراتيجي من خلال أدائه للفعاليات المحيطة بالقرار التي تعكس لنا نمطه الشخصي في التفكير .

---

(١) Porter M. , "Corpurate Strategy : The State of Strategic Thinking" , The Economist , May 23 1987 , P. 21.

(٢) Ansoff H. I. , "Comment on Henry Mintzberg's Rethinking Strategic Planning" , Long Range Planning. Vol. 27 , No. 3 , 1994 , PP. 31 - 32.

(٣) Loc - Cit.

(٤) Webesters Dictionary , 1986 , P. 465.

يشير (Daft , 1996) الى أن متخذ القرار الاستراتيجي محاط بعوامل منظورة وغير منظورة عند اختياره بديلاً معيناً دون غيره . وفي معرض التمييز بين فعاليات المدير عن سواه من المديرين فإن تبنيه لنوع معين من هذه العوامل وميله الشخصي لها من الممكن أن يفصح عن متضمنات نمطه الفكري(١) .

ونرى أن اختلاف أنماط التفكير الاستراتيجي يعني اختلاف معالجة الوضع المنظمي أمام عنصر المنافسة من جهة وحماية المنظمة من التردي من جهة أخرى . وبهذه الحالة تتعدد الانماط بتعدد المواقف التي يجابهها متخذ القرار . وفي هذا الاطار فإن عرض أنماط التفكير الاستراتيجي على وفق أنموذج البحث الحالي قد يفي بالتعبير عن موافاة العرض الفلسفي الممتد عبر مداخل اتخاذ القرار وصولاً الى العرض المنهجي لأنماط التفكير الاستراتيجي وسياقات الاختيار المقررة نظرياً، وعلى هذا النحو فإن لكل نمط اجراءاته الخاصة بالنظر الى المشكلة أو القرار فضلاً عن معالجاته السلوكية التي تشكل بحد ذاتها رد فعل لواقع التفكير عند متخذ القرار .

وتشير الباحثة (G. Stamp) من جامعة برونيل الى صيغة ميزت بموجبها المديرين الاستراتيجيين وفقاً لأساليب اختيارهم البدائل الاستراتيجية في ضوء معطيات القرار الاستراتيجي الى أربعة أنماط رئيسة ويجيء نمط خامس تتقاطع عنده جميع الانماط . والجدير بالذكر أن هذه الانماط الاربعة هي الاخرى تشكل أنماطاً ثنائية حسب موطن التقاطع بين العناصر التي تمثلها، وحسب المخطط الآتي(٢):

---

(١) Daft , Op. Cit. , P. 360.

(٢) Mason J. , Op. Cit. , P. 73.

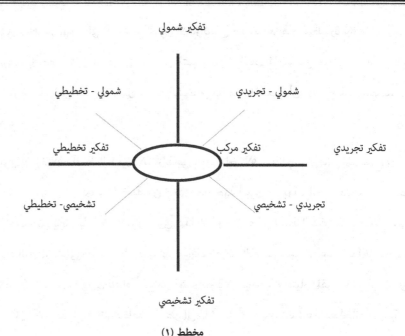

تفكير شمولي

شمولي - تجريدي

شمولي - تخطيطي

تفكير تجريدي

تفكير مركب

تفكير تخطيطي

تجريدي - تشخيصي

تشخيصي - تخطيطي

تفكير تشخيصي

مخطط (١)

الانماط الرئيسة لتفكير المديرين الاستراتيجيين

نقل بتصرف من :

- Jef Mason , Developing Strategic Thinking , Long Range Planning , Vol.19 , No. 3 , 1986 , P. 73.

ويتيح هذا التصنيف مرونة عالية لفهم التنوع في القابليات الذهنية والعقلية للمديرين ومواءمتها مع احتياجات المنظمة من صيغ اتخاذ القرارات الاستراتيجية . إذ أن تنوع الاهداف الاستراتيجية والاغراض المنظمية يدفع باتجاه الحصول على ادارات استراتيجية متخصصة مهارياً في معالجة القرارات الاستراتيجية . سيما وأن اختيار البديل الاستراتيجي في اطار رؤية البحث الحالي إنما هو مجموعة المهارات والقابليات العقلية والفكرية والادراكية لمتخذ القرار [١] . وتستند اليه بشكل عام توجهات المنظمة ومستقبل ادائها الاستراتيجي في اطار وضعها التنافسي .

Stubbart C. I. , "Managerial Cognition : A Missing Link In Strategic Management Research" , (١)
Journal of Management Studies , 26 : 4 July 1989 , P. 330.

إن أنماط التفكير لدى المديرين في اطار الرؤى الفسلجية والمنهجية التي عرضنا لهما في ما مضى يتضمنان تأكيداً مهماً على القدرات الشمولية التجريدية تارة وعلى القدرات التحليلية التخطيطية تارة أخرى . وفي هذا السياق فإن الاجراءات التي تنقل هذه الانماط الى أفعال واقعية تمر عبر أربعة أنماط تفكير استراتيجية وعلى النحو الآتي :

١. **نمط تفكير شمولي (Holistic Thinking)** :

يقع هذا النمط من التفكير ضمن اطار التفكير التركيبي وممثلاً الدعامة الثانية في الرؤية المنهجية، وينطلق من خصائصه . إذ يهتم المدير الاستراتيجي بتحديد الاطار العام للمشكلة موضوعة القرار . ويعتمد في ذلك على خبرته المتراكمة في تحديد أولويات العوامل المؤثرة في المشكلة، فضلاً عن صياغة أطر النتائج المستهدفة(١) . ويغلب على تعامل المدير الاستراتيجي مع الخيارات الاستراتيجية عنصر سرعة الاستجابة لوضع الحلول . وتعتمد دقة الحلول على المهارات العقلية للمدير في فهم واستيعاب معاني الرموز وما تؤول اليه من علاقات احتمالية(٢) . ويقرن المدير الاستراتيجي نجاح قراراته بمظاهر الابداع والخيال التي تنعكس بشكل واضح على تصميم الانشطة والممارسات المنظمية(٣) .

٢. **نمط تفكير تجريدي (Abstract Thinking)** :

يعد هذا النمط أحد ألوان نمط التفكير التركيبي، وتتفق محاور النمط التجريدي مع ما ذهبت اليه محاور نمط التفكير الشمولي في حدود تأكيد متدنية لمستويات تطبيقها على أرض الواقع(٤). حيث يهتم المدير الاستراتيجي بحصر

---

(١) Lyles M. A. & Thomas H. , Op. Cit. , P. 131.

(٢) Hickson , D. J. , "Decision - Making At The Top Of Organizations" , (Annual Reviews Inc. 1987) , P. 178.

(٣) Mason , Op. Cit. , P. 73.

(٤) Loc - Cit.

العوامل العامة المحيطة بالمشكلة في اطار انتقائي يقوم على فلسفة متخذ القرار أو توجهاته .

وغالباً ما يطبق المدير الاستراتيجي ميوله الخاصة وقيمه التي تتحدد في ضوء حدسه أو خياله بهذا الصدد، ويكون القرار الاستراتيجي عندئذ بمثابة استجابة للوضع الانتقائي الصادر عن الهيئة الفكرية للمدير . وينطبق هذا التفسير على جميع العناصر الاخرى في اجراءات التفكير المتعلقة بالنتائج المتوقعة وسرعة الاستجابة والعلاقات والمعاني المحددة في مضمون التفكير الاستراتيجي للمدير .

إن نمطي التفكير الشمولي والتجريدي يقومان على أسس التراكم المعرفي للمدير في فهم المشكلات وتحليلاتها ضمن اطار الحدس . إذ يشكل الاحساس العام مصدراً مهماً للبيانات والمعلومات المعتمدة في تراكيب الافكار والمفاهيم . ولا يحتل الاطار الكمي حيزاً مهماً في تحديد الخيارات . ويميل المديرون الى التعامل مع عدد من الموضوعات في آن واحد والتي تتطلب في نفس الوقت تفكيراً مجرداً . ويقترب هذا النمط من التفكير من مفهوم التفكير الاستراتيجي القائم على التغيير الجذري لمسار الوضع القائم . إذ أن التفكير في ما يجب أن يكون يعني التفكير في صياغة الادوار الجديدة للمنظمة [١]. (Rule Maker) ومما لاشك فيه أن الحالات الجديدة تعد بحد ذاتها حالات معقدة يغيب في أغلب الاحيان عن متخذ القرار الاستراتيجي بيانات أو معلومات مهمة خاصة بها[٢]، وعندئذ يصبح هذا النمط من التفكير أسلوباً مناسباً في هذه الحالة .

٣. نمط تفكير تشخيصي (Diagnostic Thinking) :

مؤدى هذا النمط هو النظر الى حقيقة الاشياء أو تحديد علية المشكلة وصولاً الى قرائن براكماتية (Pragmatic) (عملية) مرتبطة بشكل مباشر ومؤكد في المشكلة . ويعد قانون العلية والذي يعني لكل معلول علة، وأن ما يفسر ذلك هو قانون

Hamel , Op. Cit. , P. 69.[١]

[٢] سلوى السامرائي، مصدر سبق ذكره، ص ٥٧ .

الاطراد الذي ينص على أن وقوع الحادث يأتي عقب وجود أسباب[١] . وهذا ما يدفع متخذ القرار أن يشخص أسباب العلة (المشكلة أو القرار) بغية اختيار البديل المناسب لمعالجة العلة . ويتجلى هدف متخذ القرار في هذا النمط من التفكير في الوصول الى حكم مبني على وجود الاشياء (المتغيرات) والتسليم المطلق بوجودها في عالم الواقع . ويتشكل هذا التفكير على ضوء نظرية التطابق (Correspondence Theory) التي تنص على أن سياقات اختيار البديل دون سواها إنما هو عملية تطابق بين الصورة التي تكونت في الاذهان مع العالم الواقع . وكلما كانت الصورة أقرب الى الواقع كان الحكم (اتخاذ القرار) أصدق[٢] .

وعلى هذا الاساس فإن أصحاب هذا النمط يؤكدون على اجراء تحليل دقيق للموضوع المراد اتخاذ قرار بصدده، ومن ثم تشخيص أهم العوامل أو دواعي اتخاذ القرار . ومن ثم يتم اختيار البديل الحاسم وغير المرن وصولاً الى حلول حتمية فضلاً عن القدرة على التنبؤ بالمحصلة التي تؤول اليها العلاقات السببية وتبويبها لغرض اختيار بدائل استراتيجية رئيسة وأخرى طارئة لدرء المفاجآت حين حدوثها[٣] . ويردف متخذ القرار الاستراتيجي في حالة غموض المستقبل (Uncertainty) بالتفكير في مصادر الغموض التي تعتري العلاقة بين المتغيرات القرارية .

٤. نمط تفكير تخطيطي (Planning Based Thinking) :

مؤدى هذا النمط هو نفسه ما ذهب اليه النمط السابق من اختلاف في طبيعة التركيز على تحقق معايير التفكير على أرض الواقع . حيث يركز المدير الاستراتيجي هنا بشكل أقل على حتمية توافر جميع الاسباب الكامنة وراء المشكلة،

---

(١) محمد صالح عطية نصيف الحمداني، مصدر سابق، ص ١٩٧ .

(٢) نفس المصدر، ص ١٧ .

(٣) Birnbaum P. H., "The Choice of Strategic Alternatives Under Increasing Regulation in High Technology Companies", Academy of Management Journal, Vol. 27, No. 3, 1984, PP. 489 - 490

حيث ينبغي أن نسمح لعنصر المرونة في تحديد الاسباب أو المعلومات ومصادرها أو الحلول أو الاهداف المزمع حصرها لأغراض اتخاذ القرار[١] . وتقف هذه الرؤية على مقدمات فلسفية أرسى دعائمها برتراند رسل (B. Russell) في معرض كتابه ((الحقيقة وعدم الحقيقة))[٢] من أن معرفتنا للحقيقة تختلف عن معرفتنا للاشياء، ويقول رسل كذلك أن معرفتنا للحقيقة لابد من أن يكون لها نقيض، وهذا النقيض يسمى بالخطأ . لذا فأن الحقائق التي ينطلق منها النمط السابق (النمط التشخيصي) هي نسبية، لاسيما وأننا نأخذ بكل ما يؤدي الى نتائج ناجحة . ولبلوغ النجاح ينبغي أن نخطط للاشياء على ضوء النتائج التي نروم الوصول اليها . ويعد هذا التوجه امتداداً آخر لفلسفة هيكل (Hegel) ومثاليته، التي تنص في جانب منها على أن الوصول للمعرفة لا يأتي نتيجة التطابق بين الحكم مع الواقع (كما كان ذلك في فلسفة النمط التشخيصي) وإنما يأتي نتيجة العلاقات القائمة بين شتى الاحكام التي نطلقها على الشيء لمعرفة حقيقته[٣] .

وتتفق أنماط التفكير التشخيصية - التخطيطية على سياقات عامة في التفكير منها، التعامل مع الموضوعات أو المشكلات التي تخضع الى لغة الارقام والعرض البياني بما يتيح ربط الاسباب بالنتائج وفق علاقة منطقية بينهما[٤] . ويبحث المدير الاستراتيجي عن أساليب التحليل العقلانية في تحليل واستنطاق البيئة المحيطة بالقرار . ويخضع نتائج التحليل الى منطق التفسيرات والقوانين العلمية[٥] . ويغلب على سلوك المدير الاستراتيجي في اطار نمط المنهج التحليلي في التفكير طابع المحافظة والتروي في التخطيط المتأني للوصول الى الاختيار الناجح . فضلاً عن

---

(١) Prahalad & Hamel , Op. Cit. , P. 65.

(٢) أحمد جمال ظاهر، مصدر سابق، ص ٢١ .

(٣) نفس المصدر، ص ١٨ .

(4) Farkas C. M. , and Wetlaufer S. , "The Way Chief Executive Officers Lead" , Harvard Business Review , May - June , 1996 , P. 113.

(5) Porter M. E. , "What Is Strategy ?" , Harvard Business Review , November - December , 1996 , PP. 61 – 78 .

اعتماد استراتيجية التركيز على المحاور المتخصصة لموضوعات القرار بغية تعبئة خبرته المتخصصة بموضوع المشكلة أو الموقف[١] .

إن أنماط التفكير آنفة الذكر تبدو من الناحية النظرية مختلفة، ولكن هذا الاختلاف يتمحور حول قضية الحقيقة وعدمها، فهي قضية فلسفية عميقة . وتكمن صعوبتها في المشكلة الاعتقادية التي تحصل عند متخذ القرار لحظة تفكيره بالاشياء، وأن الحالة الديالكتيكية لا تخلو من فائدة شريطة أن تعبيء القدرات العقلية في خدمة الغايات السامية ومؤداها الانساني . ويبقى الحوار أمام تصنيفات مضافة مع بقاء مطالب الرفاه الانساني في اطار المجتمع المنظم للجهود والطاقات على اختلاف مشاربها .

رابعاً : أنماط التفكير الاستراتجي في اطار المنهجية الاسلامية :

تعرضنا في مولقع متعددة فيما مضى من المباحث عن العقل في اطار المفهوم الاسلامي، وقيمنا موقعه بين المنهجيات الفلسفية المختلفة، ونستكمل المسار الفكري في عرض أنماط التفكير المحكم (التفكير الاستراتيجي) على المنهجية الاسلامية، لنقف على معطيات مضافة من شأنها تعمق الفهم الاستراتيجي للتفكير، فضلاً عن تسليط الضوء على المكامن الفكرية في الطروحات التي تتجاوز الحيثيات الزمكانية لبلوغ المراد المتقدم على صعيد التفكير الاستراتيجي .

يرتبط التفكير الاستراتيجي ارتباطاً تاماً بأحكام الشريعة الاسلامية . إذ أن منطلق الشريعة الاسلامية يعد بديلاً يحتل موقع المنطلق الفلسفي في كوامن التفكير . ومرد ذلك هو إحكام مصالح جميع الاطراف ذات الصلة بالحكم أو القرار من خلال القناة الشرعية، وحيثما وجدت المصلحة فثم شرع الله .

---

(١) Rajagopalan N., and Finkelstein S., "Effects of Strategic Orientation and Environmental Change On Senior Management Reward Systems", Strategic Management Journal , Vol. 13 1992 , PP. 127 - 131.

وفي الوقت الذي يذهب التفكير عند المنهج الوضعي ودعاته نحو البحث أو الاستدلال عن صحة قرار معين أو بطلانه من خلال توافقه أو مخالفته لرأي فيلسوف معين أو باحث مشهور، فإن المنهج الاسلامي للتفكير يعرض مواقفه أو قراراته على ما يقرره الشرع الاسلامي من دلائل الصحة أو الخطأ ومدى انسجام الموضوع مع دواعي القرار الشرعية .

إن تعدد مصادر أنظمة دعم القرار الاستراتيجي يشكل بحد ذاته مزية استراتيجية في تحقيق سعة التفكير وآفاقه . حيث نجد مصادر عديدة يعتمدها متخذ القرار الاستراتيجي في تعزيز ثقته بصحة القرار ومصداقيته في اطاره الاسلامي . فهناك مصادر رئيسة لدعم القرار متمثلة بالقرآن الكريم والسنة النبوية المطهرة ومصادر فرعية ومن أهمها علم الاصول . ولا يوجد أي شك في قطعية حجية المصادر الرئيسة والفرعية ليس على مستوى متخذ القرار وإنما على مستوى جميع الاطراف ذات المصالح المتعارضة[١] . وفي هذا السياق فإن أنماط التفكير في المنهجية الاسلامية تتجاوز أعقد مشكلة تجابهها أنماط التفكير في المنهج الوضعي والمتضمنة حركة الاستدلال والاستنباط الخاص والعام والظن وغير ذلك . في حين يخضع متخذ القرار الاستراتيجي في اطار المنهجية الاسلامية عند تفكيره بالبدائل الاستراتيجية يخضع الى قواعد وحقائق تقوم على الشواهد القرآنية والحديثية تقريراً وتأصيلاً لكل مناحي الانشطة والاعمال . وبهذا المسار تنتهي معضلة التحيز المعرفي أو الادراكي (Cognitive Biases and Heurlstics) الكامنة في التفكير الاستراتيجي الوضعي[٢] .

---

(١) قطب مصطفى سانو، "المتكلمون وأصول الفقه : قراءة في جدلية العلاقة بين علمي الاصول والكلام"، اسلامية المعرفة، السنة ٣، العدد ٩، يوليو ١٩٩٧، ص ٤٣ .

(٢) Mintzberg (1994) , Op. Cit. , P. 12.

إن من أهم قواعد التفكير الاستراتيجي في المنهجية الاسلامية وبمختلف أشكالها هي جلب المنافع لجميع الاطراف وازالة الضرر عنهم[*]، وتصبح هذه المبدئية كامنة في الخيارات الاستراتيجية عند عموم المواقع الادارية ومستوياتها. وهذا الفاروق عمر بن الخطاب رضي الله عنه تتجلى فيه أشكال التفكير الاستراتيجي وهو يكتب الى واليه أبي موسى الاشعري يقول له ((الفهم الفهم فيما أدلي اليك مما ورد عليك مما ليس في قرآن ولا سنة، ثم قايس الامور عند ذلك وأعرض الامثال، ثم اعهد فيما ترى أحبها الله وأشبهها بالحق))[١].

وفي معرض نمط التفكير الحدسي، فإنه كان مقرراً مهماً في التفكير الاسلامي. ولكن الحدس الذي عني به الاسلام هو حكم لاشك يخالطه ولاافتراء يلفه بل يحصل به اليقين للقرائن القوية التي تصبح حججاً قوية يستند اليها متخذ القرار . ولكن صدق الحدس هنا يقترن بصفات نفسية من أهمها صحة الاعتقاد والاخلاص وصدق المقصد والتدبر والتفكر والموهبة التي يورثها الله سبحانه وتعالى لمن عمل بما علم[٢] .

إن التفكير من النمط آنف الذكر يعد مستنيراً (أي يبتعد التفكير عن الظنون والانتقال من المحتوى المجرد واتباع طرق الاستقراء والاستدلال) يتسم بالعمق والجدية والشمولية ويدور في فلك الحياة والكون والمغزى من وجود الانسان . وقد يكون التفكير عميقاً وتجريبياً وعلمياً لكنه غير مستنير . ومن أجل أن يكون التفكير في سياقاته كأنه ينبغي أن يقترن بالشعور الايماني والافعال الخالصة لوجه الله تعالى وهو الطريق الوحيد لعمارة الارض .

ويتجلى المنهج في وضع القرآن الكريم للمباديء والاصول المؤدية الى فهم حقائق الوجود، إذ ينبه الى السببية والغائية التي تحيط كل ماهو موجود . ولم

(*) القاعدة الفقهية هنا هي (درء المفاسد مقدم على جلب المنافع) . ونشير الى قاعدة ذهبية في التعامل والاخلاق وهي (لاضرر ولاضرار) وكذلك (درء المفسدة مقدم على جلب المنفعة).

(١) محمد صالح عطية، مصدر سابق، ص ٨٢ .

(٢) نفس المصدر، ص ٤٤٧ .

يستسلم المنهج الاسلامي الى الظنون والانتقال من المحسوس الى المجرد واتباع طرق الاستقراء والاستدلال والنظر في حدود الطاقات البشرية[١] . وتعد البيئة الاسلامية من أهم مواطن الفكر المبدع، ويشير الى ذلك (سيديو) أحد العلماء الغربيين الى أن اسهام مدرسة بغداد كان بحق مناراً علمياً للفكر والمنهج . إذ كانت هذه المدرسة في البداءة هو روحها العلمية الصحيحة التي كانت ساندة لأعمالها . وكان استخراج المجهول من المعلوم والتدقيق في الحوادث تدقيقاً مؤدياً الى استنباط العلل من المعلومات وعدم التسليم بما لا يثبت بغير التجربة ميادىء قال بها أساتذة من العرب في القرن التاسع من الميلاد حائزين لهذا المنهاج المجدي الذي استعان به علماء القرون الحديثة بعد زمن طويل الى أروع الاكتشافات[٢] .

إن البحث الحالي لا ينساق وراء الدراسة المتحفية للمنهجية الاسلامية، وإنما يطرح أفكاره ضمن النسق الاثرائي للفكر الاستراتيجي الذي استوعبت أدبياته أنساق فكرية عديدة . ويعد هذا الجهد بداية لحوار جديد حول اشكالية التفسير الاحادي لظواهر التفكير الاستراتيجي وعملية اتخاذ القرار الاستراتيجي ضمن اطاره الوضعي . وفضلاً عن بلورة آفاق استراتيجية من شأنها تعبىء المعارف الكائنة في خزائن التجارب والممارسات الاسلامية لبلوغ مرامي الاسلام ومنهجه الطبيعي .

* * *

(١) محسن عبدالحميد، "أزمة المثقفين تجاه الاسلام في العصر الحديث"، (مطبعة وزارة التربية، بغداد، ١٩٩٨)، ص ١٦ .

(٢) نفس المصدر ، ص ١٧ .

الفصل الثالث

الدراسات السابقة

وأسلوب البحث ومنهجيته

تمـهيـد :

أحيط الطـرح النظري في هـذا البحـث بقـدر مـن المعالجـة الفلسـفية لمنطـق العلاقـة بـين متغيراته . ومما لاشك فيه أن تلك المعالجة لابد من أن تردف بأسلوب بحثي مؤسس عـلى العلاقـة الدالية بين متغيرات البحـث . فضلاً عن عرض هذه العلاقة على السياق الكمـي، وتعبـة المجهـودات البحثية التي تقترب بشكل أو آخر من العلاقات الخاصة بالبحث الحـالي التي عرضـت في دراسـات سابقة . وفي هذا الاطار يتنـاول هـذا الفصـل ثلاثـة محـاور رئيسـة، الاول يتنـاول أهـم الدراسـات السابقة، والثاني يتناول منهجية البحث، والثالث سيكرس لعرض وتحليل عينة البحث .

المبحث الاول

الدراســـــات الســابقــة

إن عملية حصر الدراسات التي تناولت دراسة الظاهرة الخاصة بهذا البحث قد يعتريها نوع من القصور، لاسيما وأن هذه الظاهرة ببعديها القراري والتفكيري كانت ومازالت محل اهتمام وجدل أفواج بحثية لا حصر لها . ومن هذا المنطلق فإن عرض الدراسات السابقة سيقتصر ـ على بعض منها والتي تتعرض للظاهرة من زاوية أو أخرى بما يعزز ما سنذهب اليه في أسلوب الدراسة وبناء منهجه . ومن أبرز الدراسات في هذا الصدد ما يأتي :

١- دراسة : نعمة عباس خضير، ١٩٩٦ (*):

تناول الباحث العلاقة بين المدخل المعرفي والاختيار الاستراتيجي في اطار صناعة التأمين العراقية . وقد طبقت الدراسة على مدراء وأعضاء مجلس الادارة في ميدان التأمين . وتعرض لمعضلة فكرية مهمة تتضمن تحليل مكانة العقل الاستراتيجي في صناعة التأمين العراقية وأثره في ربط نتائج التحليل الاستراتيجي بالخيار الاستراتيجي المستهدف .

وأسس أنموذج البحث على تقدير العلاقة بين متغيرات بيئة التأمين كمتغير قرار واستراتيجيات التأمين العامة كمتغير معرفي يتوسطهما متغير وسيط وهو مستوى المعرفة التنظيمية للمدير الاستراتيجي . وأعدت فرضيات البحث على أساس الاسهام الايجابي للمعرفة التنظيمية للمدير في فهم البيئة، وارتفاع مستوى الوعي بالاستراتيجيات المطلوبة، من جهة، ومن جهة أخرى فإن ميل المدير نحو عقلنة الخيارات الاستراتيجية تؤدي الى زيادة النضج المعرفي . وهكذا فإن العلاقة المتبادلة بين متغيرات الانموذج تعد علاقة جدلية استحقت أهمية بحثية خاصة في

(*) نعمة عباس خضير، "المدخل المعرفي في تحليل الاختيار الاستراتيجي : دراسة اختبارية في صناعة التأمين العراقية"، أطروحة دكتوراه في ادارة الاعمال - جامعة بغداد، العراق، ١٩٩٦ .

مجال الادارة الاستراتيجية . ومن أهم استنتاجات الباحث ما يتعلق بوجود علاقة مهمة في كشف أثر اختلاف نضج التكوين المعرفي في تمايز الاختيار الاستراتيجي ضمن ميدان شركات التأمين والاعادة.

٢- دراسة : سلوى أمين السامرائي، ١٩٩٥ [*]:

تناولت الباحثة موضوع تقدير التلاؤم بين الانماط الشخصية لمتخذي القرار وخصائص نظام المعلومات الادارية في عينة مـن شركات القطاع الصناعي العراقي المختلط، وذهب البحـث الى استقصاء آراء المديرين في مواقع اتخاذ القرارات عن مدى قدرة نظام المعلومـات في شركاتهم عـلى تلبية احتياجاتهم المعلوماتية لأغراض اتخاذ القرارات . فضلاً عن تفسـير تلك الآراء في ضوء تحليـل أنماطهم الشخصية .

وعدت الباحثة عملية التلاؤم محوراً مهماً للمعضـلة البحثيـة، وأثارت عـدداً مـن الآثارات البحثية التي عززتها بفرضيات بحثية تضمنت الآتي :

- إن هناك علاقة تأثير معنوية بين أنماط المدير الشخصية وخصائص عمله .

- إن تباين الانماط الشخصية من شأنه أن يؤدي الى تباين الآراء بخصوص خصائص نظام المعلومـات المفضل .

- يتحقق التلاؤم بين الانماط الشخصية وخصائص نظام المعلومات على أساس ما تكشفه الآراء حـول ذلك .

ومن أهم استنتاجات الباحثة ما يتعلق بوجود فروق معنوية واضـحة عـلى مسـتوى ميـدان الدراسة، وكان ذلك حسب رأي الباحثة هو حداثة الموضوع على

---

[*] سلوى أمين السامرائي، "تقدير التلاؤم بين الانماط الشخصية لمتخذي القرار وخصائص نظام المعلومـات الاداريـة : دراسـة تحليلية لآراء عينة من المدراء في حل المشاكل في شركات القطاع الصناعي العراقي المختلط"، أطروحة دكتوراه فلسـفة في ادارة الاعمال - جامعة بغداد، العراق، ١٩٩٥ .

الميدان فضلاً عن اندفاع معتدل لعينة الدراسة في ايلاء اهتمام مناسب بتحقيق التلاؤم المستهدف .

٣- دراسة : محمد عبدالفتاح ياغي، ١٩٨٩ (*):

تناول الباحث موضوع اختبار المراحل العملية لاتخاذ القرارات الادارية : دراسة تطبيقية على الخطوط الملكية الاردنية . وركزت الدراسة على مقارنة عملية اتخاذ القرارات الادارية ومنها الاستراتيجية ضمن اطارين هما :

١- الاطار العلمي كما يراها علماء الادارة .

٢- الاطار العملي كما يمارسها المديرون .

وقد طبقت الدراسة على عينة من المديرين الذين يمارسون اتخاذ القرارات الادارية في الخطوط الملكية الاردنية .

وحاور الباحث السلوك الفعلي للمديرين متخذي القرارات والسلوك المتوقع من تطبيق نظريات اتخاذ القرار الاداري . وطبق الباحث التحليل النوعي (الكيفي) وليس الكمي مستفيداً من طريقة (اختبار تورينج المعتدل) (Touring Test) . وعد هذا الاسلوب من الاختبار الاكثر ملاءمة لدراسة عمليات اتخاذ القرارات الادارية مستفيداً من توصيات العلماء Newell و Simon و Clarkson الذين اقترحوا هذا الاسلوب . وقد سوغ الياغي هذا الاسلوب بكونه يرتكز على عملية مقارنة مجموعة الاحداث التي يتنبأ بها أنموذج عملية اتخاذ القرارات الاستراتيجية مع مجموعة الاحداث التي تقع فعلاً . أي مقارنة السلوك الفعلي بالسلوك المتوقع للمديرين متخذي القرارات .

(*) محمد عبدالفتاح ياغي، "اختبار المراحل العملية لاتخاذ القرارات الادارية"، الادارة العامة، العدد ٦، مايو ١٩٨٩.

٤- دراسة Jeanne M. Liedtka , 1998 [*]:

سعت هـذه الدراسـة الى طـرح رؤيـة جديـدة للتخطيـط الاسـتراتيجي، إذ عـدت عمليـة التخطيط الاستراتيجي في اطارها التقليدي حالة لاتنسجم ومعطيات الشركات كبيرة الحجم وبالذات الشركات العاملة عبر الحدود الجغرافية . وفي هذا السياق فإن البديل هو ما أصطلح عليـه بـالتفكير الاستراتيجي . وقارنت الباحثة بين التخطيط الاستراتيجي كعمليـة تقليديـة تعتمـد عـلى تحليـل معطيات الواقع والعمل على التغير البسيط أو المتدرج، مع التفكير الاستراتيجي الذي ينطوي عليـه تحريك الواقع وفـق معطيـات المبـادأة والابتكـار الـذي يخـرج في الاغلـب عـن السـياق المـألوف في التخطيط الاستراتيجي .

وتشير الدراسة الى نتائج فلسفية استوحتها الباحثة من مسح شامل لأغلب الدراسـات التـي تناولت موضوع التخطيـط والتفكيـر الاسـتراتيجيين وبالـذات في عقد التسـعينات مـن هـذا القـرن

- Stacey,1992 - Hamel&Prahalad,1994 - Mintzberg,1994 - Nasi,1991 - Wilson,1994)
Dixon, - Burgetman,1991 - Csikszentmihalyi,1990 - Moore,1993 - Senge,1992 - Raimond,1996
. (Leuchter,1997 - Schoemaker,1995 - Cabana,1995 - 1996

ووضعت الباحثة أنموذجاً فلسفياً للدراسة تضمن عناصر التفكير الاستراتيجي في اطار نظمـي وأوصت بتطويع هذه العناصر نحو بلوغ المنظمات وضعاً تنافسياً أفضل وأكثر قدرة على التكيف . فضلاً عن أهمية التفكير الاستراتيجي في تعميق محتوى مراحل التخطيط الاستراتيجي .

(*) Liedtka J. M. , "Strategic Thinking : Can it be Taught ?" , Long Range Planning , Vol. 31, No. 1 , PP. 120 - 122 , 1998 .

٥- دراسة John Cogliandro , 1996 (*):

طرح (Cogliandro) مفهوم التوازن الاستراتيجي (Strategic Balancing) من وجهة نظره كمدير ممارس وشريك رئيس في شركة استشارية متخصصة صناعية (Mancog Industries) . وعد هذا المفهوم الذي يعني به عملية تكامل شامل لرؤية الشركة ورسالتها واستراتيجيتها وخططها التكتيكية حول الاهداف الربحية للشركة بعيدة الامد واحتياجها المرحلي من مستوى الارباح .

إن تحقيق هذه الشمولية يعد ركناً رئيساً في اتخاذ قرارات استراتيجية على قدر عال من الدقة وعلى مختلف مستويات الشركة . ويفترض الباحث في هذه الدراسة أن التوازن الاستراتيجي يؤدي الى تحديد دقيق للعوامل البيئية المؤثرة ضمن مستوييها الداخلي والخارجي، فضلاً عن كونها أداة تحقق نمواً مضطرداً على مستوى السوق والسلعة ورضا المستهلك .

وتشير الدراسة الى امكانية تطبيق هذه الفلسفة على مستوى الشركات الصناعية أو الخدمية في أشكالها المختلفة الخاصة والعامة والمختلطة .

وحدد الباحث أنموذجاً افتراضياً حوى عدداً من العلاقات المباشرة بين الاهداف المستقبلية ومدى احتياج الشركة منها في الامد القريب، ووضع هذه العلاقة ضمن متغيرات رقابية تحكمها، تمثلت في الارباح المستهدفة واعادة الاستثمارات . واحاطة هذه العلاقة بمسار هرمي للقرارات تبدأ بفلسفة القرار وتكوينه واحالته الى قرارات تكتيكية وعملياتية . ومع وضوح هذه العلاقات لدى فرق الادارة في الشركة فإن قراراتهم وأنماط تفكيرهم ستكون انعكاس لرسالة المنظمة (Mission based decisions) وغاياتها التي اجتمع عليها المديرون على مختلف المستويات المنظمية في الشركة . وعندئذ يعد التوازن الاستراتيجي أسلوباً موجهاً لجميع الانشطة الانتاجية والفنية والخدمية وغيرها في الشركة .

(*) Cogliandro J. , "Strategic Balancing : A Unifying Methodology for Management" , Industrial Management , Vol. 38 , No. 3 , PP. 27 - 31, 1996 .

٦- دراسة Ingrid Bonn and Chris Christodoulou , 1996 (*):

تناولت هذه الدراسة موضوع التحول من التخطيط الاستراتيجي الى الادارة الاستراتيجية (From Strategic Planning to Strategic Management) وقد شملت الدراسة عينة من الشركات الكبيرة في استراليا للاعوام ١٩٨٢ و ١٩٩٣ . واستهدفت الدراسة كشف التحولات التي حصلت بسبب تأثير العولمة على اتخاذ القرارات الاستراتيجية في هذه الشركات وبالذات قرارات توزيع الموارد وانتاج السلع والخدمات . إذ أفصحت نتائج الدراسة عن انتقال مواقع هذه القرارات من الادارة العليا الى الادارة الوظيفية أو وحدات الاعمال الاستراتيجية (Strategic Business Units) .

وفي الوقت الذي كانت مهمة التخطيط الاستراتيجي هي مهمة ملاصقة لعمل الادارة العليا أصبحت هذه المهمة في اطار مستجدات العولمة وصيغ المنافسة الجديدة غير مركزية، كما حددت مهمة الادارة العليا وأدوارها في سياق ضبط الرؤية الشمولية للبيئة وتطوير القاعدة المعرفية لاستبصار المستقبل وتخفيض حدة غموضه . وهذه المهمة توجت بمعطيات معرفية جديدة أصطلح عليها بالادارة الاستراتيجية .

أختبرت الدراسة مدى سريان المفاهيم النظرية الخاصة بالادارة الاستراتيجية والتخطيط الاستراتيجي في ادارة الشركات الصناعية الاسترالية . ومن ثم تسجيل مدى التغير الحاصل على تطبيقها في العقد الاخير ضمن ١٠٠ شركة صناعية كبيرة لعامين هما ١٩٨٢ و ١٩٩٣

أظهرت نتائج الدراسة حصول تغير في الادوار على مستوى الادارة العليا والادارة الوسطى، وأن نظام التخطيط الاستراتيجي أرتبط بمدى حاجة ادارة

(*) Bonn I. & Christodoulou , "From Strategic Planning to Strategic Management" , Long Rang Planning , Vol. 29 , No. 4 , PP. 354 - 551 , 1996 .

العمليات الى قرارات استراتيجية تحقق تكامل الادوار بين الادارة العليا وادارة العمليات . كما أن نظام التخطيط الاستراتيجي يتأرجح بين رسمية عالية في البيئة الصناعية البسيطة، ومرونة عالية في البيئة المعقدة، كما أن عملية التخطيط الاستراتيجي في المستويات الدنيا لايعني عدم اسهام رئيس الجهاز التنفيذي (CEO) في اقرار الخطة قبل دفعها للتنفيذ .

وأكدت الدراسة على ضرورة اجراء مزيد من الاختبارات على هذه المفاهيم في بيئات مختلفة .

٧- دراسة Charles I. Stubbart , 1989 [*] :

تنبه الباحث الى أحد الحلقات المفقودة في بحوث الادارة الاستراتيجية، وعلى وجه التحديد المعرفة الادارية .

(Manageral Cognition: A Missing Link In Strategic Management Research)

وفي سياقه الفلسفي، استعرض الباحث منهجه بعرض المعرفة الادارية كمتغير مهم في عملية صناعة الاستراتيجية والقرارات الاستراتيجية . وعرج على تجاهل الانموذج التقليدي لنظرية (Schendel and Hofer) لهذه الحلقة، سعياً وراء دحض فرضيات تلك النظرية في تخطيط ورسم سياسات الاعمال . وعد المعرفة الادارية علماً له خصائصه ومبادئه (Cognitive Science)، مما جعل هذا العنصر ـ مدعاة للتطبيق في دراسات وبحوث الادارة الاستراتيجية . وأشار الى أن المديرين يفكرون، ولكن أي نوع من التفكير ؟ فبحث في تمييز تفكير المديرين ذوي الاتجاه الاقتصادي وعده تفكيراً عقلانياً يبحث عن تعظيم العائد الاقتصادي . وبذلك فإن المديرين يختلفون في تفكيرهم للوصول الى نتائج موحدة حتى لو كانت افتراضاتهم

(*) Stubbart Ch. I., "Managerial Cognition: A Missing Link In Strategic Management Research" , Journal of Management Studies , 26 : 4 July , 1989 .

واحدة (Assumptions of rational Utility - Maximization) . وعلى الرغم من حيازة نظرية الخيـار العقلاني جائزة نوبل في الاقتصاد، لم تستطع هذه النظرية أن توضح كيف يتخـذ القـرار الاقتصـادي في عالم غامض وذاتي الخصائص في اطار تعمل فيه الانظمة المعرفية الادارية .

استنتج الباحث أنه من الصعب جداً اعمام التفكير العقلاني كمنهج يلتـزم بـه المـديرون، إذ أن المديرين لابد أن يختلفون في طموحاتهم وأهدافهم ومن ثم أنماطهم الفكرية . وكان هذا مدعاة لتوصيته بضرورة طرح عنصر المعرفة الادارية التي أصطلح عليها بمصطلح التفكير الاستراتيجي علـى حد تعبيره كحلقة مهمة في دراسة موضوعات الادارة الاستراتيجية .

٨- دراسة Gary Hamel and C. K. Prahalad , 1989 (*):

سعت الدراسة الى طـرح موضـوع القصـد الاستراتيجي (Strategic Intent) في اطـار فلسـفي يهدف الى بناء أنموذج من شأنه يعيد النظر في الاداء الكلي للمنظمة . إذ يؤكد الباحثان على أهميـة تحديد مقاصد استراتيجية جديدة تنسجم والتحولات التي أفرزتها ظاهرة العولمة . ولذلك فإن فهـم مقاصد المنافس في السوق العالمي أو المحلي يعد قاعـدة لصياغة قـرارات اسـتراتيجية ذات مقاصـد منافسة .

كما أن مقاصد الادارة العليا ينبغي أن تنطلق مـن قاعـدة معرفية تفيـد في ربط الحـاضر بالمستقبل وتهيئة مستلزمات الوثوب المبدع . وتطرح كذلك اثارات تبحث عن ماذا ينبغي للمنظمة أن تؤدي أعمالها المستقبلية بشكل يختلف عن الآخرين .

(What must we do differently ?)

وأن مقاصد الادارة التنفيذية تـدور حـول التفكيـر بالاسـاليب المناسبة للتحولات التـي قـد تحصل على الاداء المنظمي للعام القادم .

(*) Hamel G., & Prahalad C. K., "Strategic Intent" , Harvard Business Review, May - June, 1989 .

How will next year be different ?

ويظهــر الطــرح الفلســفي لهــذه الدراســة العلاقــة التكامليـة بــين أدوار الادارة العليا والادارة التنفيذية بما يخدم تطــوير الوضـع التنافسي ـ للمنظمـة (Organization Competitive Position) .

إن هذا الطرح يؤكد أهمية تنوع التفكير الاستراتيجي بما يخدم تنوع مقاصد الاداء والمرامـي عبر الهرم الاداري للمنظمة .

ويحلل الباحثان محتوى المسار الصناعي لشركات رائـدة منهـا Komatsu و Canon و Honda أمام الشركات المتناظرة في صناعتها العاملة في أوربا الغربية، من حيث سياقات المنافسـة الطويلـة . ويقول هل هناك ثمـة اختلاف في مقاصد المـديرين في الـدول الغربية واليابان وكوريـا . ويجيـب بالنفي، ويقول، أن المديرين في هذه الدول يسعون الى بلوغ قيادة السوق في اطار عـالمي . وعنـد تحديد المقصد بشكل صحيح فإن القرارات هي وسائل مؤدية لتلك المقاصد ومعبرة عـن طبيعـة التفكير لدى المديرين .

٩- دراسة Jef Mason , 1986 (*):

تناول الباحث تحليل مفهوم الادارة الاستراتيجية التي طرحها (Ansoff) وبـاحثون آخرون، وحـدد مدى سريان الافكار الاولية الخاصة بعملية الادارة الاستراتيجية في الواقع العملي الذي يعيشه المديرين .

وميز الباحث من خلال خبرته كمدير لشركة نفط بريطانية كبيرة أنماط التفكير التـي ترافـق كل مرحلة من مراحل الادارة الاستراتيجية، سواء على مستوى الصياغة أو التنفيـذ، وأن هناك ثمـة اختلاف في مفهوم الادارة الاسـتراتيجية عنـد (Ansoff) مـن حيـث عـد الادارة الاسـتراتيجية امتـداد للتخطيط حيث فتح مجالاً

(*) Mason J. , "Developing Strategic Thinking" , Long Rang Planning , Vol. 19, No. 3, PP.73 - 80 , 1986 .

واسعاً أمام وضع الاستراتيجية . إذ تتضمن عملية التفكير هنا عوامل متعددة داخلية (منها نظام الرقابة والمعلومات والقدرة على التغيير) ويتم التفكير بهذه النظم على مستوى التنفيذ والتقويم والرقابة وتحليل المشكلة ومعالجتها . ويذهب التركيز على عاملي البيئة السياسية والاجتماعية التي تعيش في ظلها المنظمة . واسترسل الباحث في طرح محاور التركيز عند اتخاذه للقرارات التي تتمثل في الاهتمام بالاحداث الاستثنائية والطارئة وليس الاحداث التي تمتد آمادها لفترات بعيدة . واصبح هذا المسار عادة مألوفة لدى المديرين بحيث يستند تفكيرهم المستقبلي على ماهو طاريء واستثنائي .

إن الخبرة التي اكتسبها مدير هذه الشركة كما يقول الباحث عن نفسه، أصبحت دليل عمل تم تعميقه عند المديرين في هذه الشركة، وأصبح المدير قادراً على رصد الاحداث وموازنتها مع امكانيات الشركة ومن ثم صياغة استراتيجية خاصة به . وانحسر دور المخطط هنا وتحول من كونه عنصر فاعل في رسم الاستراتيجية الى كونه أحد المصادر التي يمكن أن تساعد بقدر معين في صياغة الاستراتيجية واتخاذ القرارات الاستراتيجية .

وافترض الباحث أن الرؤية الواضحة التي يمتلكها المدير عن الاحداث المستقبلية وكذلك العاملين بمعيته تعد ركناً مهماً في جعل المنظمة أكثر نجاحاً، واستند في هذا الافتراض على أعمال (Ouchi) وكذلك أعمال (Peters and Waterman) .

واستنتج الباحث أن نمطية التفكير ليست ضرورية دائماً وإنما ينبغي أن يكون هناك مستويات في التفكير تلازم كل مرحلة من مراحل الادارة الاستراتيجية .

١٠- دراسة Charles R. Schwenk , 1985 (*):

تناول (Schwenk) موضوع القرارات الاستراتيجية من حيث تأثرها بالتحيز الذي يتركه متخذ القرار على اختياراته . وفي بحثه الموسوم (Management Illusions and Biases : Their Impact on Strategic Decisions) تعرض الى مشكلة نظرية تضمنت تعامل متخذ القرار الاستراتيجي مع القرارات التي ينتابها قدراً من الغموض والتعقد البيئيين، وأكد على أهمية توظيف عملياته المعرفية (Cognitive Processes) في التغلب على الاخطاء التي تخلفها حالة تحيز متخذ القرار التي تصاحب مراحل صياغة القرار الاستراتيجي .

إن أهم اسهامات هذه الدراسة تتمثل في كونها لخصت أعمال عدد من الباحثين في مجال سايكولوجية المعرفة ونظرية سلوك القرار مع التركيز على معطيات تلك البحوث فيما يخص التحيز المعرفي الذي يؤثر في صناعة القرار .

لقد حددت هذه الدراسة معالم نظرية من شأنها تؤشر مواضع الاخطاء المحتملة في اتخاذ القرارات .وفيما يخص مرحلة اتخاذ القرار الاستراتيجي، فإن الدراسة حددت طبيعة الاثر الذي يتركه التحيز على اختيار البديل الاستراتيجي على النحو الآتي :

- عدم دقة التنبؤ بنتائج البديل .
- عدم دقة تخمين المخاطر التي يخلفها البديل .
- رفض البديل القوي الذي لم يظهر كبديل قوي في نظر متخذه .

وأكدت الدراسة على ضرورة حث الادارة العليا على الاهتمام المطلق بهذه الحقيقة كطريق مهم في اختيار البديل الاستراتيجي الناجح .

(*) Schwenk Ch. R. , "Management Illusions and Biases : Their Impact on Strategic Decisions" , Long Range Planning , Vol. 18 , No. 5 , PP. 74 - 80 , 1985 .

١١- دراسة Donald C. Hambrick , 1981 (*):

تطرق الباحث الى موضوع الوعي الاستراتيجي Strategic Awareness عند الادارة العليا، وتناول في بحثه اختبار مدى تطابق ادراك الادارة العليا والجهاز الاداري للاستراتيجية المنظمية مع واقع الاستراتيجية الفعلية من جهة . ومدى انسجام مدركات الجهاز الاداري للاستراتيجية المنظمية ومدركات رئيس الجهاز الاداري لهذه الاستراتيجية من جهة أخرى .

إن التجانس الذي يسعى الباحث الى بلوغه في المدركات على مستوى المنظمة له الاثر الكبير في تصميم أنماط أو مداخل اتخاذ قرارات استراتيجية من شأنها تضمن المواءمة بين الموارد المنظمية، والقيم الادارية، والفرص والتهديدات البيئية مع الاستعدادات المهارية في تحويل هذه المدركات الى تنفيذ فاعل للاستراتيجية وما تتضمنه من قرارات استراتيجية .

ويذهب هذا التصور مع ما عرضته نظرية الادارة الاستراتيجية بخصوص المدخل التفاعلي في صياغة الاستراتيجية . إذ أكد كل من (Bower,1970 - Allison,1971 - 1973 - Mintzberg, - Stevenson,1976 - Bourgeois,1978 -Mintzberg,1978) على أنه ليس من الضروري أن تصنع الاستراتيجية في ضوء البيانات الحقيقية (Realized Strategies) أو الواقعية، وإنما تردف هذه الواقعية باستعداد الجهة التنفيذية ببذل جهود مضافة لما ينبغي أن تكون عليه الاستراتيجية الجديدة (What it Should be) .

أجرى الباحث تطبيقاً لانموذج بحثه على عينة من فرق الادارة العليا لثلاثة أنواع من المنظمات وهي : كليات أهلية، ومشفى خيري، وشركات تأمين على الحياة . وحدد معيار الهدف الربحي والهدف غير الربحي لهذه المنظمات، إذ أردف أنموذج بحثه وعينة البحث بمعطيات قياس استندت الى دراسة (Miles & Snow) .

(*) Hambrick D. C., "Strategic Awareness within Top Management Teams", Strategic Management Journal , Vol. 2 , PP. 263 - 279 , 1986 .

وهذا القياس حدد اتجاهات تقويم الوعي الاستراتيجي على أساس ثلاثي وهي : السلوك الدافع عن الوضع القائم، والسلوك الريادي الباحث عن كل جديد، والسلوك المحلل الذي يبحث عن التوازن .

واستنتج الباحث أن الوعي الاستراتيجي يكاد يكون معدوماً حتى في مستويات الادارة العليا . فضلاً عن أن درجة الوعي الاستراتيجي إن وجدت فهي مختلفة ومتفاوتة بين المنظمات المبحوثة. وأخيراً فإن العوامل المنظمية والادارية والبيئية لها أثر في الوعي الاستراتيجي، كما أن المنظمات التي غيرت استراتيجيتها حديثاً، كانت من النوع الذي يؤشر ارتفاعاً ملحوظاً في وعيها الاستراتيجي .

أوصى الباحث بضرورة اجراء دراسات أخرى على هذا البعد (الوعي الاستراتيجي) لاسيما وأن نتائج بحثه المشار اليها من الممكن أن تخضع لمزيد من النقاش والجدل .

يتضح من خلال الدراسات السابقة ثمة اشارات صريحة الى أن اتخاذ القرار الاستراتيجي تهيمن عليه عوامل عديدة وبأشكال علائقية متنوعة، فمنها ماذهبت الى عد القرار الاستراتيجي متغيراً هدفياً وتؤثر فيه متغيرات وسيطة بشكل مباشر ومتغيرات قرار بشكل غير مباشر . في حين عدته دراسات أخرى في معرض معالجتها لموضوع القرار على أنه متغير وسيط يربط بين متغير معرفي ومتغير غائي . كما ذهبت دراسات أخرى الى ربط علاقة القرار بغيره من المتغيرات على هدي النظريتين النظمية والشرطية، وأطرت بذلك ديناميكية اتخاذ القرار ضمن نسق اعتباري تتحكم بحيثياته دراية متخذ القرار بحيثيات دواعي اتخاذ القرار الاستراتيجي .

وتأسيساً على ذلك، فإن هذه المقدمات تدعونا الى بناء أنموذج البحث ضمن منظور تفسيري يعبيء من خلاله مقاصد الدراسات السابقة والنظريات ذات العلاقة بالموضوع في اطار واقع اتخاذ القرار الاستراتيجي ضمن قطر العراق .

المبحث الثاني

منهجيــــة البحـــث

تمــــهيد :

يتضح من سياق عرضنا للاطار النظري والدراسات السابقة طبيعة العلاقة النظرية بين أبعـاد البحث الحالي . حيث تتسم العلاقة بنوع من التعقيد والتداخل في المفاهيم وتعدد وجهات النظر مما يضيف عبئاً مضافاً على سـبر غـور الظاهرة قيـد البحـث . وفي اطار العـرض الفلسفي لبعدي البحث كانت مناداتنا البحثية تستهدف احالة التصورات النظرية الى معطيات ميدانية تحاكي الواقع وتعبر عنه . ومن نافلة القول أن مفاهيم القرار وأنماط التفكير هي بالاساس ليست تجريدية جامدة وإنما مفهوماً عالمياً عمقه التاريخ الفلسفي لتلك المفاهيم واطاره نظرية معرفية تكامليـة حـوت في جنباتها جدلية منطقية ذات بواعث علمية فاعلة . إذ أن العقل هو العقل، والانسـان هـو الانسـان بل المدير هو عنوان عـالمي الدلالة والمحتوى . بيد أن معطيـات التطبيـق لهـذه الرؤية ونتائجها المتوقعة تتباين ليس بسبب ما أوردناه من مضمون نظـري وإنمـا بسبب تدني مستوى استيعاب مؤدى هذه المتغيرات وقياسيتها على الاغلب وتطبيقها على أرض الواقع .

بين هـذا الامـر وذاك شـبه اجماع لـدى جمهـور مـن علـماء الادارة الاستراتيجية وميادينهـا الفرعيـة ذات الصـلة،   مـن أن التوافـق المنهجـي بـين أنمـاط معينـة مـن التفكير وتبنـي خيـارات استراتيجية معينة تفضي الى نتائج دقيقة متوقعة . وهذا ما أوردناه في المقدمات الفلسفية من هـذا البحـث . كما أن تجاوز المسلّمات بحيثياتها قد تكون أحد مسببات تدني انتاجية الخيار الاستراتيجي المتوقعة التي يقررها المدير. وفي هذا السياق،   ومـع تعـدد المقاصـد النظريـة للفلسفات الخاصة بعناصر الموضوع،   فإن مراعاة خاصة لجدلية البحث ومظاهره الموضوعية دفعنا نحو بلورة منهجية البحث على أساس ثنائية المنطلق لأنماط التفكير ومداخل القرار الاستراتيجي . وهذا يعنـي السـير في تحليل التضاد الفلسفي وتحليله على عد عنصر التفكير مؤثراً في خيارات

المدير وقراراته الاستراتيجية . وأن ميل متخذ القرار لموقف معين إنما هو انعكاس معرفي يعبر عـن منظوماته الفكرية دون استبعاد أهمية وأثر عوامل أخرى عديـدة استبعدناها عـن منهجيـة بحثنـا الحالي .

ونتناول في هذا المبحث خطوات اجرائيـة مـن شـأنها تحـاكي ميدان البحث والمستلزمات المنهجية وعلى النحو الآتي :

أولاً : مشكلـــة البـــحث :

اهتم علماء الادارة الاستراتيجية عـبر معالجاتهم المفاهيميـة بموضوع التفكـير الاستراتيجي واتخاذ القرار الاستراتيجي، وطرحت رؤاهم الفلسـفية بمناظير عديـدة . وفي ثنايـا المنطق النظري كانت محاكاة لحقائق الممكنات في أرض الواقع . وبهذا يحاكي البحث الحالي ابتداءً مشكلـة نظريـة تقوم على اثارة فلسفية تبحث المثير النظري القائم في الاذهـان وبثه في الموجـود الـواقعي . وهـذا الشطر يقود الى البحث في اطار المشكلة العملية الباحثة عن مدى حصول المكون النظري لموضوع البحث ووجوده ووجوبه وأحقيته وثباته على أرض الواقع (Realism) .

وضمن هذا السياق فإن مشكلة البحث قائمة على بعدين متلازمين في التقابل يفسر أحدهما الآخـر، إذ أن المفهـوم النظري لموضـوعات البحـث لا تنكر امكـان الميـدان مـن اسـتيعاب الطرح الفلسفي على سبيل التضمن، كما أن الميدان لا ينكر على النظريـة مالها مـن فعل دافع لكـوامن الابداع والارتقاء بالامكانيات . فإن الادراك إذن لهذه العلاقة هي المنطلق الاساس في تضمين مشكلة البحث ببعديها النظري الذي عالجنا أطرافها فيما مضى من اطارنا النظري، والبعـد العملـي الـذي يستكمل منهجنا على المسار البحثي القائم .

ومن خلال زياراتنا الميدانية(*) الى مواقع من مدان البحث واجراء مقابلات شخصية بخصوص المتضمنات المنهجية التي قدمنا لها في هذا المبحث، لقد أفصح المديرون القائمون على اتخاذ قرارات استراتيجية كل ضمن اختصاصه عن غياب المنطق العلائقي في أرض الواقع . وإن اتخاذ القرار قد يعتريه ضرباً من عدم التوافق بين أنماط التفكير واختيار مدخل محدد يتلاءم معه . وهذا ماحفز فينا الفضول العلمي الذي عبرنا عنه من خلال صياغة مجموعة آثارات بحثية سعياً لاجابتها فضلاً عن اسهامنا في بلورة الاطار المنهجي للبحث الحالي وعلى النحو الآتي :

١- ماهي العوامل الرئيسة التي تشكل أنماط التفكير الاستراتيجي في اطار عينة المبحوثين ؟

٢- ماهي العوامل الرئيسة التي تعبر عن مداخل اتخاذ القرار الاستراتيجي في اطار عينة المبحوثين ؟

٣- ماهي أوجه التشابه وأوجه الاختلاف في أنماط التفكير ومداخل اتخاذ القرارات عند المديرين الاستراتيجيين في عينة البحث ؟

٤- هل هناك ثمة اختلاف في أنماط التفكير باختلاف المستوى الاداري ؟

٥- هل هناك ثمة اختلاف في أنماط التفكير باختلاف طبيعة القطاع ؟

٦- ماهي طبيعة العلاقة بين أنماط التفكير الاستراتيجي ومداخل اتخاذ القرارات على مستوى القطاعين الخاص والمختلط ؟

٧- ماهي طبيعة التأثير التي تتركها أنماط التفكير الاستراتيجي على الاختيار الاستراتيجي للمدير في عينة البحث ؟

_____

(*) أجريت زيارات ميدانية الى مواقع تطبيق البحث، ومن خلال أسلوب الحوار المباشر مع المديرين في عينة من الشركات المساهمة للقطاعين الخاص والمختلط، استطعت التثبت من محتوى المشكلة البحثية على أرض الواقع .

لقد استحوذت المشكلة البحثية اهتمامنا المستمر عبر مسيرة بحثية طويلة في ميدان الادارة الاستراتيجية ولكون دراسة هذه الظاهرة ذات طبيعة مركبة، فإن نصيبها من الادارة الاستراتيجية ميداناً للمعالجة مازال بكراً. ولذلك فإن تناول هكذا موضوع قد يضيف خصوصية مهمة لمعالم التفكير الاستراتيجي ومداخل القرار في حدود ميدان البحث. لاسيما وأن البحث قائم على استنطاق وتحليل النظريات والدراسات السابقة ونتائجها بما يحقق اجابات مناسبة للاثارات البحثية.

ثانياً: أهمية البحث وأهدافه:

يحاكي البحث أحد المراحل المهمة في عملية صنع القرار الاستراتيجي ضمن منهج وصفي تحليلي. إذ ينطلق البحث من عرض التتابع التاريخي لفلسفة القرار الاستراتيجي وحجية متخذ القرار في تسويغ موقفه في اطار معرفي. ويعد هذا المنطلق مهماً في توثيق مداخل اتخاذ القرار الاستراتيجي وأنماط التفكير، بحثاً عن دواعي التداخل والتكامل بين المفاهيم والممارسات. ويقود المنهج الوصفي لموضوعات البحث الحالي الى تشخيص وتحليل المحاور الرئيسة والثانوية لمكوناته، فضلاً عن رصد المبادلات بين الرقي المعرفي المرتجى لدى المديرون الاستراتيجيون وخبراتهم القيادية وبين الخيارات الاستراتيجية المنبثقة عن معطيات التفكير الناقد.

إن الخوض في موضوع اتخاذ القرار الاستراتيجي وأنماط التفكير لا يخضع لقانون التشبع (Saturation) على حد تعبير العلوم الصرفة، وإنما ينتمي الى قانون التطور والترقي في الفكر والمنهج الفلسفي وتراكماته التتابعية عبر الزمن. ومن خلال نظرة سريعة لأدبيات الموضوع يمكن تأشير الحاجة الى مزيد من الدراسات النظرية والميدانية في الدول النامية على وجه التحديد. ويستمد البحث أهميته من خلال الآتي:

١- يعد البحث الحالي امتداداً للبحوث والدراسات التي تهتم بموضوع اتخاذ القرارات الاستراتيجية في اطار المنظمة.

٢- يسهم البحث في تعميق الرؤية الاستراتيجية لأنماط التفكير ومدى اسهامها في صياغة التصور المنظمي .

٣- يصبو البحث الى تعبئة الجهود الفكرية التي بذلت في ميادين علمية متعددة ذات صلة مباشرة وغير مباشرة باتخاذ القرار .

٤- يختبر البحث أنموذجه والفلسفة القائم عليها وفق القياسات الموضوعية والذاتية والتي تفتقر أغلب الدراسات الى عرضها فلسفياً ومنطقياً وتفسير العلائق التي تفصح عنها التحليلات البحثية .

٥- يحاكي البحث اثارات تجيب عن اسهام التراث الاسلامي والعربي في تأسيس الفكر الاستراتيجي .

٦- يضيف البحث جهده الفلسفي الى التراكم الحاصل في اطار الادارة الاستراتيجية.

٧- من الناحية التطبيقية يفيد البحث في توجيه برامج اختيار واعداد الادارة بما يتفق مع اختبارات البحث للفروض والانموذج .

وتأسيساً على ماتقدم فإن البحث الحالي يسعى الى بلوغ الاهداف الآتية :

١- تشخيص واقع التفكير الاستراتيجي للادارة العليا والادارة الوسطى ضمن ميدان البحث .

٢- اختبار العلاقة المنطقية بين أنماط التفكير ومداخل اتخاذ القرار الاستراتيجي .

٣- الوقوف على العوامل المؤثرة في مبادلات التفكير (Thinking Trade - Off) لدى المديرون .

٤- تحديد ميول الادارة العليا والادارة الوسطى نحو اختيار مداخل معينة في اتخاذ القرار الاستراتيجي دون غيره .

٥- تحديد مدى التجانس في أنماط التفكير الاستراتيجي على مستوى القطاع وعلى المستويات الادارية في المنظمة .

٦- تأشير الملامح الفلسفية التي تنتهجها الادارة العليا والادارة الوظيفية لخطة اختيار البديل الاستراتيجي .

ثالثاً : أنموذج البحث وفرضياته :

أشرنا في مواضع عديدة من البحث الى المنطلقات الفكرية لأنماط التفكير الاستراتيجي واختيار مداخل اتخاذ القرار، وتعد تلك المنطلقات مقدمات مهمة في التكوين الفكري لأنموذج البحث، إذ يؤسس الانموذج البحثي على فلسفتين معتدلتين للمعرفة هما:

المعرفة اليقينية (جدلية ديكارت)، والمعرفة النظرية - استدلالية (جدلية أرسطو). فالمثالية الواقعية لأرسطو تجاوزت اشكالية المثالية المطلقة لأفلاطون، كما أن واقعية ديكارت حددت معالم الفلسفة التجريبية (جون لوك) . وأصبحت تلك الفلسفات مقدمات جامعة للمعرفة في الفكر الفلسفي للتفكير عند الفارابي وابن سينا وابن رشد، إذ تجمع بين المعرفة اليقينية والنظرية كنمط توفيقي للتفكير .

وتؤشر تلك الفلسفات منحيين للاختيار يعتمدهما المدير الاستراتيجي، هما الوجوب والتفضيل . أي الاختيار القائم على الكيفية التي يجب أن يعتمدها المدير في اتخاذه القرار، والاختيار القائم على الكيفية (الاجرائية) التي يفضل أن تعتمد في اتخاذ القرار الاستراتيجي .

The "Ought" and the "Is" of Decision Making .

وفي هذا الاطار فإن العلاقة المنطقية بين محاور البحث الرئيسة تتراوح بين الابعاد الموضوعية - المعيارية وبين الابعاد الذاتية - الوصفية، إذ يقوم البحث على محورين رئيسين هما :

١- اتخاذ القرار الاستراتيجي ويمثل عنصر استجابة في أنموذج البحث .

٢- أنماط التفكير الاستراتيجي ويمثل عنصر تأثير مباشر في اختيار مدخل اتخاذ القرار .

وقد طرح أنموذج البحث الافتراضي على أساس منطق العلاقة المتوقعة لعناصره في حدود الاهداف البحثية . إذ يفترض الانموذج بأن التغير في محتوى القرارات الاستراتيجية إنما هو بسبب التغير في أنماط التفكير لمتخذ القرار . وعلى هذا الاساس فإن الانموذج كما يصوره المخطط (٣-٢) ومتغيراته التفصيلية في المخطط (٣-٣)، هو مجموعة من الفرضيات التي تظهر على شكل علاقات تأثيرية سيتم اخضاعها لمجموعة من الاختبارات والتحليلات الاحصائية . ويقوم الانموذج على الافتراضات الآتية :

١- من الممكن أن يخضع كل بعد من أبعاد الانموذج الى قياس بشكل منفرد أو مع غيره من الابعاد.

٢- اتساق متغيرات الانموذج مع خصائص ميدان البحث وبيئته .

٣- اسهام أكبر قدر من المتغيرات بغية التعبير عن محتوى أبعاد الانموذج .

٤- صلاحية الانموذج للاختبار المنطقي والاحصائي .

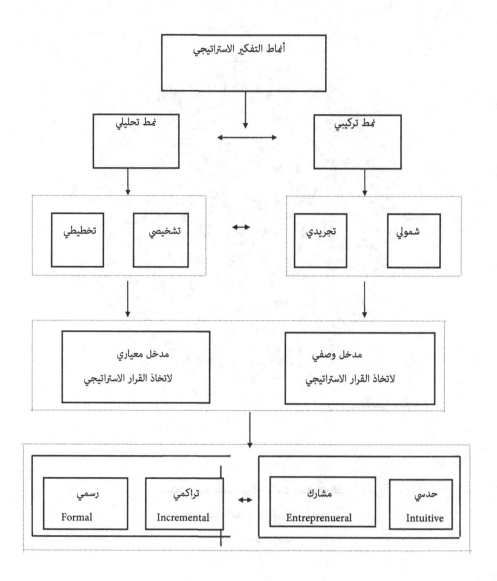

مخطط (٢-٣)

الاطار الفكري للانموذج المستخدم في البحث

متغيرات قياس مداخل اتخاذ القرار الاستراتيجي ←

متغيرات قياس أنماط التفكير الاستراتيجي ←

مخطط (٣-٣)

مخطط يوضح عناصر أنموذج البحث ومتغيراته الفرعية

والسياق النظري للقياس والمعالجة

(من إعداد الباحث)

وفي ضوء الافتراضات التي قدمنا لها،   فإن أنموذج العلاقات والتأثيرات المتوقعة بين أنماط

التفكير الاستراتيجي واتخاذ القرار كما هي في المخطط (٣-٤)،   قد صيغت على نسق الاهداف

والاثارات البحثية . وقد راعينا انسجامها مع سياقات الطرح الفلسفي وهي على النحو الآتي :

فرضية أولى :

تتباين احتياجات المدير الاستراتيجي من أنماط التفكير بتباين موقعه الاداري في المنظمة .

فرضية ثانية :

تتباين مداخل اختيار القرار الاستراتيجي بتباين الموقع الاداري للمدير الاستراتيجي في المنظمة .

فرضية رئيسة ثالثة :

تتباين أنماط التفكير الاستراتيجي وماينبثق عنها من قرارات استراتيجية بتباين القطاع الـذي يعمل فيه المدير، وينبثق عنها مايأتي :

١- هناك اختلاف معنوي في أنماط التفكير الاستراتيجي بين المديرين العاملين في القطاع الخاص عنـه في القطاع المختلط .

٢- هناك اختلاف معنوي في اختيار المدير الاستراتيجي لمداخل القرار في القطاع الخاص عنـه في القطاع المختلط .

فرضية رئيسة رابعة :

هناك علاقة تأثير معنوية بين أنماط التفكير الاستراتيجي لدى المديرين واختيار مداخل اتخاذ القرار، وينبثق عنها مايأتي :

١- هناك علاقة تأثير معنوية بين أنماط التفكير الاستراتيجي واختيار مداخل اتخـاذ القـرار في القطاع الخاص .

٢- هناك علاقة تأثير معنوية بين أنماط التفكير الاستراتيجي واختيار مداخل اتخـاذ القـرار في القطاع المختلط .

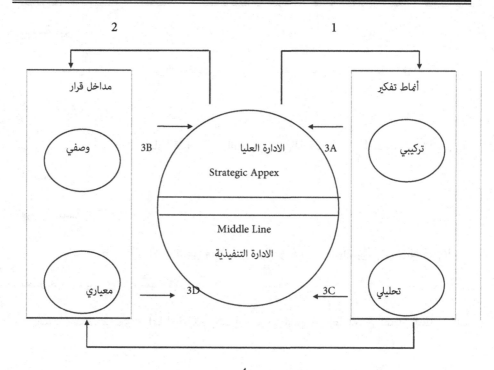

مخطط (٣-٤)

العلاقات الافتراضية المتوقعة من أنموذج البحث

تقـوم العلاقـات الافتراضـية المتوقعـة في المخطـط (٣-٤) عـلى تسلسـل المرجعيـة المنطقيـة
لفرضيات البحث :

١- تشخيص أنماط التفكير الاستراتيجي وفقاً لمواقعهم في الهـرم القيـادي للشركات في عينة البحـث
(رئـيس مجلس ادارة،   عضـو مجلـس ادارة،   مـدير مفـوض،   مـدراء أقسـام أو فـروع ذات
تخصصات وظيفية) .

٢- ننتقل بالتحليل الى تشخيص المداخل المعتمدة في اتخاذ القرارات الاستراتيجية عـلى مسـتوى كـل
مكون للموقع القيادي .

٣- يتبع ذلك الدخول في تحليل آراء ومواقف المديرون الاستراتيجيون بخصوص المتغيرات التي عرضت عليهم ضمن مقياس البحث والوقوف على الاختلاف المتوقع ضمن القطاعين المختلط والخاص . ومن ثم ايجاد الفروق المعنوية بين آرائهم إن وجدت .

٤- بعد أن تتكشف لنا السياقات العملية لاتخاذ القرار الاستراتيجي وواقع التفكير الاستراتيجي في ميدان البحث، نبحث في العلاقة والتأثير المعنويين بين أنماط التفكير واتخاذ القرارات على مستوى كل قطاع .

والجدير بالذكر أن اختبار العلاقات المتوقعة كما يعرضها أنموذج البحث تستند الى أدبيات الادارة الاستراتيجية، التي اعتمدت أساساً لتحديد معالم مقاييس البحث، فضلاً عن تكيف هذه المقاييس لمهام المديرون الاستراتيجيون في ميدان البحث وفرضياته . وأن الفروض البحثية ستسخدم لكشف الحقائق الجديدة وليست كغايات بحد ذاتها . وروعيت خصائص عديدة لصياغة الفروض من أهمها المرونة الموضوعية والعمل على اختبارها وتفسير الحقائق المحيطة بها وفقاً للادلة الموضوعية والتفكير السببي للعلائق بين متغيرات البحث .

رابعاً : أساليب جمع البيانات :

لغرض اختبار الاطار الفكري للبحث وأنموذجه وفرضياته تم بناء (مقياساً علمياً خاصاً مستقلاً عن غيره من المقاييس) من قبل الباحث . إذ استند في ذلك الى استنطاق المعطيات التي أوردتها النظريات ذات الصلة باتخاذ القرارات الاستراتيجية وأنماط التفكير . كما تم استعراض مامتاح من مرجعيات علمية ذات صلة ببناء المقاييس وتوظيف ماهو مناسب لدعم الفلسفات التي انطلق منها البحث وعلى النحو الآتي :

١- مقاييس خاصة باتخاذ القرارات الاستراتيجية :

لاشك أن البحوث النظرية (الاساسية) التي طرحت من قبل علماء الادارة الاستراتيجية والتنظيم تتفق في مقاصدها المرتبطة باتخاذ القرار الاستراتيجي، لكنها تختلف في متضمناتها (متغيراتها) . وقد يعزى هذا الاختلاف الى تباين أهداف الباحثين وأنماطهم الفكرية وقواعدهم الفلسفية، فضلاً عن اختلاف المشكلات الفلسفية التي أعدت بحوثهم أو نظرياتهم لمعالجتها . وعلى هذا النحو فإن المتغيرات المعدة لقياس بعد اتخاذ القرار الاستراتيجي قد حددت على أساس اتفاق جميع الباحثين (الذين سنورد مسمياتهم في هذه الفقرة) على المتغيرات التي أعد المقياس في ضوئها . إذ تعد هذه المتغيرات قواسم مشتركة في تفكيرهم بآلية اتخاذ القرار الاستراتيجي . كما أن هناك متغيرات أخرى يتفرد بها كل باحث يعطيها خصوصية منبثقة من حاجته البحثية ومشكلته وفروضه المعدة لبيئة ما .

وعلى هذا النحو فإن متغيرات القياس قد تم تحديدها من الكل الذي تنتمي اليه بما يحقق امكانية اخضاعها للدراسة والتحليل . إذ أن الالمام بالحركة الكلية لجميع المتغيرات ذات الصلة بالمشكلة البحثية يكاد يكون مستحيلاً . ومن أبرز الباحثين الذين ساهمت بحوثهم في بلورة مقياس البحث هم :

Daft, 1996, PP. 355-395. Noorderhaven, 1995, P. 71. Mintzberg, 1994, PP. 107-114. Agor, 1994, P. 63. Johnson & Scholes, 1993, PP. 39-60. Bell etal, 1990, PP. 9-30, Harvey, 1988, PP. 48-50. Quinn etal, 1988, PP. 82-88. Lyles & Thomas, 1988, PP. 131-142. Hickson, 1987, PP. 165-190. Miles & Snow, 1986, P. 62. Gerloff, 1985, PP. 28-34. Stiener & Miner, 1977, PP. 200-204.

د. شوقي ناجي جواد، ١٩٩٥، ص ص١٤٩-١٥٢ . كوين وياغي، ١٩٨٧، ص١٦٨ .

٢- مقاييس خاصة بأنماط التفكير الاستراتيجي :

إن ماقدمنا له في اتخاذ القرار الاستراتيجي ينطبق تماماً على هذه الفقرة، سوى أننا استندنا في تحديد متغيرات المقياس الخاصة بأنماط التفكير الاستراتيجي على أعمال الباحثين على النحو الآتي :

Liedtka, 1998, PP. 120-129. Mintzberg, 1994. P. 114. Agor, 1994, PP. 62-73. Ansoff, 1994, P. 31. Hamel & Prahalad, 1989, PP. 63-76. Mintzberg, 1990, P. 105. Porter, 1987, PP. 21-28. Jef, 1986,PP. 72-76.

د. عصام نجيب، ١٩٩٧، ص ص٧٧ .

د. نعمة عباس خضير، ١٩٩٧، ص ص ٩٠-٩٣ .

د. سلوى السامرائي، ١٩٩٦، ص ص ١٢٨-١٣٠ .

بيري سميث، ١٩٨٩، ص ١٢٢ .

ومن خلال تحليل متضمنات النصوص الواردة في البحوث المشار اليها في مقاييس البحث، وعلى وفق التفكير السببي، تبين أن علية اختلاف المديرين في التفكير وفي اتخاذ القرار قد يعزى الى طبيعة ومستوى الاستجابة لمتغيرات أو مؤشرات مستهدفة في هذا المقياس . وقد حددت المتغيرات المبحوثة لأغراض البحث الحالي في الجدول (١-٣) وقد تم دعمها بالمراجع التي أشارت اسهاماتها في حدود المتغيرات المبحوثة والمشار اليها في جدول (٢-٣) .

جدول (١-٣)

المتغيرات الرئيسة والثانوية لقياس اتخاذ القرار الاستراتيجي وأنماط التفكير

ت	متغيرات اتخاذ القرار	البعد الذي ينتمي اليه	ت	متغيرات انماط التفكير	البعد الذي ينتمي اليه
١	قيود القرار	فروض	١	رصد الفرص	
٢	التنبؤ	مداخل	٢	أسبقية استثمار الفرص	
٣	دينامية الاهداف	القرار	٣	الاسناد المعرفي لكشف السوق	نمط
٤	المشاركة في القرار		٤	قطعية الحلول	تفكير
٥	أدلة القرار		٥	سياق التغيير	شمولي
٦	مصدر التصور	مدخلي	٦	عنصر المرونة	تشخيصي
٧	السابقة التاريخية	الحدس	٧	المفاضلة بين النتائج والحلول	
٨	ثبات المنهج	هيكلي	٨	المفاضلة بين القيم والاهداف	
٩	عوامل البيئة	رسمي	٩	المفاضلة بين مؤشرات نظرية وكمية	
١٠	أسس تقويم البديل		١٠	التوجه نحو الذات أو الاهداف	
١١	قبول المجازفة		١١	الاهتمام بالتفاصيل	
١٢	البحث عن الجديد (سلعة / سوق)		١٢	صيغة التعامل مع الموضوعات	نمط
١٣	صيغة معالجة المشكلات	مدخلي	١٣	حجم البيانات والوقت	تفكير
١٤	المفاضلة بين حاجة الزبون - الانتاج	ريادي	١٤	سياق حل المشكلات	تجريدي
١٥	وسائل معالجة المشكلات	تخطيطي	١٥	ظروف القرار	تخطيطي
١٦	القلق من المشاكل المعقدة	(مبرمج)	١٦	كشف المفاجآت المستقبلية	
١٧	أسس الرؤية المستقبلية		١٧	النظر الى المشكلة	
١٨	تبعية الخطأ في القرار		١٨	كثافة الاجراءات	

جدول (٢-٣)

البحوث والدراسات الداعمة لبناء مقياس البحث ومتغيراته (أنماط التفكير)

ت	المتغير المبحوث	اسهام البحوث في بلورة المقياس
١	رصد الفرص	- مفاهيم (Liedtka , 1998 , PP. 120-129)
٢	أسبقية استثمار الفرص ◦	- مفاهيم ومقاييس (د. شوقي ناجي جواد، ١٩٩٥، ص ص ١٤٩-١٥٢) - مقاييس (Ansoff , 1994 , P. 31)
٣	الاسناد المعرفي لكشف السوق	- مقاييس (د. نعمة عباس خضير،١٩٩٧،ص ص ٩٠-٩٣) - مفاهيم (Mintzberg , 1990 , P. 105)
٤	قطعية الحلول	- مفاهيم (د. سلوى السامرائي،١٩٩٦،ص ص١٢٨- ١٣٠)
٥	سياق التغيير	- مفاهيم (د. عصام نجيب، ١٩٩٧، ص ص ٧٧-١٢٣) - مقاييس (د. نعمة عباس خضير،١٩٩٧، ص ص٩٠-٩٣)
٦	عنصر المرونة	- مفاهيم (Agor , 1994 , PP. 62-73) - مفاهيم (بيري سميث، ١٩٨٩، ص ١٢٢)
٧	المفاضلة بين النتائج والحلول	- مقاييس (Hamel & Prahalad , 1989 , PP. 63-76) - مفاهيم (Liedtka , 1998 , PP. 120-129)
٨	المفاضلة بين القيم والاهداف	- مؤشرات (Porter , 1987 , PP. 21-28)
٩	المفاضلة بين المؤشرات الكمية والمؤشرات النظرية	- مؤشرات (د. نعمة عباس خضير، ١٩٩٧، ص ص ٩٠-٩٣) - مفاهيم (Liedtka , 1998 , PP. 120-129)
١٠	التوجـه نحـو الـذات أو نحـو الاهداف	- مفاهيم (Jef , 1986 , PP. 72-76) - مؤشرات (د. عصام نجيب، ١٩٩٧، ص ص ٧٧-١٢٣)
١١	الاهتمام بالتفاصيل	- مقاييس (د. سلوى السامرائي، ١٩٩٦، ص ص٢٨-١٣٠) - مؤشرات (Porter , 1987 , PP. 21-28)
١٢	صيغة التعامل مع الموضوعات	- مفاهيم (Liedtka , 1998 , PP. 110-129) - مفاهيم (Ansoff , 1994 , P. 31)
١٣	حجم البيانات والوقت	- مؤشرات (Jef , 1986 , PP. 72-76)
١٤	سياق حل المشكلات	- مؤشرات (Jef , 1986 , PP. 72-76) - مفاهيم (Liedtka , 1998 , PP. 120-129)
١٥	ظروف القرار	- مفاهيم (Gerloff , 1985 , PP. 28-34)
١٦	كشف المفاجآت المستقبلية	- مفاهيم (Liedtka , 1998 , PP. 120-129)
١٧	النظر الى المشكلة	- مؤشرات (Jef , 1986 , PP. 72-76)
١٨	كثافة الاجراءات	- مقاييس (د. سلوى السامرائي،١٩٩٦،ص ص١٢٨-١٣٠) - مقاييس (د. نعمة عباس خضير، ١٩٩٧،ص ص٩٠-٩٣)

تابع جدول (٢-٣)

البحوث والدراسات الداعمة لبناء مقاييس البحث ومتغيراته (اتخاذ القرار)

ت	المتغير المبحوث	اسهام البحوث في بلورة المقياس
١	قيود القرار	- مفاهيم (Daft , 1996 , PP. 355)
٢	التنبؤ	- مؤشرات (Bell etal , 1990 , PP. 9-30)
٣	دينامية الاهداف	- مفهوم ومؤشرات (Stiener & Miner , 1977 , PP. 200-204)
٤	المشاركة في القرار	- مؤشرات (Quinn etal , 1988 , PP. 82-88)
٥	أدلة القرار	- مفاهيم ومؤشرات (Lyles & Thomas , 1988 , PP. 131-142)
٦	مصدر التصور	- مفاهيم (Hickson , 1987 , PP. 165-190)
٧	السابقة التاريخية	- مؤشرات (Noorderhaven , 1995 , P. 71)
٨	ثبات المنهج	- مفاهيم (كوين وياغي، ١٩٨٧، ص ١٦٨)
٩	عوامل بيئية	- مؤشرات ومفاهيم (Johnson & Scholes , 1993 , PP. 39-60) - مقاييس (Gerloff , 1985 , PP. 28-34)
١٠	أسس تقويم البدائل	- مفاهيم (Mintzberg , 1994 , PP. 107-114)
١١	قبول المجازفة	- مفاهيم ومؤشرات (د. شوقي ناجي جواد، ١٩٩٥، ص ص١٤٩-١٥٢)
١٢	البحث عن الجديد (سوق / سلعة)	- مؤشرات (د. شوقي ناجي جواد، ١٩٩٥، ص ص ١٤٩-١٥٢) - مقاييس (Miles & Snow , 1986 , P. 62)
١٣	صيغة معالجة المشكلات	- مفاهيم (Harvey , 1988 , PP. 48-50)
١٤	المفاضلة بين حاجة الزبون - الانتاج	- مؤشرات (Gerloff , 1985 , PP. 28-34)
١٥	وسائل معالجة المشكلات	- مؤشرات (د. شوقي ناجي جواد، ١٩٩٥، ص ص ١٤٩-١٥٢)
١٦	الميل نحو المشاكل المعقدة	- مؤشرات (Hickson , 1987 , PP. 165-190)
١٧	منطق الرؤية المستقبلية	- مفاهيم (Mintzberg , 1994 , PP. 107-114)
١٨	تبعية الخطأ في القرار	- مفاهيم (Miles & Snow , 1998 , P. 62) (د. شوقي ناجي جواد، ١٩٩٥، ص ص ١٤٩-١٥٢)

لقد صممت استمارة الاستبانة ملحق (١) كأداة لجمع البيانات في هدي المتغيرات المدرجة في الجدول (١-٣)، وقد صيغت العبارات الخاصة بكل بعد متضمنة مقاصد هذه المتغيرات في اطار المنظور الفكري للبحث وبما يكسبها مواصفات التطبيق . والجدير بالذكر أن صعوبة الحصول على مقياس جاهز يلبي احتياجات الباحث والبحث في عرض الموضوع وتحليله، فقد اضطررنا الى بناء مقياس شمل في مرحلته الاولى على (٩٦) متغيراً، تم عرضها على عينة مختارة من السادة الخبراء في المجالات التي يتعرض لها البحث الحالي والمشار اليهم في الملحق (٢)، إذ تم الاطلاع على تفاصيل ملاحظاتهم واقتراحاتهم في تطوير وتحوير فقرات المقياس . وبعد ذلك تم عرض المقياس على عينة مختارة من ميدان البحث ووجدنا اتساق تام مع ماذهبت اليه آراء عينة الخبرة الاكاديميين مما دفعنا الى دمج بعض المتغيرات ووضعها ضمن اطارها الحالي ليصبح عدد متغيرات المقياس (٣٦) متغيراً . رتبت هذه المتغيرات بصيغة تمنع ازدواج الموقف أو الرأي الذي يعبر عنه الميدان، مستفيدين من الاسلوب البلاغي في عرض العبارات الذي اصطلح عليه بـ "طباق المقابلة" . وهذا يعني وضع الجمل بصيغ متعاكسة على النحو الذي يعبر عن اختيار المدير في عينة البحث لأحد الفلسفات التي تعرض عليه عن طريق استمارة الاستبانة .

لقد تم اخضاع الاستمارة لاختبار الصدق النظري، إذ ساهم المحكمون المشار اليهم في الملحق (٢) في ابداء المشورة بخصوص تحقق شروط البناء الجيد للمقياس من حيث دقة الفقرات وملاءمتها لأهداف البحث وفرضياته، وأنها تعبر فعلاً عن الظاهرة المقاسة، وأن جميع الفقرات تنتمي الى أبعادها الحقيقية، مع توفر عناصر الوضوح والموضوعية والشمولية لمحتوى اتخاذ القرار الاستراتيجي وأنماط التفكير . وبذلك فإن صدق المحتوى (Content Validity) قد تحقق .

وبعد أن اجتازت استمارة الاستبانة مرحلة الصدق أخضعت لاختبار الثبات (Reliability) عن طريق اعادة الاختبار (Test - re - Test) إذ جرى تطبيق الاداة على عشرة مديرين من غير أفراد عينة البحث وكانت الفترة الزمنية التي تخللت

التوزيع بحدود أسـبوعين . واسـتخدم اسـلوب (بيرسـون) (Pearson Correlation) لحسـاب معامـل الثبات من خلال أسلوب الارتباط بين الدرجات التي حصل عليها أفراد العينـة في المـرة الاولى والمـرة الثانية باسلوب الاختبار واعادة الاختبار . وقد ظهر معامل الثبات بحـدود 86% وبمسـتوى معنويـة 0.05 ويعد هذا معامل ثبات جيد لأغراض البحث الحالي .

وحوت الاستمارة ثلاثة أبعاد رئيسة تضمنت معلومات عامة تخص الشركة والمدير ومتغيرات أنماط التفكير الاستراتيجي ومتغيرات اتخاذ القرار الاستراتيجي.

أستخدم أسلوب ليكرت الخماسي[1] لغـرض تحويـل نتـائج الاجابـات المستحصـلة عـلى أصـل الاستمارة، وجاء ذلك موافقاً لما يقابلهـا مـن صـيغة التـدريج المحـدد في الاسـتبانة ضـمن العبـارات اليمنى والعبارات اليسرى، وتراوحت خيارات الاستجابة بعـد اجـراء عمليـة التحويـل المقابلـة لهـا لأغراض تفريغ البيانات بخمسة خيارات . إذ يعد الخيار (أتفق بشدة) عن معنـى (دائمـاً) ويحصـل هذا الخيار على خمسة درجات ومعنى أتفق هو (غالباً) وله أربع درجات، وأتفق نوعاً ما (أحياناً)، ولهذا الخيار ثلاث درجات . كما أن خيار المستجيب مع العبارة اليسرى يعني أنـه (نـادراً مـا يتفـق مع العبارة اليمنى) ولهذا الخيار درجتان، وأن (الاتفاق بشدة) مـع العبـارة اليسرـى، يعنـي (نـادراً جداً ما يتفق مع العبارة اليمنى) ولهذا الخيار درجة واحدة .

إن نمط القياس المتدرج يعكس موقفاً سلوكياً يثير لـدى المـدير حالـة اسـتجابة واحـدة عـلى العبارة . وقد تم توزيع مدى مقياس البحث(*) الى مدى كـلي تـراوح بـين (١٨-٩٠) درجـة ومـديات جزئية توضح حدود الابعاد الفرعية وعددها

(1) Alreck P. and Settle R., "The Survey Research Handbook, (Richard Irwin, Homewood, 1985) .

(*) المديات موزعة على النحو الآتي :

١-٢ و ٢-٣ و ٣-٤ و ٤-٥ وتمثل بمجملها مساحة المقياس .

أربعة[1] (٥ - ١ = ٤) . إذ يمثل كل حد نمط تفكير يقابله مدخل قرار، إذ تمثل هذه المديات المواءمة النظرية المعبر عنها في البحث الحالي . ويتضح هذا التقسيم في الجدول (٣-٣) :

جدول (٣-٣)

مساحة المقياس وفقاً للعلاقة النظرية

بين أنماط التفكير الاستراتيجي واتخاذ القرار الاستراتيجي (من اعداد الباحث)

أنماط التفكير / مداخل اتخاذ القرار		تركيبي Thynthesis		تحليلي Analysis	
		شمولي	تجريدي	تخطيطي	تشخيصي
وصفي	حدسي	٧٢ - ٩٠			
Descriptive	ريادي (مشارك)		٥٤ - ٧١		
معياري	تراكمي			٣٦ - ٥٣	
Descriptive	هيكلي / رسمي				١٨ - ٣٥

وعند اجابة المبحوث على الفقرة اليسرى من استمارة الاستبانة بأنه يتفق بشدة حول كونه يواجه قيود بسيطة (كما هو في أصل الاستمارة) فهذا يعني بأنه نادر جداً ما يواجه قيوداً كثيرة . وهكذا بالنسبة للاجابة على الفقرات الاخرى .

خامساً : عينة البحث وحدوده :

غالباً ما يواجه الباحث مشكلة على قدر من الاهمية بخصوص تحديد عينة البحث . لاسيما وأن عينة البحث تعد وسطاً طبيعياً لاختبارات عديدة وبالذات اختبارات فروض البحث . كما تمثل عينة البحث موطناً تبرز فيه حركية المنهج الفكري للبحث .

(١) Alreck P. and Settle R. , Op. Cit.

وعلى هذا الاساس استعرضنا ميادين بحثية عديدة تتناسب ودواعي البحث في العلاقة بين اتخاذ القرار الاستراتيجي والمستلزمات المعرفية التي تمثل الرديف الاستراتيجي للتفكير الناقد في اطار بيئة قطر العراق . ووقع اختيارنا على عينة من الشركات المساهمة المسجلة في سوق بغداد للاوراق المالية المشار اليها في الجدول (٥-٣) . إذ أن حوارنا مع هذا الميدان كون قناعة بصدد ضرورة توفر خصوصية للتفكير في وضع خيارات استراتيجية من شأنها تحدد معالم الوضع التنافسي لهذه الشركات فضلاً عن تقرير موقعها الاقتصادي وما ينجم عنه من آثار مهمة على شروط الملكية وعوائد المديرين الاستراتيجيين فيها .

والجدير بالذكر، أن اختيارنا لعينة من القرارات الاستراتيجية جاء هو الآخر محدداً وموجهاً لمقاصد التفكير في اختيار البديل الناجح من قبل المدير الاستراتيجي. إذ حددت هذه العينة[1] وفقاً لمحاور القرارات الاستراتيجية عند (Ansoff, 1983) والتي جاءت هذه المحاور داعمة لحدود قياس الظاهرة، لاسيما وأن كلا القطاعين الخاص والمختلط يشتركان في عد هذه القرارات هي الشغل الشاغل لحوارهم سواءً كانوا أعضاء مجلس ادارة أو مديرون مفوضون أو مديرون استراتيجيون تنفيذيون، وتتمثل هذه القرارات بالآتي :

١- قرارات اختيار المزيج السلعي / الخدمي / السوق التي تساعد على تعظيم معدل العائد على الاستثمار

٢- قرارات تخصيص الموارد على استخداماتها البديلة أو الخاصة بالفرص المرتبطة بالسلعة أو الخدمة أو السوق .

٣- قرارات تنويع النشاط السلعي أو الخدمي .

٤- قرارات اختيار توقيت أزمنة البدء في التوسع الغير متكررة .

٥- القرارات الطارئة التي تتطلب سرعة تحديد الموقف .

---

(١) Ansoff H. I. , "Corporate Strategy" , (Harmonsworth , Penguin Book , 1983) , P. 126 .

إن هذه القرارات تتصف بكونها غير متكررة على الاغلب، وقد تم اقتطاعها كمحاور قرارية بحدودها من الكل الذي تنتمي اليه لأجل امكانية توجيه معالم التفكير بمتغيرات البحث المؤشرة في مقياسه وأنموذجه . علماً بأن تحريك هذه المتغيرات وتسكين متغيرات أخرى، قد جاء في ضوء اختبارات عديدة كما أشرنا الى ذلك فيما مضى. إذ أن الالمام بجميع عناصر ومتغيرات المشكلة البحثية تشكل صعوبة مألوفة لدى الباحثين لاسيما فيما يتعلق بعنصر السيطرة عليها وادخالها بانموذج واحد . وعلى هذا الاساس فقد حددت متغيرات البحث على أنها تمثل عناصر حرجة تؤثر في اختيارات المدير الاستراتيجي وأنماطه الفكرية فضلاً عن أنها تتمتع بدعم أدبيات ودراسات الادارة الاستراتيجية من كونها معالم مهمة في تأطير الظاهرة البحثية وتشكل جوهر العوامل المتوقع تأثيرها كما عرضت في أنموذج البحث .

إن البحث الحالي هو موقفي النزعة وظرفي المعالجة، ولذلك فإن حدوده الزمكانية تتحدد بعام ١٩٩٩ وهي أحد أعوام الحصار الاقتصادي الجائر، وفي حدود الشركات المساهمة العاملة في قطر العراق . ولهذه الحقبة خصوصية من شأنها تعزز اقامة التحليل والاستنتاج فيما إذا قورنت معطيات البحث مع البحوث والدراسات المشابهة في بيئات أخرى وبطريقة منصفة .

أما بخصوص المبحوثين، فقد تحددت العينة بالمديرين الاستراتيجيين العاملين في مجالس ادارة الشركات المبحوثة والمديرين المفوضين والمديرين الرئيسيين في مستوى الادارة الوظيفية والذين لهم دور أساسي في الاسهام بصياغة البنية المعلوماتية للقرارات الاستراتيجية للشركة وفي نفس الوقت لهم دور فاعل في ابداء الرأي والمشورة والمشاركة في بعض الاحيان بالقرار الاستراتيجي .

والجدير بالذكر أن مجتمع الدراسة تمثل بالشركات المسجلة في سوق بغداد للاوراق المالية . إذ يبلغ مجتمع الدراسة وفقاً لنشرة سوق بغداد للاوراق المالية الصادرة في ١٩٩٩/٧/١٢ (٩١) شركة، تتوزع بين شركات صناعية وزراعية

وخدمية(*). وقد اختيرت عينة البحث مكونة من (٢٠) شركة، وتمثل من مجتمع البحث نحو (٢٢%) وتعد هذه النسبة مقبولة لأغراض التحليل الاحصائي .

سادساً : أساليب التحليل الاحصائي :

نستهل التحليل الاحصائي بفحص البيانات المستحصلة من خلال الاستبانة ومن ثم تفريغها وفقاً لأسس التبويب والعرض الاحصائي . ولغرض الوقوف على ماهية المتغيرات البحثية في اطارها الميداني، فإن البحث يعتمد على التحليل الوصفي والاستنتاجي بقصد وصف وعرض ومناقشة معطيات البحث كمنطلق لاختبارات سريان الفروض البحثية . وتتضمن الاساليب الاحصائية ما يأتي:

١- النسب المئوية، التكرارات، المتوسطات الحسابية والانحرافات المعيارية، واستخدمت لغرض وصف متغيرات البحث .

٢- اختبار (ت) لعينتين : ويعد هذا أحد المقاييس المعلمية، الذي أستخدم لاختبار معنوية الفرق بين عينتي البحث المتماثلتان بالقطاع الخاص والقطاع المختلط. ويكشف لنا هذا المقياس فيما إذا كان هناك فروق معنوية في التحليل العمودي والتحليل الافقي لعينة البحث .

٣- معامل الارتباط البسيط (بيرسون) : أستخدم لغرض التعرف على طبيعة العلاقة بين متغيرات البحث .

٤- الانحدار البسيط والمتعدد : أستخدم لغرض التعرف على معنوية التأثير بين المتغيرات المستقلة والمتغيرات المعتمدة في أنموذج البحث .

لقد أستخدمت هذه الاساليب ونفذت من خلال البرامجيات الجاهزة المتوفرة في وحدة الحاسبات لكلية الادارة والاقتصاد - جامعة الموصل . وقد ساعدت هذه الاساليب في تحليل بيانات البحث واختبار فرضياته وفقاً لما هو معروض في الجدول (٤-٣) :

(*) تم استبعاد الشركات المصرفية وعددها (٧) شركات لعدم تضمينها في عينة البحث الحالي .

جدول (٤-٣)

الأساليب الاحصائية موزعة على استخداماتها في متغيرات وفرضيات البحث

الادوات الاحصائية	البرامجية الجاهزة	الغرض من الاستخدام
- النسب المئوية، التكرارات، المتوسطات الحسابية، الانحرافات المعيارية ...	SPSS – W MTB - W	وصف عام لمتغيرات البحث
- اختبار (ت) لعينتين	SPSS - W	اختبار الفرضيات الاولى والثانية والثالثة
- الارتباط البسيط	SPSS - W MTB - W	اختبار الفرضية الرابعة
- الانحدار البسيط والمتعدد	SPSS - W MTB - W	اختبار الفرضية الرابعة

المبحث الثالث

وصف عينة البحث

ذكرنا في محور حدود البحث وعينته اشارات عامة حول عينة البحث ومسوغات اختيارها دون الدخول في تفصيلاتها . ولغرض استيفاء الخصائص المميزة لهذه العينة سوف نعرض أهم ما يميزها من خصائص لأغراض البحث وعلى النحو الآتي :

١- وصف خصائص الشركات المساهمة الخاصة والمختلطة :

اتخذ البحث الشركات المساهمة بنوعيها الخاصة والمختلطة ميداناً للبحث والتحليل . إذ أن منطلقنا في ذلك يقوم على أن تنوع البنى المؤسساتية يعد ضرورة إنمائية تتوزع أدوارها وفقاً لمتطلبات تنفيذ الاهداف الاستراتيجية وطبيعتها الاقتصادية والاجتماعية وغيرها . وفي هذا الاطار فإن نجاح هذه الشركات يقترن بكفائتها الادارية وتنوع منطلقاتها المعرفية ومايتبثق عنها من مواقف قرارية هادفة. إن الحاجة الى تنوع الملكية للشركات إنما جاءت لضرورات الواقع سواءاً في الدول المتقدمة أو في الدول السائرة في ركاب التقدم . وعليه ظهرت أشكالاً تنظيمية متعددة ووفقاً لصيغ ملكية مختلفة وانتهت الى بزوغ ثلاثة صيغ مألوفة عالمياً تحت مسميات : القطاع العام والقطاع المختلط والقطاع الخاص .

وفي معرض الحديث عن ظهور القطاع المختلط والقطاع الخاص، فإنها تجمع في ثناياها مزايا تستكمل أصل مزايا القطاع العام مع خصائص مضافة متمثلة بالمرونة الادارية واستقلالية التفكير وحرية اتخاذ القرار لما يحقق لها صيغاً بديلة لتعبئة ممكنات الواقع وبلوغ وضع تنافسي-جديد . فالقطاع المختلط يجمع بين مزايا القطاع العام ومزايا القطاع الخاص . إذ حظي هذا القطاع بدعم الدولة في انشائه ودفعه نحو الاسهام مع القطاع الخاص في مشروعات محددة .

ومن أبرز دواعي الدعم كان لتطوير كفاءة الصناعة الوطنية في باديء الامر وشهدت هذه الظاهرة اتساعاً مضطرداً منذ الخمسينات من هذا القرن[1]، ومنذئذ ارتفعت نسبة اسهام الدولة في رأسمال هذه الشركات الى أكثر من ٥١% . وأتاح ذلك للدولة أن تحدد أهدافها ورسم سياقات عملها .

أما بخصوص القطاع الخاص، فإنه نظام يقوم على الملكية الخاصة وترتبط أهدافه على الاغلب بتحقيق المصلحة الخاصة ويدار من قبل هيئة ادارية خاصة . وحظي هذا القطاع كذلك برعاية مماثلة واتاحة فرص اسهامه في مشاريع تنموية مختلفة .

وعند الحديث عن الصيغ التي ظهرت بها الشركات المساهمة في القطاعين الخاص والمختلط، فهي بالاساس نشأت لغرض تنظيم الاستثمارات وحماية المستثمر من المخاطر المنتظمة أو غير المنتظمة التي تجابه المستثمر فضلاً عن اتاحة الفرص المختلفة لتحقيق الربح . وتعد هذه الميزة فيما إذا سارت ضمن هذه المعالم من المزايا التي تدعم امكانيات الاقتصادات المختلفة ومنها الاقتصادات النامية على وجه الخصوص .

والجدير بالذكر أن القطاعين الخاص والمختلط في كثير من الدول يعانيان من اهمال كبير، ولاسيما أنها تفتقر الى صيغ ادارية وتنظيمية مدروسة وتفصيلية[2] فضلاً عن أنها تعاني على الاغلب من تدهور في الرؤية والسلوك المنظمين لهذين القطاعين المهمين . وفي حالة استبعاده عن ميدان البحث والدراسة والتحليل قد يجعل هذين القطاعين عرضة للتراجع في ممارسة الدور الفاعل نحو الاسهام بالتنمية الشاملة .

---

(١) عباس شعبان الزامل، "القطاع الصناعي المختلط وأهميته في الاقتصاد العراقي"، رسالة دكتوراه غير منشورة، جامعة القاهرة، جمهورية مصر العربية، ١٩٨١، ص ١٥٤ .

(٢) نفس المصدر، ص ١٦٦ .

وفي هذا السياق فإن عينة البحث الحالي ستنال منا قدراً من الجهد البحثي، ونوضح في الجدول (٥-٣) أهم خصائص الشركات المساهمة التي أختيرت كعينة للبحث :

جدول (٥-٣)

جدول يوضح الشركات المساهمة الخاصة والمختلطة

والمدرجة في سوق بغداد للأوراق المالية كما هي واردة بعناوينها ضمن نشرة السوق الصادرة في ١٢ / ٧ / ١٩٩٩

ت	الخصائص / أسم الشركة	الملكية	سنة التأسيس	نوع النشاط	الموقع
	الهلال الصناعية	مختلط	١٩٧٣	صناعي	بغداد
	الاصباغ الحديثة	مختلط	١٩٧١	صناعي	بغداد
	الصناعات الغذائية	مختلط	١٩٧٤	صناعي	بغداد
	بغداد غازية	مختلط	١٩٦٣	صناعي	بغداد
	الصناعات الخفيفة	مختلط	١٩٧٤	صناعي	بغداد
	صناعة الكارتون	مختلط	١٩٨٢	صناعي	بغداد
	الخازر الانشائية	مختلط	١٩٨٩	صناعي	نينوى
	الاثاث المنزلي	مختلط	١٩٨٦	صناعي	نينوى
	فندق آشور	مختلط	١٩٨٩	خدمي	نينوى
	فندق السدير	مختلط	١٩٨٧	خدمي	نينوى
	ألعاب الموصل	مختلط	١٩٩٢	خدمي	نينوى
	المدينة السياحية - الموصل	مختلط	١٩٩٠	خدمي	نينوى
	الشمال الزراعية	خاص	١٩٩٢	زراعي - حيواني	نينوى
	المبروكة الزراعية	خاص	١٩٩٤	زراعي - حيواني	نينوى
	كربلاء للصناعة	خاص	١٩٧٣	صناعي	بغداد
	نينوى للصناعات الغذائية	خاص	١٩٨٧	صناعي	نينوى
	الخياطة الحديثة	خاص	١٩٨٩	صناعي	بغداد
	السجاد والمفروشات	خاص	١٩٨٩	صناعي	بغداد
	بغداد لمواد التغليف	خاص	١٩٨٢	صناعي	بغداد
	التعبئة والتعليب مشن	خاص	١٩٧٠	صناعي	بغداد

٢- وصف طبيعة الموقع الاداري للمديرين في القطاعين المبحوثين :

وزعت استمارة الاستبانة على المـديرين الاستراتيجيين في الشـركات المبحوثة. وكـان أملنا أن نغطي جميع المديرين ولمختلف المستويات . ولكن كما هو الحـال في أغلب البحـوث التطبيقيـة لم تتح لنا فرصة التغطية الشاملة لأسباب عديدة، كانت في مقدمتها عزوف البعض عن الاجابة وتـدني الوعي البحثي عند الآخرين . ومن خلال المستحصل من الاجابات، نعرض في الجدول (٣-٦) طبيعـة الموقع الاداري لعينة البحث :

جدول (٣-٦)

توزيع عينة البحث حسب الموقع الاداري وطبيعة القطاع

مجموع كلي		خاص		مختلط		نوع القطاع
%	عدد	%	عدد	%	عدد	الموقع الاداري
٤٨.١٩	٤٠	٢٢.٨٩	١٩	٢٥.٣٠	٢١	ادارة عليا
٥١.٨١	٤٣	١٩.٢٨	١٦	٣٢.٥٣	٢٧	ادارة وظيفية
١٠٠	٨٣	٤٢.١٧	٣٥	٥٧.٨٣	٤٨	المجموع

تضمنت عينة البحث المديرين المعنيين بعملية اتخاذ القرارات الاستراتيجية ممثلين بالادارة العليا (القمة الاستراتيجية Strategic Apex) حيث انضوى تحت هذا التصنيف كل من يعمل عضواً في مجالس ادارة الشركات المبحوثة وكذلك المـديرون المفوضـون . وكذلك تضمنت العينـة مسـتوى الادارة الوسطى (Middle Line) ممثلة بالمدير الوظيفي (Functional Manager) الذين يتولـون ادارة الانشطة الرئيسة في الشركة . وقد بلغ عدد المديرين في الادارة العليا نحو (٤٠) في القطاعين الخـاص والمختلط وكذلك (٤٣) في الادارة الوظيفية لكلا القطاعين . إذ تخضع هـذه العينـة لكلا المسـتويين لفروض اختبارات العينة الكبيرة، وعلى الرغم من أن واقع القيـاس السـلوكي يتسـم بقدر عـال مـن الاستجابات الافتراضية التي تحـاط بنـوع مـن الميـول والاتجاهـات السـريعة التغير، كـان أغلـب المستجيبين لأغراض هـذا التحليل قد توفرت لديهم الرغبة الى حد ما في ملء الاستبانة،

وفي هذا الاطار نعرض عدداً من الخصائص المميزة لعينة البحث وعلى النحو الآتي :

أ- توزيع عينة البحث حسب الجنس :

يغلب على عينة البحث سيادة عنصر الذكور على ادارة الشركات المبحوثة . إذ مثلت نسبتهم نحو ٩٩% في حين كانت نسبة الاناث لاتتجاوز نسبة ١%، وكما يوضح ذلك الجدول (٧-٣) :

جدول (٧-٣)

عينة البحث موزعة حسب الجنس

الجنس	مختلط		خاص		مجموع كلي	
	عدد	%	عدد	%	عدد	%
ذكر	٤٨	٥٧.٨٣	٣٤	٤٠.٩٧	٨٢	٩٨.٨٠
أنثى	-	-	١	١.٢٠	١	١.٢٠
المجموع	٤٨	٥٧.٨٣	٣٥	٤٢.١٧	٨٣	١٠٠

ب- توزيع عينة البحث حسب الفئات العمرية :

وزعت الفئات العمرية لعينة البحث الى خمسة فئات . وفي معرض أهمية هذه الفئات لأغراض البحث الحالي فإن ارتفاع نسب الفئات العمرية المتقدمة قد يخدم في دراسة المعطيات البحثية وبالذات في هذا البحث . إذ أن ثمة علاقة نظرية تربط بين هيمنة النضج الفكري واستيعاب حركية القرار الاستراتيجي فيما إذا توفرت الى جنب ذلك مستلزمات هذا النضج عند المديرين، ويعرض الجدول (٨-٣) توزيع عينة البحث ضمن هذا المحور :

جدول (٨-٣)

توزيع عينة البحث حسب الفئات العمرية

الفئات العمرية	مختلط		خاص		اجمالي	
	عدد	%	عدد	%	عدد	%
٣٥ - فأقل	١	١.٢٠	٦	٧.٢٣	٧	٨.٤٣
٣٦ - ٤٠	٧	٨.٤٣	٣	٣.٦١	١٠	١٢.٠٥
٤١ - ٥٠	٢٠	٢٤.١٠	٤	٤.٨٢	٢٤	٢٨.٩٢
٥١ - ٦٠	١٥	١٨.٠٧	١٥	١٨.٠٧	٣٠	٣٦.١٤
٦٠ - فأكثر	٥	٦.٠٢	٧	٨.٤٣	١٢	١٤.٤٦
المجموع	٤٨	٥٧.٨٣	٣٥	٤٢.١٧	٨٣	١٠٠

يتضح من الجدول (٨-٣) أن عينة البحث تتمتع بفئات عمرية تجاوزت الاربعين عاماً وبحدود ٨٠%، وتضمنت هذه النسبة نحو ٥١% منهم أكبر من خمسين عاماً، وتعد هذه النسب مهمة في محاكاة استجابتهم على الاستبانة .

ج- توزيع عينة البحث حسب التحصيل العلمي :

يعد التحصيل العلمي أحد ركائز البناء المعرفي للمدير، إذ أن المزاوجة بين تقدم الفئات العمرية والدعم المعرفي المستند الى مرجعية علمية من شأنه يعزز امكانية المدير في تطوير معالم التفكير الاستراتيجي وقراراته الاستراتيجية . ومن خلال الجدول (٩-٣) يتضح بأن أكثر من نصف العينة تمتلك مؤهلات جامعية . وعلى الرغم من أن هذه النسبة لاتقع ضمن الطموح البحثي، ولكنها تعد مؤشراً مناسباً إذا ماأضيفت اليه شهادة الدبلوم لتصبح النسبة نحو ٨١% .

جدول (٩-٣)

توزيع عينة البحث حسب التحصيل العلمي

اجمالي		خاص		مختلط		التحصيل العلمي
%	عدد	%	عدد	%	عدد	
٢.٤١	٢	٢.٤١	٢	-	-	ابتدائية
١٦.٨٦	١٤	١٠.٨٤	٩	٦.٠٢	٥	اعدادية
٢٢.٨٩	١٩	٣.٦١	٣	١٩.٢٨	١٦	دبلوم
٥٣.٠٣	٤٤	٢٤.١١	٢٠	٢٨.٩٢	٢٤	بكالوريوس
٤.٨١	٤	١.٢٠	١	٣.٦١	٣	ماجستير
١٠٠	٨٣	٤٢.١٧	٣٥	٥٧.٨٣	٤٨	المجموع

د- توزيع عينة البحث حسب سنوات الخدمة الاجمالية :

يظهر الجدول (١٠-٣) سنوات الخدمة التي أمضاها المديرون في الموقع الوظيفي . وتمثل الخدمة الطويلة أهمية في توثيق استجابات المبحوثين، إذ أن ممارسة الادوار القرارية هي مسألة تراكمية تضيف خبرة تدعم التحصيل العلمي للمدير . ويتضح أن معظم المديرين هم ممـن لـديهم خدمة طويلة أكثر من (١٦ عام)، وبلغت نسبتهم في العينـة نحـو ٨٠%، كمـا أن نحـو ٤٠% مـنهم لديهم خدمة أكثر من (٢٦ عام) .

جدول (١٠-٣)

توزيع عينة البحث حسب سنوات الخدمة الاجمالية

اجمالي		خاص		مختلط		الخدمة الاجمالية
%	عدد	%	عدد	%	عدد	بالسنوات
١٥.٦٦	١٣	٨.٤٣	٧	٧.٢٣	٦	١٠ - فأقل
٤.٨٢	٤	٢.٤١	٢	٢.٤١	٢	١٥ - ١١
٢٦.٥١	٢٢	٧.٢٣	٦	١٩.٢٨	١٦	٢٠ - ١٦
١٣.٢٥	١١	٧.٢٣	٦	٦.٠٢	٥	٢٥ - ٢١
١٥.٦٦	١٣	٦.٠٢	٥	٩.٦٤	٨	٣٠ - ٢٦
٣.٦٢	٣	١.٢١	١	٢.٤١	٢	٣٥ - ٣١
٢٠.٤٨	١٧	٩.٦٤	٨	١٠.٨٤	٩	٣٥ - فأكثر
١٠٠	٨٣	٤٢.١٧	٣٥	٥٧.٨٣	٤٨	المجموع

هـ - توزيع عينة البحث حسب مدة الخدمة في الموقع الاداري الحالي :

تؤشر لنا الخدمة في الموقع الحالي احدى السمات المهمة في اتخاذ القرار الاستراتيجي . إذ أن عنصر الاستقرار يعد ركناً ركيناً لاختبار المنظومات الفكرية عـلى أرض الواقع في العمـل الاداري . لاسيما وأن القرارات الاستراتيجية قد تؤتي نتائجها على مدى زمني ربما بعيد في أغلب الاحيـان . وفي هذا السياق فإن غالبية عينة البحث هـم مـن الـذين أمضوا مـدة طويلـة في موقع اتخـاذ القرار الاستراتيجي، وتشير نتائج الجدول (٣-١١) الى أن أكثر من ٥٣% من عينة البحث قد أمضوا أكثر من خمسة أعوام في موقعهم الحالي، وهذه الحقبة مناسبة لمتابعة أغلـب القرارات الاسـتراتيجية التـي أتخذت ومن ثم تقويمها :

جدول (٣-١١)

توزيع عينة البحث حسب مدة الخدمة في الموقع الاداري الحالي

اجمالي		خاص		مختلط		سنوات الخدمة في
%	عدد	%	عدد	%	عدد	الموقع الاداري الحالي
٤٦.٩٩	٣٩	١٨.٠٧	١٥	٢٨.٩٢	٢٤	٥ سنوات - فأقل
٢٨.٩١	٢٤	١٤.٤٦	١٢	١٤.٤٥	١٢	٦ - ١٠
١٤.٤٦	١٢	٧.٢٣	٦	٧.٢٣	٦	١١ - ١٥
٩.٦٤	٨	٢.٤١	٢	٧.٢٣	٦	أكثر من ١٥ سنة
١٠٠	٨٣	٤٢.١٧	٣٥	٥٧.٨٣	٤٨	المجموع

و- توزيع عينة البحث حسب مشاركة المديرين في الدورات الخاصة باتخاذ القرارات الاستراتيجية :

تستمد قدرة المدير على اتخاذ القرارات الاستراتيجية من مـدخلاتها المعرفيـة التـي تسـهم في صيرورتها عناصر عديدة. إذ أن عنصر الخبرة والتحصيل العلمي والخدمـة الطويلـة في العمـل تعـد عوامل مهمة لذلك، إلا أن تنشيط (Activation) هذه العوامل يأتي من عنصر داعم لها جميعاً وهو عنصر التدريب . ويغلب على برامج التدريب من الناحية النظرية أنها تنقل كـل مـاهو جديـد في المجالات المعدة

لأجلها . وفي هذا السياق فإن الجديد في تقنيات اتخاذ القرارات الاستراتيجية ومعالجة منظومات القرار وبياناته أصبح مستلزماً مهماً في تعزيز قدرة متخذ القرار . ومن خلال معطيات الجدول (١٢-٣) يتضح أن عينة البحث لا يتوفر فيها هذه الخاصية مما ينعكس سلباً على استكمال العينة الخصائص المرجوة، حيث يشير الجدول الى أن نحو ٥٥% لم يشتركوا على الاطلاق في دورة لاتخاذ القرار الاستراتيجي، كما أن بقية العينة تعد نسبة مشاركتها ضعيفة قياساً لاجمالي الخدمة والخدمة في الموقع الحالي لاتخاذ القرار التي أمضوها في الشركات المبحوثة .

جدول (١٢-٣)

توزيع عينة البحث حسب مشاركة المديرين في دورات اتخاذ القرار الاستراتيجي

دورات	مختلط		خاص		اجمالي	
اتخاذ القرار الاستراتيجي	عدد	%	عدد	%	عدد	%
بدون دورة	٢٢	٢٦.٥١	٢٤	٢٨.٩٢	٤٦	٥٥.٤٣
١ - ٣ دورة	٢٢	٢٦.٥١	١١	١٣.٢٥	٣٣	٣٩.٧٦
٤ - ٥ دورات	٤	٤.٨١	-	-	٤	٤.٨١
المجموع	**٤٨**	**٥٧.٨٣**	**٣٥**	**٤٢.١٧**	**٨٣**	**١٠٠**

ز- توزيع عينة البحث حسب مشاركة المبحوثين في دورات الحاسوب ومعالجة البيانات :

يضيف الموقع المتقدم في المسؤولية مستلزمات غير تقليدية في ممارسة الادوار القيادية وبالذات على مستوى اتخاذ القرار الاستراتيجي ودفعه للتنفيذ . ولم تعد التقنيات التقليدية في معالجة البيانات والتي تركز على الاغلب على الكادر الساند (Support Staff) كأساس لرفد مركز القرار بما متاح من معلومات في أرض الواقع . ولذلك فإن معالجة البيانات خارج اطارها التقليدي يفرض على الموقع الاداري (القيادي) الالمام المناسب بتقنيات معالجة البيانات ومن أهمها الحاسوب . ومن خلال البيانات الواردة في الجدول (١٣-٣) يتضح بأن هذه الخاصية هي الاخرى غير متيسرة في عينة البحث إذ بلغ عدد المديرين الذين لم يشتركوا على الاطلاق

في أية دورة للحاسوب نحو ٥٩% وكذلك فإن النسبة المتبقية تعد ضئيلة فيما إذا قورنت مع مدة الخدمة الاجمالية للمديرين .

جدول (١٣-٣)

توزيع عينة البحث حسب المشاركة في دورات الحاسوب

دورات الحاسوب	مختلط		خاص		اجمالي	
	عدد	%	عدد	%	عدد	%
بدون دورة	٢٦	٣١.٣٢	٢٣	٢٧.٧١	٤٩	٥٩.٠٣
١ – ٣ دورة	٢٢	٢٦.٥١	١٢	١٤.٤٦	٣٤	٤٠.٩٧
المجموع	**٤٨**	**٥٧.٨٣**	**٣٥**	**٤٢.١٧**	**٨٣**	**١٠٠**

ومن خلال وصف عينة البحث، يتضح بأنها تتمتع بخصائص مهمة عكست سمات الخدمة الطويلة والاستقرار النسبي في الموقع الحالي وغلبة التحصيل العلمي والمعرفي فضلاً عن النضج العمري ومايترتب عليه من استيعاب مناسب لعملية القرار الاستراتيجي . أما بخصوص قصور مشاركة عينة البحث في دورات تدريبية خاصة بالقرارات وكذلك التدريب على استخدام الحاسوب وتقنيات المعلومات، قد لايقلل من أهمية اسهام المبحوثين في طرح مواقف وآراء مناسبة لأغراض التحليل في البحث الحالي . وبالاخص في البيئات التي مازالت في طريقها الى النهوض بواقع الادارات نحو الافضل، التي تقف أمامها اعتبارات عديدة لا تدخل في اطار معالجتنا البحثية الحالية.

* * *

الفصل الرابع

عرض وتحليل واختبار

العلاقات البحثية وأنموذجها

تـمــهيـد :

تبدو العلاقات البحثية في اطارها النظري واضحة المعـالم في مقـدماتها ومراميهـا، في حـين لا تبدو كذلك على أرض الواقع . إذ يتناول هذا الفصل تحليلاً لهذه العلاقات من خلال المستحصل من آراء ومواقف المبحوثين واسـتجاباتهم للمثيرات الـواردة في الاستبانة، وفي هـذا الاطـار فـإن مهمـة الفصل تتوزع على النحو الآتي :

المبحث الاول : الوصف العام لمتغيرات البحث .

المبحث الثاني : تشخيص اتجاهات المبحوثين حيال متغيرات البحث .

المبحث الثالث: التحقق من معنوية العلاقة والتأثير المتوقعة بين أنماط التفكـير الاسـتراتيجي واختيار مداخل اتخاذ القرار في القطاعين المختلط والخاص

المبحث الاول

عرض وتحليل متغيرات البحث

يستهدف العرض الاولي للمتغيرات البحثية جانباً مهماً في اعطاء تصور شامل عن طبيعة المتغيرات من وجهة نظر عينة البحث، ويساهم الاحصاء الوصفي في تحليل بنية هذه المتغيرات وصولاً الى مؤشرات أولية تدفع البحث نحو اعداد قاعدة تفصيلية تحاكي الجانب النظري من جهة، وتترك نهايات الاستنتاج الاحصائي لمراحل الاختبار والتحقق . وفي هذا الصدد فإن المبحث الحالي يتناول المحاور الآتية :

أولاً : الوصف العام لمتغيرات البحث :

يتناول هذا المحور تطوير اجابات حول الاثارات البحثية التي تستهدف التعرف على توزيع عينة المبحوثين على أنماط التفكير وفقاً لتصنيفاتها في أنموذج البحث. فضلاً عن التعرف على توزيع عينة المبحوثين على مداخل اتخاذ القرارت. ويكون ذلك على أساس نتائج تحليل اجاباتهم على أسئلة الاستبانة ، وقد تم التوصل الى صيغة للتصنيف على أساس درجات الاجابة وفقاً لمقياس ليكرت الخماسي من جهة ومدى الاجابة على مساحة المقياس من جهة أخرى. وقد أخذت طبيعة التصنيف السياق الآتي :

١- تصنيف عينة المبحوثين في القطاعين المختلط والخاص على أساس أنماط التفكير:

حددت أنماط التفكير في أنموذج البحث ابتداءً على أساس ثنائي يتمثل في نمط التفكير التركيبي ونمط التفكير التحليلي كما قسم نمط التفكير التركيبي الى نمطين فرعيين هما نمط التفكير التجريدي ونمط التفكير الشمولي، في حين قسم نمط التفكير التحليلي الى نمطين فرعيين هما نمط التفكير التشخيصي ونمط التفكير

التخطيطي. وحددت مديات لهذه الانماط من خلال الصيغة التي عرضت في منهجية البحث وعلى النحو الآتي :

- يتحدد نمط التفكير التركيبي بمدى يقع بين ٩٠ درجة و ٥٤ درجة، ويشمل داخل حدوده نمط التفكير الشمولي بين ٩٠ درجة و ٧٢ درجة، وكذلك نمط التفكير التجريدي بين ٧١ درجة و ٥٤ درجة .

- ويتحدد نمط التفكير التحليلي ضمن مدى يقع بين ٥٣ درجة و ١٨ درجة، ويحتوي في داخله نمطي تفكير هما نمط التفكير التخطيطي ويقع بين ٥٣ درجة و٣٦ درجة وكذلك نمط التفكير التشخيصي ويقع بين ٣٥ درجة و ١٨ درجة .

وقد توزعت عينة المبحوثين في القطاعين على هذا الاساس كما هو موضح في الجدول (١٤-٤) والجدول (١٥-٤). ويشير الجدول (١٤-٤) الى أن هناك تنوع في تفكير الادارة العليا للقطاعين الخاص والمختلط، عدا غياب التفكير الشمولي عند الادارة العليا في القطاع المختلط . ويظهر الجدول ذاته على أن الادارة العليا في القطاع المختلط يغلب عليها اعتماد النمط التحليلي أكثر من النمط التركيبي، في حين هناك توازناً في اعتماد الادارة العليا للقطاع الخاص في استخدام النمط التحليلي والنمط التركيبي .

إن ميل الادارة العليا في كلا القطاعين ينبغي أن يتجه نحو النمط التركيبي بشكل أكبر، ويعد ذلك في سياق الطرح الفلسفي هو الطريق الى تعبئة الجهود الفكرية لبلوغ أفضل تفسير للمستقبل وماينبثق عن ذلك من قرارات مستقبلية .

كما يشير الجدول (١٥-٤) الى أن هناك تنوع مهم في أنماط التفكير الاستراتيجي لدى الادارة الوظيفية في القطاعين الخاص والمختلط . ويغلب على أنماط التفكير في القطاع المختلط اعتماد النمط التحليلي في التفكير بشكل أكبر من النمط التركيبي، ويعد ذلك مؤشراً مهماً في مسار التفكير للادارة في سياق الطرح النظري ولايظهر هذا الميل بنفس السياق في القطاع الخاص . إذ أن التفكير التركيبي يظهر موازياً للتفكير التحليلي في القطاع الخاص .

جدول (٤-١٤)

أنماط التفكير الاستراتيجي للادارة العليا في القطاعين الخاص والمختلط

ن = ٤٠

اجمالي		خاص		مختلط		القطاع	
%	عدد	%	عدد	%	عدد	أنماط التفكير	
٥	٢	٥	٢	-	-	شمولي ٧٢-٩٠	تركيبي ٥٤-٩٠
٣٥	١٤	٢٠	٨	١٥	٦	تجريدي ٥٤-٧١	
٤٧.٥	١٩	٢٢.٥	٩	٢٥	١٠	تخطيطي ٣١-٥٣	تحليلي ١٨-٥٣
١٢.٥	٥	-	-	١٢.٥	٥	تشخيصي ١٨-٣٥	
١٠٠	٤٠	٤٧.٥	١٩	٥٢.٥	٢١	المجموع	

جدول (٤-١٥)

أنماط التفكير الاستراتيجي للادارة الوظيفية في القطاعين الخاص والمختلط

ن = ٤٣

اجمالي		خاص		مختلط		القطاع	
%	عدد	%	عدد	%	عدد	أنماط التفكير	
٩.٣١	٤	٦.٩٨	٣	٢.٣٣	١	شمولي ٧٢-٩٠	تركيبي ٥٤-٩٠
٣٠.٢٣	١٣	١١.٦٣	٥	١٨.٦٠	٨	تجريدي ٥٤-٧١	
٣٩.٥٣	١٧	٩.٣٠	٤	٣٠.٢٣	١٣	تخطيطي ٣١-٥٣	تحليلي ١٨-٥٣
٢٠.٩٣	٩	٩.٣٠	٤	١١.٦٣	٥	تشخيصي ١٨-٣٥	
١٠٠	٤٣	٣٧.٢١	١٦	٦٢.٧٩	٢٧	المجموع	

٢- تصنيف عينة المبحوثين في القطاعين الخاص والمختلط على أساس اتخاذ القرارات :

حددت مداخل اتخاذ القرار في أنموذج البحث ابتداءً على أساس ثنائي يتناغم مع ما هو عليه من تصنيف لأنماط التفكير إذ تتمثل بمدخل وصفي لاتخاذ القرار ومدخل معياري لاتخاذ القرار . وقد قسم كل مدخل للقرار الى مدخلين فرعيين، إذ حوى المدخل الوصفي مدخلي الحدس والمشارك (الريادي)، في حين حوى المدخل

المعياري مدخلي اتخاذ القرار على أساس عقلاني وآخر على أساس تراكمي . وقد حددت الدرجات التي حصل عليها كل مستجيب على نفس السياق الوارد في أنماط التفكير، وعلى النحو الآتي :

- يتحدد مدخل اتخاذ القرار الوصفي ضمن مدى يقع بين ٩٠ درجة و ٥٤ درجة. ويشمل داخل حدوده مدخل الحدس بين ٩٠ درجة و ٧٢ درجة وكذلك المدخل الريادي بين ٧١ درجة و ٥٤ درجة .

- ويتحدد مدخل اتخاذ القرار المعياري على أساس حصول المستجيب على درجة تقع ضمن مدى يتحدد بين ٥٣ درجة و ١٨ درجة . ويتضمن هنا مدخلين فرعيين يتحددان ضمن مديات هي ٥٣ درجة وحتى ٣٦ درجة للمدخل العقلاني (الرسمي) وكذلك مدى محدد بـ ٣٥ درجة و ١٨ درجة للمدخل التراكمي .

وقد توزعت عينة البحث في القطاعين على هذا الاساس كما هو موضح في الجدول (١٦-٤) والجدول (١٧-٤). وتشير معطيات الجدول (١٦-٤) الى أن هناك تنوع في اعتماد مداخل اتخاذ القرار الاستراتيجي. وفي السياق النظري يتضح ميل الادارة العليا نحو تبني مداخل اتخاذ القرار الاستراتيجي بالاتجاه الوصفي ويعد ذلك مهماً في مسار القرارات الاستراتيجية، ومن خلال المعطيات المشار اليها في الجدول (١٦-٤) يتضح أن هذا الامر كان لصالح القطاع الخاص لحد ما .

أما بخصوص الادارة الوظيفية فإن الجدول (١٧-٤) يشير الى وجود تنوع في استخدام مدخل اتخاذ القرار، إلا أن هذا التنوع لم يكن بالاتجاه الذي ينسجم مع الطرح النظري . حيث تتجه الادارة الوظيفية في القطاع المختلط بشكل كبير نحو المدخل الوصفي أكثر منه نحو المدخل المعياري. وفي نفس السياق فإن الادارة الوظيفية في القطاع الخاص هي الاخرى قد نحت نحو الاتجاه ذاته. وإن كان الامر هكذا فإن ظاهرة تبادل الادوار في اعتماد مداخل القرار تبدو واضحة هنا. ومما لا يقبل الشك أن المستوى الوظيفي في الهرم الاداري ينبغي أن يسعى نحو تنفيذ القرارات أو صياغتها على أساس من الحقائق والدلائل الواضحة . وتترك عمليات

القرارات الحدسية أو الريادية للادارة العليا كأدوار قرارية قررتها أدبيـات الادارة الاستراتيجية عـن بحث ومسلمات لا تقبل الشك. وهذا ما سيتم توضيح سياقاته في عرض محـور تشخيص متغيـرات البحث على وفق الآراء التفصيلية لعينة البحث .

جدول (٤-١٦)

مداخل اتخاذ القرار الاستراتيجي للادارة العليا في القطاعين الخاص والمختلط

ن = ٤٠

اجمالي		خاص		مختلط		القطاع	
%	عدد	%	عدد	%	عدد	مداخل القرار	
١٢.٥	٥	٥	٢	٧.٥	٣	حدسي ٧٢-٩٠	وصفي ٥٤-٩٠
٤٧.٥	١٩	٢٧.٥	١١	٢٠	٨	ريادي ٥٤-٧١	
٣٢.٥	١٣	١٢.٥	٥	٢٠	٨	عقلاني ٣١-٥٣	معياري ١٨-٥٣
٧.٥	٣	٢.٥	١	٥	٢	تراكمي ١٨-٣٥	
١٠٠	٤٠	٤٧.٥	١٩	٥٢.٥	٢١	المجموع	

جدول (٤-١٧)

مداخل اتخاذ القرار الاستراتيجي للادارة الوظيفية في القطاعين الخاص والمختلط

ن = ٤٣

اجمالي		خاص		مختلط		القطاع	
%	عدد	%	عدد	%	عدد	مداخل القرار	
٢٠.٩٣	٩	٩.٣٠	٤	١١.٦٣	٥	حدسي ٧٢-٩٠	وصفي ٥٤-٩٠
٤٦.٥١	٢٠	١٨.٦٠	٨	٢٧.٩١	١٢	ريادي ٥٤-٧١	
٢٧.٩٠	١٢	٦.٩٨	٣	٢٠.٩٢	٩	عقلاني ٣١-٥٣	معياري ١٨-٥٣
٤.٦٦	٢	٢.٣٣	١	٢.٣٣	١	تراكمي ١٨-٣٥	
١٠٠	٤٣	٣٧.٢١	١٦	٦٢.٧٩	٢٧	المجموع	

ثانياً : تشخيص آراء ومواقف المبحوثين حول متغيرات البحث :

تتحدد مهمة هذا المحور في تشخيص آراء عينة البحث ومواقفهم التي تفصح عن متضمنات أنماط التفكير الاستراتيجي ومداخل اتخاذ القرار وفروضه. وقد

أستخدمت المجموعة الاحصائية الخاصة بالعلوم الاجتماعية (SPSS-W) للحصول على التكرارات والنسب المئوية والاوساط الحسابية والانحرافات المعيارية ونسبة الاجابة على مساحة المقياس(*).

ونعرض هذه المواقف والآراء وفقاً لمحاور البحث وعلى النحو الآتي :

١- آراء ومواقف المديرين العاملين في التراكيب المنظمية للقطاع المختلط بخصوص أنماط التفكير الاستراتيجي :

صنفت أنماط التفكير الاستراتيجي الى اتجاهين، يتمثل الاول بأنماط التفكير التركيبي ((شمولي / تجريدي)) والثاني يتمثل بأنماط التفكير التحليلي (تخطيطي / تشخيصي)) . وقد عبرت المتغيرات الواردة في استمارة الاستبانة عن محاور التفكير على أساس التضاد الفلسفي. ولغرض كشف هذا التضاد من خلال واقع استجابة المديرين وطبيعتها للمواقف المحددة باختبارات المقياس، فإن معطيات الجدول (١٨-٤) ستستخدم في تحليل ذلك وعلى النحو الآتي :

أ- تشخيص آراء ومواقف المديرين تجاه متغيرات أنماط التفكير (الشمولي / التشخيصي):

(*) تتوزع استجابة المديرين على المؤشرات المعدة في استمارة الاستبانة الى خمسة مستويات :

١- مستوى ضئيل الاهمية للغاية ويقع بين ١% - ٢٠% .

٢- مستوى متدني الاهمية ويقع بين ٢١% - ٤٠% .

٣- مستوى متوسط الاهمية ويقع بين ٤١% - ٦٠% .

٤- مستوى مهم ويقع بين ٦١% - ٨٠% .

٥- مستوى عالي الاهمية ويقع بين ٨١% - ١٠٠% .

واستخرجت النسبة من خلال :

$$\text{نسبة الاجابة الى مساحة المقياس} = \frac{\text{الوسط الحسابي للاجابة}}{\text{عدد درجات المقياس}}$$

تعبر هذه الانماط عن تفكير مركب يجمع بين التركيب والتحليل. إذ أن ميل الاجابة نحو دائماً وغالباً على عبارات المقياس يؤشر الاتفاق مع النمط الشمولي، وأن ميل الاجابة نحو نادراً ونادراً جداً يؤشر الاتفاق مع النمط التشخيصي، وأن سلم الاجابة أحياناً يعد عنصراً مشتركاً يجمع النقيضين، وعلى هذا الاساس فإن مراتب التفكير ستكون واضحة المعالم لأغراض التشخيص الاولي فضلاً عن أنها مرحلة تمهيد للاختبارات اللاحقة .

والجدير بالذكر أن متغيرات التفكير تختلف فيما بينها من حيث درجة أهميتها على مستوى التطبيق، وتشير المتوسطات الحسابية الى عرض معدل اجابات العينة. ومنها نستدل على درجة أهمية المتغيرات المقاسة .

ويتضح من النتائج أن متغيرات أنماط التفكير هنا تقع بين متغيرات مهمة ومتغيرات متوسطة الاهمية، إذ تقدمت أهمية التفكير بنتائج القرار ومرونة التعامل مع الاشياء والمعالجات الشاملة للمشكلات على غيرها من المتغيرات الخاصة بصناعة الفرص والسبق في الاستثمار ورصد السوق واجراء التغييرات على الانشطة وتطبيق نظام قيم العمل في الممارسات اليومية . حيث كانت أهمية هذه المتغيرات متوسطة، وتراوحت المتوسطات الحسابية للمتغيرات المهمة بين (٣.٠٤ - ٣.٣٣) وانحراف معياري (١.٣٣ - ١.٦٣)، في حين كانت متوسطات المتغيرات متوسطة الاهمية (٢.٣٨ - ٢.٨٣) وانحراف معياري (١.٣٤ - ١.٤٧) . فيما تراوحت نسب الاجابات الى مساحة المقياس بين (٤٧.٦ - ٦٦.٦).

وبصدد تحديد ميل المديرين(*) نحو تبني هذه الانماط التفكيرية، فإن تبني نمط التفكير التشخيصي كان هو الغالب وبحدود ٥٣.٣٩% مقابل تبني نمط التفكير الشمولي بحدود ٤٦.٦١% .

ب- تشخيص آراء ومواقف المديرين تجاه متغيرات أنماط التفكير (التجريدي / التخطيطي):

تعبر هذه الانماط هـي الاخـرى عـن تجمـع قطبـي التفكـير التركيبـي والتحـليلي. وفي نفـس السياق السابق تتحدد اتجاهات الاجابة.

ويتضح من نتائج الجدول (١٨-٤) أن جميع متغيرات هـذه الانمـاط متوسـطة الاهميـة عـدا متغيري اتخـاذ القـرارات في ظـروف الغمـوض والرقابـة الانتقائيـة فهـي قليلـة الاهميـة، وتراوحـت الاوساط الحسابية لهذا المحور بين (١.٩٨ - ٢.٧٧) وانحراف معياري يقع بـين (١.١٨ - ١.٥٨)، فـيما تراوحت نسب الاجابات الى مساحة المقياس بين (٣٩.٦% - ٥٥.٤%). وتتجه أنمـاط تفكـير المـديرين نحو تبني نمط التفكير التخطيطي وبحدود (٦٧.٨١%) في حين تتجه نحو التفكير التجريدي وبحدود (٣٢.١٩%) .

ونستنتج من ذلك أن المديرين بشكل عام ميالين الى تبني التفكير التحليلي بشـكل أكـبر مـن التفكير التركيبي . إذ أن (٦٠.٦%) من عينة البحث حددت موقفهـا نحـو تبنـي الـنمط التحـليلي في التفكير وأن مانسبته (٣٩.٤%) تميل الى التفكير التركيبي(*) .

(*) لقد تم حساب هذه النسب على أساس تحليل التكرارات الواقعة بين مناطق التضاد الفلسفي في استمارة الاستبانة .

جدول (4-18)

التوزيع التكراري لمتغيرات أنماط التفكير الاستراتيجي في القطاع المختلط

(ن = 48)

متغيرات أنماط التفكير الاستراتيجي	مقياس الإجابة										المتوسط الحسابي	الانحراف المعياري	نسبة الإجابة على مساحة المقياس %	درجة الأهمية
	دائماً		غالباً		أحياناً		نادراً		نادراً جداً					
	تكرار	%	تكرار	%	تكرار	%	تكرار	%	تكرار	%				
أنماط التفكير (الشمولي / التشخيصي)														
1. صناعة الفرص الجديدة في السوق.	6	12.50	13	27.08	4	8.33	14	29.17	11	22.92	2.77	1.40	55.4	متوسط الأهمية
2. تحقيق السبق في استثمار الفرص الجديدة .	7	14.58	12	25.00	4	8.33	14	29.17	11	22.92	2.79	1.43	55.8	متوسط الأهمية
3. الاستناد على أفكاري الذاتية في رصد السوق .	7	14.58	6	12.50	3	6.25	14	29.17	18	37.50	2.38	1.47	47.6	متوسط الأهمية
4. طرح معالجة كلية للمشكلة .	12	25.00	13	27.08	1	2.08	9	18.75	13	27.08	3.04	1.61	60.8	مهم
5. اجراء تغييرات شمولية في الانشطة .	4	8.33	10	20.83	5	10.42	15	31.25	14	29.17	2.48	1.34	49.6	متوسط الأهمية
6. ابداء المرونة في التعامل مع الاشياء .	11	22.92	16	33.33	4	8.33	8	16.67	9	18.75	3.25	1.47	65.00	مهم
7. أضع النتائج نصب عيني أكثر من الحلول .	11	22.92	14	29.17	8	16.67	10	20.83	5	10.42	3.33	1.33	66.6	مهم
8. أهتم بتطبيق نظام قيم الادارة في كل حقل أمارسه	7	14.58	12	25.00	7	14.58	10	20.83	12	25.00	2.83	1.43	56.6	متوسط الأهمية
أنماط التفكير (التجريدي / التخطيطي)														
9. أكتفي بالمؤشرات النظرية (الوصفية) في بناء المواقف .	2	4.17	9	18.75	6	12.50	17	35.42	14	29.17	2.33	1.21	46.6	متوسط الاهمية
10. أهتم بالبديل الذي يعبر عن طموحاتي الذاتية .	5	10.42	3	6.25	8	16.67	14	29.17	18	37.50	2.23	1.31	44.6	متوسط الاهمية

متغيرات أنماط التفكير الاستراتيجي	مقياس الاجابة										المتوسط الحسابي	الانحراف المعياري	نسبة الاجابة على مساحة المقياس %	درجة الاهمية
	دائماً		غالباً		أحياناً		نادراً		نادراً جداً					
	تكرار	%	تكرار	%	تكرار	%	تكرار	%	تكرار	%				
11- أسعى إلى فهم المشكلة في اطارها العام .	4	8.33	6	12.50	8	16.67	14	29.17	16	33.33	2.33	1.29	46.6	متوسط الاهمية
12- أتعامل مع الموضوعات غير المألوفة (غير الروتينية) .	7	14.58	5	10.42	10	20.83	16	33.33	10	20.83	2.65	1.33	53.00	متوسط الاهمية
13- أبتعد عن الاستغراق في جمع بيانات تفصيلية عن المشكلة .	4	8.33	14	29.17	8	16.67	11	22.92	11	22.92	2.77	1.33	55.4	متوسط الاهمية
14- أميل إلى استخدام طرق جديدة في حل المشكلات .	7	14.58	12	25.00	3	6.25	14	29.17	12	25.00	2.75	1.45	55.00	متوسط الاهمية
15- أحبذ اتخاذ قرارات يكتنفها الغموض .	2	4.17	5	10.42	5	10.42	14	29.17	22	45.83	1.98	1.18	39.6	قليل الاهمية
16- أتحسب للمستقبل على أساس تراكم خبرتي.	9	18.75	8	16.67	2	4.17	11	22.92	18	37.50	2.56	1.58	51.2	متوسط الاهمية
17- أفهم المشكلة من خلال معانيها ومدلولاتها السلوكية .	6	12.50	9	18.75	5	10.42	12	25.00	16	33.33	2.52	1.44	50.40	متوسط الاهمية
18- أعتمد الرقابة الانتقائية بأقل قدر من الإجراءات	2	4.17	5	10.42	6	12.50	12	25.00	23	47.92	1.98	1.19	39.6	قليل الاهمية

٢-آراء ومواقف المديرين العاملين في التراكيب المنظمية للقطاع الخاص بخصوص أنماط التفكير:

تتحدد مهمة هذا المحور في كشف واقع التفكير الاستراتيجي ومكوناته حسب آراء المديرين بشكل عام في القطاع الخاص. وفي نفس السياق المفاهيمي الذي تكلمنا عنه حول مضمون التفكير في الفقرة السابقة، فإن معطيات الجدول(١٩-٤) تفيد في اعطاء معالم عن خصوصية التفكير في القطاع الخاص وعلى النحو الآتي :

أ- تشخيص آراء ومواقف المديرين من متغيرات أنماط التفكير (الشمولي/ التشخيصي) :

وتظهر هنا درجة أهمية المتغيرات ضمن هذا البند من أنها مهمة عدا متغيري رصد السوق على أساس الفكر الذاتي وكذلك اجراء تغييرات شمولية على الانشطة، فإنها متوسطة الاهمية. ويبدو أن هناك اتفاق بين مديري القطاع الخاص والمختلط على أن هذين المتغيرين يأتيان ضمن نفس الدرجة من الاهمية . كما أن مستوى أهمية محاور التفكير في القطاع الخاص للمتغيرات المتبقية تشير الى اهتمام أكبر فيه عن القطاع المختلط . وهناك مؤشرات في كلا القطاعين على أن التركيز على نتائج القرار وهو الاكثر أهمية بين محاور التفكير كما يتضح من ارتفاع نسبة الاجابة على مساحة المقياس في القطاع الخاص ليصبح نحو (٧٢.٦%) ويقابله نحو (٦٦.٦%) في القطاع المختلط إذا ماقورنت مع نسب الاجابة للمتغيرات الاخرى. وتراوحت المتوسطات الحسابية للمتغيرات المهمة بين (٣.٦٣ - ٣.١٧) وانحرافات معيارية بين (١.٦١ - ١.٣١). وبلغت متوسطات المتغيرات متوسطة الاهمية بين (٢.٩٧ - ٢.٦٩) وانحرافات معيارية (٢.٩٧ - ٢.٦٩).

ولتحديد ميل المديرين الى تبني هذه الانماط، فيلاحظ أن (٥٨.٢١%) تبنت نمط التفكير الشمولي في حين يلاحظ أن (٤١.٧٩%) قد تبنت نمط التفكير التشخيصي .

وفي هذا الصدد فإن ميل مديري القطاع الخاص أكثر نحو تبني نمط التفكير الشمولي عنه في القطاع المختلط، ويقابل ذلك أن مديري القطاع الخاص يميلون

بشكل أقل نحو تبني نمط التفكير التشخيصي عنه في القطاع المختلط. إذ أن هناك اختلاف مشخص، لكن هل أن هذا الاختلاف مؤثر في القرارات الاستراتيجية أو هل أن الفروقات التي تظهرها هذه المؤشرات مهمة في واقعها العملياتي، فإن الجواب على ذلك سيكون من مهام اختبارات لاحقة تقررها صيغ الفرضيات الخاصة بهذا المجال .

ب- تشخيص آراء ومواقف المديرين في القطاع الخاص نحو نمطي التفكير (التجريدي/التخطيطي) :

أفصحت نتائج الجدول (١٩-٤) عن أن أهمية محاور التفكير لهذه الانماط تقع بين متوسط الاهمية وقليل الاهمية . وبشكل عام فإن اتجاه الاهمية يبدو أقل منه في نفس المؤشرات التي جاءت في القطاع المختلط حول هذا المحور . كما أن هذه المتغيرات تقل في أهميتها عند المديرين في القطاع الخاص إذا ما قورنت مع الانماط في الفقرة (أ)، وتتحدد نسبة اجابة المقياس للمتغيرات متوسطة الاهمية بين (٥٨.٨% - ٤٨.٠%)، في حين تتحدد نسب مساحة القياس للمتغيرات القليلة الاهمية بين (٦٨.٦% - ٦١.٢%)، كما تتراوح أوساطها الحسابية بين (٢.٧٧ - ٢.٢٣) للمتغيرات المهمة وبانحرافات معيارية تتراوح بين (٢.٩٤ - ٢.٤٠%) . كما تتراوح الاوساط الحسابية للمتغيرات المهمة بين (٣.٤٣ - ٣.٠٦) وانحراف معياري (١.٣٦ - ١.٣٩).

ولتحديد ميل المديرين في هذين النمطين فيلاحظ أن المديرين يميلون الى النمط التجريدي بنسبة (٤٦.٥٧%) في حين أنهم يميلون الى النمط التخطيطي بنسبة (٥٣.٤٣%).

ومن خلال النتائج التي أفصح عنها التحليل الخاص بأنماط التفكير لدى المديرين في القطاع الخاص نستنتج أن ميل التفكير للنمط التركيبي هو (٥٢.٣٩%) وأن ميل التفكير لنمط التحليلي هو (٤٧.٦١) .

وتشير هذه النتائج الى أن القطاع الخاص يميل الى تبني أنماطاً تفكيرية مغايرة لحد ما عن القطاع المختلط. وسوف يخضع هذا التغاير الى اختبارات لاحقة بخصوص هل أن ذلك يعد مهماً ومعنوياً أم غير ذلك ؟

جدول (19-4)

التوزيع التكراري لمتغيرات أنماط التفكير الاستراتيجي في القطاع الخاص

(ن = 35)

متغيرات أنماط التفكير الاستراتيجي	مقياس الإجابة										المتوسط الحسابي	الانحراف المعياري	نسبة الإجابة على مساحة المقياس %	درجة الأهمية
	دائماً		غالباً		أحياناً		نادراً		نادراً جداً					
	تكرار	%	تكرار	%	تكرار	%	تكرار	%	تكرار	%				
أنماط التفكير (الشمولي / التشخيصي)														
1- صناعة الفرص الجديدة في السوق .	14	40.00	5	14.29	4	11.43	5	14.29	7	20.00	3.40	1.61	68.00	مهم
2- تحقيق السبق في استثمار الفرص الجديدة.	14	40.00	7	20.00	4	11.43	5	14.29	5	14.29	3.57	1.50	71.4	مهم
3- الاستناد على أفكاري الذاتية في رصد السوق .	7	20.00	7	20.00	4	11.43	2	5.71	15	42.86	2.69	1.66	53.8	متوسط الاهمية
4- طرح معالجة كلية للمشكلة .	6	17.14	12	34.29	5	14.29	6	17.14	6	17.14	3.17	1.38	63.4	مهم
5- اجراء تغييرات شمولية في الانشطة .	5	14.29	8	22.86	6	17.14	13	37.14	3	8.57	2.97	1.25	59.4	متوسط الاهمية
6- ابداء المرونة في التعامل مع الاشياء .	9	25.71	13	37.14	3	8.57	7	20.00	3	8.57	3.51	1.31	70.2	مهم
7- أضع النتائج نصب عيني أكثر من الحلول	12	34.29	11	31.43	2	5.71	7	20.00	3	8.57	3.63	1.37	72.6	مهم
8- أهتم بتطبيق نظام قيم الادارة في كل حقل أمارسه	9	25.71	6	17.14	8	22.86	7	20.00	5	14.29	3.20	1.41	64.00	مهم
أنماط التفكير (التجريدي / التخطيطي)														
9- أكتفي بالمؤشرات النظرية (الوصفية) في بناء المواقف .	3	8.57	6	17.14	11	31.43	7	20.00	8	22.86	2.69	1.26	53.8	متوسط الاهمية
10- أهتم بالبديل الذي يعبر عن طموحاتي الذاتية .	7	20.00	2	5.71	11	31.43	3	8.57	12	34.29	2.69	1.51	53.8	متوسط الاهمية

متغيرات أنماط التفكير الاستراتيجي	مقياس الاجابة										المتوسط الحسابي	الانحراف المعياري	نسبة الاجابة على مساحة المقياس %	درجة الاهمية
	دائماً		غالباً		أحياناً		نادراً		نادراً جداً					
	تكرار	%	تكرار	%	تكرار	%	تكرار	%	تكرار	%				
11- أسعى إلى فهم المشكلة في اطارها العام .	10	28.57	4	11.43	5	14.29	2	5.71	14	40.00	2.83	1.72	56.6	متوسط الاهمية
12- أتعامل مع الموضوعات غير المألوفة (غير الروتينية) .	10	28.57	7	20.00	11	31.43	2	5.71	5	14.29	3.43	1.36	68.6	مهم
13- أبتعد عن الاستغراق في جمع بيانات تفصيلية عن المشكلة .	8	22.86	5	14.29	8	22.86	9	25.71	5	14.29	3.06	1.39	61.2	مهم
14- أميل الى استخدام طرق جديدة في حل المشكلات .	7	20.00	12	34.29	5	14.29	6	17.14	5	14.29	3.29	1.36	65.8	مهم
15- أحبذ اتخاذ قرارات يكتنفها الغموض .	6	17.14	4	11.43	7	20.00	6	17.14	12	34.29	2.60	1.49	52.00	متوسط الاهمية
16- أتحسب للمستقبل على أساس تراكم خبرتي .	7	20.00	5	14.29	4	11.43	10	28.57	9	25.71	2.74	1.50	54.8	متوسط الاهمية
17- أفهم المشكلة من خلال معانيها ومدلولاتها السلوكية .	7	20.00	8	22.86	3	8.57	10	28.57	7	20.00	2.94	1.47	58.8	متوسط الاهمية
18- أعتمد الرقابة الانتقائية بأقل قدر من الإجراءات	1	2.86	8	22.86	7	20.00	7	20.00	12	34.29	2.40	1.27	48.00	متوسط الاهمية

٣- آراء ومواقف المديرين العاملين في التراكيب المنظمية للقطاع المختلط بخصوص اتخاذ القرار الاستراتيجي :

حددت محاور اتخاذ القرار على مبتدأ تقرره الفروض التي تقف وراء اعتماد كل مدخل. إذ تقرر الفروض اعتماد سلامة المدخل المعتمد في اتخاذ القرار ضمن الاسس الفلسفية الشارحة له. وفي هذا الاطار فإن اعتماد المدخل الوصفي تقرره آراء المديرين العاملين في ظروف محيطة بقراراتهم، في حين للمدخل المعياري شروطه ومقرراته. وعندما يظهر التلازم بين الفروض والمدخل المقرر للقرار فإن الشرط النظري لفاعلية اتخاذ القرار قد يتحقق نظرياً. وبخلاف ذلك فإن واقع الحال قد يفقد فرص غير منظورة على مستوى القرار وما تؤول نتائجه في الامد المستقبلي. فإن المثال (Ideal) مهم ولكن المآل يصعب الوصول اليه دون ايعاز للواقع، تحركه مقررات التفكير الاستراتيجي المناسب .

وباعتماد البحث آليته المستخدمة في تحليل أنماط التفكير فإن تشخيص الآراء والمواقف بصدد اتخاذ القرار سيتم على النحو الآتي :

أ- تحليل آراء المديرين في القطاع المختلط بصدد فروض مدخل اتخاذ القرار :

تشير نتائج الجدول (٢٠-٤) أن جميع المتغيرات المعدة لقياس فروض مداخل اتخاذ القرار مهمة . وتراوحت مساحة الاجابة على المقياس بين (٧٦.٢% - ٦٥.٨%) إذ جاءت قيود القرار بالمرتبة الاولى ... وفي معرض التعبير عن مستوى مواجهة المديرين لهذه الفروض يرون بأن قراراتهم يحيطها القيود الكثيرة وصعوبة التنبؤ والتغير المستمر في الاهداف الاستراتيجية، وحاجة المديرين الى مشاركة الاغلبية في اتخاذ القرار . ويوحي ذلك أن القرار الاستراتيجي يخضع للمدخل الوصفي . في حين يرى (٣٢.٢٩%) من المديرين بأنهم يواجهون هذه القيود ولكن بقدر ضئيل يتدرج بين نادر ونادر جداً . وانهم يعملون في اطار فروض المدخل المعياري . وعندما يكون الامر كذلك فماذا هو الامر بخصوص التعامل مع متغيرات هذه المداخل وتقسيماتها في الواقع ؟ لاسيما وأن هذه التساؤلات إنما هي

بالاساس اثارات يسعى البحث الى بلوغها ويلبي مراميها من خلال محاوره اللاحقة.

ب- تحليل آراء المديرين في القطاع المختلط حول تبني مدخلي اتخاذ القرار (الحدسي/الرسمي) :

أشرت نتائج الجدول (٢٠-٤) الى أهمية متغيرات مدخلي (الحـدس / الرسمي) بـين مسـتوى مهم ومتوسط الاهمية. وتراوحت نسبة الاجابة الى المقياس بين (٧٨.٨%-٦١.٢%) للمتغيرات المهمة، وكـذلك نسـبة الاجابـة الى مسـاحة المقيـاس بـين (٥٨.٠%-٥٣.٤%) للمتغيرات متوسطة الاهميـة. وتراوحـت متوسـطاتها الحسـابية بـين (٣.٩٤ - ٣.٠٦) وانحرافـات معياريـة بـين (١.٢٥ - ١.٢١) للمتغيرات المهمـة، في حـين تراوحت المتوسطات الحسابية لبقيـة المتغيرات بـين (٢.٩٠ - ٢.٦٧) وبانحرافات معيارية (١.٥٠ - ١.١٠) .

واتضح أن ميل المديرين لاتخاذ القرار الاستراتيجي على أساس المدخل الحدسي، كان بحدود (٥١.٢٢%) في حين كان الميل لاستخدام المدخل الرسمي (العقلاني) بحدود (٤٨.٧٨%) .

وعند النظر الى ميل استخدام المدخل الحدسي مع فروض المدخل الوصفي نجـد بـأنهما تجاوزا نسبة (٥٠%) لكل منهما، ومازال هناك ضرورة لرفع تبني المدخل الحدسي بنحـو (١٦.٤٩%) للوصول الى التطابق التام بين المواقف ازاءهما . ويسري التصور ذاته نحو تبني المـدخل العقلاني وفروضه المعيارية .

ج- تحليل آراء المديرين في القطاع المختلط حول تبني مدخلي اتخاذ القـرار (المشـارك (الريادي) / التخطيطي (التشخيصي)) :

يتضح من النتائج المشار اليها في الجدول (٢٠-٤) بأن وجهة نظر المبحوثين في هذا القطاع للمتغيرات الخاصة بهذا المقياس بأنها تقع بين متغيرات مهمة ومتوسطة الاهميـة . إذ بلغت نسبة الاجابة الى مساحة المقياس بين (٦٧.٠٠% - ٦٤.٦ %) . وتراوحت المتوسطات الحسابية لها بين (٣.٣٥ - ٣.٢٣) .

وانحرافاتها المعيارية تراوحت بين (١.٧٠ - ١.٥٢)، وعبرت نصوص هذه المتغيرات عن كل ما يتعلق بشخص المدير ذاته، وتعد هذه المنطلقات في آراء هذه العينة مقدمات رئيسة للتعامل مع المتغيرات التي شكلت أهمية متوسطة ومنها التعامل مع الزبون والمستهلك أو التعامل مع السلعة والسوق والتي تتراوح نسبة الاجابة الى المقياس بين (٥٨.٠٠ % - ٤٧.٦%) .

وعند النظر الى تفضيلات متخذ القرار بين المدخل المشارك أو المدخل التخطيطي يتضح الآتي :

- أشار نحو (٥٢.٣٤%) من المديرين في القطاع المختلط الى أنهم من النوع الذي يتخذ قراراته الاستراتيجية في اطار المدخل المشارك (الريادي) .

- أشار نحو (٤٧.٦٦%) من المديرين في القطاع المختلط الى أنهم من النوع الذي يتخذ قراراته الاستراتيجية في اطار المدخل التخطيطي (المبرمج) .

ومن خلال تصنيف انتماء عينة المديرين في القطاع المختلط الى المدخل الوصفي لاتخاذ القرار الاستراتيجي أو المدخل المعياري فيتضح من خلال الآتي :

- بلغت نسبة الميل لاتخاذ القرار الاستراتيجي في اطار المدخل الوصفي نحو (٥١.٧٨%) .

- وبلغت نسبة الميل لاتخاذ القرار الاستراتيجي في اطار المدخل المعياري نحو (٤٨.٢٢%)

وتظهر هذه النتائج أن هناك نوعاً متوازناً في اعتماد مداخل اتخاذ القرار الاستراتيجي، وأن هذا التوازن لايتطابق الى حد ما وآراء المديرين بصدد فروض المداخل القرارية التي قدمنا لها في بداية هذا المحور .

جدول (4-20)

التوزيع التكراري لمتغيرات اتخاذ القرار الاستراتيجي في القطاع المختلط

(ن = 48 مديراً)

متغيرات اتخاذ القرار الاستراتيجي	مقياس الاجابة										المتوسط الحسابي	الانحراف المعياري	نسبة الاجابة على مساحة المقياس %	درجة الاهمية
	دائماً		غالباً		أحياناً		نادراً		نادراً جداً					
	تكرار	%	تكرار	%	تكرار	%	تكرار	%	تكرار	%				
فروض مدخل اتخاذ القرار :														
1- أواجه قيود كثيرة .	21	43.75	10	20.83	6	12.50	9	18.75	2	4.17	3.81	1.30	76.2	مهم
2- أواجه صعوبة في التنبؤ بالمجريات المستقبلية .	18	37.50	9	18.75	7	14.58	10	20.83	4	8.33	3.56	1.40	71.2	مهم
3- تخضع أهدافنا الاستراتيجية للتغيير المستمر.	14	29.17	12	25.00	7	14.58	4	8.33	11	22.92	3.29	1.54	65.8	مهم
4- يشاركني أغلب المديرين في اتخاذ القرار الاستراتيجي .	15	31.25	17	35.42	8	16.67	3	6.25	5	10.42	3.71	1.27	74.2	مهم
مداخل اتخاذ القرار (حدسي / رسمي) :														
5- اعتمد على استخدام الادلة التخمينية .	5	10.42	13	27.08	11	22.92	10	20.83	9	18.75	2.90	1.29	58.00	متوسط الاهمية
6- استفاد من احساسي العام .	7	14.58	11	22.92	6	12.50	8	16.67	16	33.33	2.69	1.50	53.8	متوسط الاهمية
7- أستفاد من المشكلات المماثلة التي حصلت في الماضي .	21	43.75	13	27.08	8	16.67	2	4.17	4	8.33	3.94	1.25	78.8	مهم
8- أتبنى منهج غير محدد .	2	4.17	10	20.83	16	33.33	10	20.83	10	20.83	2.67	1.16	53.4	متوسط الاهمية
9- أركز على عوامل بيئية ذات منحى غير اقتصادي .	3	6.25	9	18.75	16	33.33	14	29.17	6	12.50	2.77	1.10	55.4	متوسط الاهمية

متغيرات اتخاذ القرار الاستراتيجي	مقياس الاجابة										المتوسط	الانحراف	نسبة الاجابة	درجة
	دائماً		غالباً		أحياناً		نادراً		نادراً جداً		الحسابي	المعياري	على مساحة	الاهمية
	تكرار	%	تكرار	%	تكرار	%	تكرار	%	تكرار	%			المقياس %	
10- أعتمد معايير التقويم الذاتي (الشخصي) لبدائل القرار .	6	12.50	13	27.08	12	25.00	12	25.00	5	10.42	3.06	1.21	61.2	مهم
مداخل اتخاذ القرار (مشارك (ريادي) / تخطيطي (تشخيصي) :														
11- أهتم بعنصر المجازفة .	6	12.50	11	22.92	7	14.58	8	16.67	16	33.33	2.65	1.47	53.00	متوسط الاهمية
12- أبحث عن كل ماهو جديد في السلعة والسوق .	8	16.67	11	22.92	8	16.67	7	14.58	14	29.17	2.83	1.49	56.6	متوسط الاهمية
13- أركز على المعالجات الجذرية .	16	33.33	12	25.00	2	4.17	3	6.25	15	31.25	3.23	1.70	64.6	مهم
14- أدعم حاجات الزبون المتجددة .	8	16.67	14	29.67	5	10.42	7	14.58	14	29.17	2.90	1.52	58.00	متوسط الاهمية
15- أناور بين عدد من وسائل معالجة المشكلات .	16	33.33	12	25.00	3	6.25	7	14.58	10	20.83	3.35	1.58	67.00	مهم
16- لاينتابني التردد من التعامل مع المشكلات المعقدة .	12	25.00	15	31.25	5	10.42	5	10.42	11	22.92	3.25	1.52	65.00	مهم
17- ينطلق قراري من رؤيتي الخاصة عن المستقبل وليس من حاجة العمل .	6	12.50	7	14.58	3	6.25	15	31.25	17	35.42	2.38	1.42	47.6	متوسط الاهمية
18- أتحمل تبعات الخطأ المترتب على القرار.	15	31.25	13	27.08	5	10.42	2	4.17	13	27.08	3.31	1.61	66.2	مهم

٤- آراء ومواقف المديرين العاملين في التراكيب المنظمية للقطاع الخاص بخصوص اتخاذ القرار الاستراتيجي :

أشرنا فيما مضى عن مبتدأ كل قرار، إذ يتحدد القرار واتخاذه على طبيعة الظروف المحيطة به . وهناك معالم رئيسة متفق عليها على أنها تشكل بمجملها منطلقات رئيسة لاختيار مدخل اتخاذ قرار معين دون غيره . ومن خلال تشخيص آراء المديرين في القطاع المختلط على هدي نتائج التحليل المبينة في الجدول (٢١-٤) فإننا نخلص الى الآتي :

أ- آراء المديرين ومواقفهم بخصوص فروض مداخل القرارات المعتمدة في القطاع الخاص

تشير معطيات الجدول (٢١-٤) أن هناك تماثلاً في كون جميع المتغيرات المكونة لمعالم الفروض هي مهمة في القطاع الخاص والقطاع المختلط، إذ يشير متوسط المتوسطات الحسابية في القطاع الخاص (3.51) تقارباً مع متوسط المتوسطات في القطاع المختلط (٣.٥٩) . وكذلك الامر الى تماثل الانحرافات المعيارية لكلا القطاعين من حيث أن معدل انحرافاتها المعيارية (١.٣٨) و (١.٣٨) على التوالي . وإن مستوى تجانس آراء القطاع الخاص حول هذه المؤشرات هو (٦٠.٦٩%) للقطاع الخاص وهو يقارب مستوى التجانس بخصوص آراء القطاع المختلط حول هذه المؤشرات وهو (٦١.٥٦%) .

وهذه المعطيات قد تفرض توجهات متقاربة حول اعتماد مداخل اتخاذ القرارات في كلا القطاعين، ولتحديد اتجاهات أهمية هذه المتغيرات من حيث كونها مهمة في تحديد المدخل الوصفي أو تحديد المدخل المعياري فإن ميل المديرين لوصف أهمية الفروض في اطار المدخل الوصفي كانت بحدود (٦٦.٤٣%)، في حين ميل المديرين الآخرين ضمن عينة المبحوثين نحو وصف أهمية هذه المتغيرات في اطار المدخل المعياري كانت بحدود (٣٣.٥٧%). وتعد هذه النسب من حيث اتجاهاتها مقاربة جداً لاتجاهات عينة المبحوثين في القطاع المختلط. ويشير ذلك الى وعي مشترك لبنية اتخاذ القرارات الاستراتيجية في كلا القطاعين.

إن هذا التماثل يقودنا الى اثارة تساؤل رئيس وهو هل أن ادراك البيئة ضمن هذه الصيغة يقودنا الى استحصال نتائج مماثلة لما هو مؤشر في المحاور السابقة ضمن القطاع المختلط ؟

وللاجابة على ذلك فإننا نشخص طبيعة آراء المديرين في القطاع الخاص من خلال استجاباتهم على المتغيرات الخاصة بذلك في المحاور اللاحقة .

ب- تحليل آراء المديرين في القطاع الخاص حول تبني مدخلي اتخاذ القرار (الحدسي / الرسمي):

تظهر اجابات عينة البحث درجات أهمية تتباين بين مهم للغاية ومهم ومتوسط الأهمية، إذ بلغت نسبة الاجابة الى مساحة المقياس بحدود (٨٠.٦%) والوسط الحسابي (٤.٠٣) والانحراف المعياري (١.٣٠) في النظر الى محاكاة الحاضر في ضوء الماضي لقياس التضاد الفلسفي الذي يقوم عليه المدخل الحدسي والمدخل العقلاني (الرسمي)، وتراوحت درجة أهمية المتغيرات في اطار هذين المدخلين لدرجة المتغيرات المهمة بين (٦٨.٦% - ٥٨.٢%) ومتوسطات حسابية تراوحت بين (٣.٦٧ - ٣.٢٠) وانحراف معياري (١.٦٤ - ١.٢٩) . ويليها متغيرين ذي أهمية متوسطة. والجدير بالذكر أن مستوى أهمية هذه المتغيرات بدت أعلى منها في القطاع المختلط.

وفي معرض تحديد اتجاهات الاجابة التي تنحى منحى المدخل الحدسي، فإن التوزيعات التكرارية توضح أن نسبة المديرين من اجمالي العينة في القطاع الخاص بلغت (٦٠%) في حين بلغت نسبة الميالين الى اعتماد المدخل العقلاني (الرسمي) نحو (٤٠%) .

وتبدو هذه المعدلات قريبة من المواقف التي عبر عنها المديرون في هذا القطاع عن الفروض. وأن الفروقات في التناسب بين الفروض والمدخل المعتمد قليلة قياساً للفروقات التي ظهرت في القطاع المختلط، وهذا يقرر سلامة المنهج في ملازمة قواعد القرار في القطاع الخاص عنه في القطاع المختلط .

ج- تحليل آراء المديرين في القطاع الخاص حول تبني مدخلي اتخاذ القرار (المشارك (الريادي) / والتخطيطي (المبرمج)) :

تظهر آراء عينة البحث بخصوص متغيرات هذين المدخلين عن أن جميعها مهمة عدا متغير عنصر المجازفة بأنه متوسط الاهمية، وتراوحت نسبة الاجابة على المقياس بين (٧٤.٨% - ٦١.٨%) للمتغيرات المهمة، وأوساطها الحسابية تراوحت بين (٣.٧٤ - ٣.٠٩) وانحرافاتها المعيارية (١.٥٦ - ١.٢٥) . وبلغت نسبة الاجابة على المقياس لمتغير المجازفة (٥٣.٨%) وبمتوسط حسابي (٢.٦٩) وانحراف معياري (١.٣٩) . وبدت درجة الاهمية في هذا القطاع أعلى منه في القطاع المختلط .

ولغرض تحديد نسبة المديرين الذين يعتقدون بأنهم يجابهون هذه المتغيرات في واقع اتخاذ القرارات الاستراتيجية فإن تحليل التوزيعات التكرارية يفصح عن الآتي:

- بلغت نسبة اعتماد المدخل المشارك (الريادي) نحو (٥٩.٢٩%) .

- وبلغت نسبة اعتماد المدخل التخطيطي (التشخيصي) نحو (٤٠.٧١%) .

وتظهر هذه النسب المئوية تناسب آخر مع النسب الواردة في فروض مداخل اتخاذ القرار، وتحسب هذه الحالة لصالح الادارة في هذا القطاع. أي أن القطاع الخاص هنا أكثر تناسباً من نظيره المختلط .

وبصدد تحديد الاتجاه الكمي نحو تبني التضاد الفلسفي لاختيار مداخل اتخاذ القرار الاستراتيجي، فإن معدل هذه النسب يظهر الآتي :

- بلغت نسبة اعتماد المديرين على المدخل الوصفي في اتخاذ القرار الاستراتيجي بحدود ٥٩.٦٥% .

- بلغت نسبة اعتماد المديرين على المدخل المعياري في اتخاذ القرار الاستراتيجي بحدود ٤٠.٣٥% .

وإن هذه الاتجاهات تنسجم ومواقفهم من الفروض التي تقوم عليها هذه القرارات .

جدول (4-21)

التوزيع التكراري لمتغيرات اتخاذ القرار الاستراتيجي في القطاع الخاص

(ن = 35)

متغيرات اتخاذ القرار الاستراتيجي	مقياس الاجابة										المتوسط الحسابي	الانحراف المعياري	نسبة الاجابة على مساحة المقياس %	درجة الاهمية
	دائماً		غالباً		أحياناً		نادراً		نادراً جداً					
	تكرار	%	تكرار	%	تكرار	%	تكرار	%	تكرار	%				
فروض مدخل اتخاذ القرار :														
1- أواجه قيود كثيرة .	11	31.4	10	28.6	7	20.00	1	2.9	6	17.1	3.54	1.42	70.8	مهم
2- أواجه صعوبة في التنبؤ بالمجريات المستقبلية .	12	34.3	5	14.3	8	22.9	4	11.4	6	17.1	3.37	1.50	67.4	مهم
3- تخضع أهدافنا الاستراتيجية للتغيير المستمر .	11	31.4	9	25.7	5	14.3	4	11.4	6	17.1	3.43	1.48	68.6	مهم
4- يشاركني أغلب المديرين في اتخاذ القرار الاستراتيجي .	10	28.6	11	31.4	8	22.9	5	14.3	1	2.9	3.69	1.13	73.8	مهم
مداخل اتخاذ القرار (حدسي / رسمي) :														
5- اعتمد على استخدام الادلة التخمينية .	4	11.4	8	22.9	8	22.9	10	28.6	5	14.3	2.89	1.26	57.8	متوسط الاهمية
6- استفاد من احساسي العام .	11	31.4	8	22.9	2	5.7	5	14.3	9	25.7	3.20	1.64	64.00	مهم
7- أستفاد من المشكلات المماثلة التي حصلت في الماضي .	15	42.9	11	31.4	5	14.3	3	8.6	1	2.9	4.03	1.10	80.6	مهم للغاية
8- أتبنى منهج غير محدد .	8	22.9	9	25.7	10	28.6	4	11.4	4	11.4	3.37	1.29	67.4	مهم
9- أركز على عوامل بيئية ذات منحى غير اقتصادي .	8	22.9	6	17.1	7	20.00	3	8.6	11	31.4	2.91	1.57	58.2	متوسط الاهمية

متغيرات اتخاذ القرار الاستراتيجي	مقياس الاجابة										المتوسط الحسابي	الانحراف المعياري	نسبة الاجابة على مساحة المقياس %	درجة الاهمية
	دائماً		غالباً		أحياناً		نادراً		نادراً جداً					
	تكرار	%	تكرار	%	تكرار	%	تكرار	%	تكرار	%				
10- أعتمد معايير التقويم الذاتي (الشخصي) لبدائل القرار .	10	28.6	8	22.9	8	22.9	5	14.3	4	11.4	3.43	1.35	68.6	مهم
مداخل اتخاذ القرار (مشارك (ريادي) / تخطيطي (تشخيصي) :														
11- أهتم بعنصر المجازفة .	3	8.6	9	25.7	8	22.9	4	11.4	11	31.4	2.69	1.39	53.8	متوسط الاهمية
12- أبحث عن كل ماهو جديد في السلعة والسوق .	8	22.9	8	22.9	6	17.1	5	14.3	8	22.9	3.09	1.50	61.8	مهم
13- أركز على المعالجات الجذرية .	9	25.7	7	20.00	6	17.1	4	11.4	9	25.7	3.09	1.56	61.8	مهم
14- أدعم حاجات الزبون المتجددة .	6	17.1	9	25.7	8	22.9	6	17.1	6	17.1	3.09	1.35	61.8	مهم
15- أناور بين عدد من وسائل معالجة المشكلات .	9	25.7	11	31.4	8	22.9	4	11.4	3	8.6	3.54	1.25	70.8	مهم
16- لاينتابني التردد من التعامل مع المشكلات المعقدة .	13	37.1	5	14.3	10	28.6	5	14.3	2	5.7	3.63	1.29	72.6	مهم
17- ينطلق قراري من رؤيتي الخاصة عن المستقبل وليس من حاجة العمل .	10	28.6	9	25.7	6	17.1	5	14.3	5	14.3	3.40	1.42	68.00	مهم
18- أتحمل تبعات الخطأ المترتب على القرار .	15	42.9	4	11.4	10	28.6	4	11.4	2	5.7	3.74	1.29	74.8	مهم

ولغرض اعطاء تصور شامل عن تنوع التفكير وتنوع مداخل اتخاذ القرارات في اطار النسب المئوية التي أجريت على التوزيعات التكرارية، نعرض ملخصاً عاماً لتلك النسب في الجدولين (٢٢-٤) و(٢٣-٤).

جدول (٢٢-٤)

ملخص لنتائج تحليل تشخيص آراء ومواقف عينة البحث في القطاعين الخاص والمختلط بخصوص تبنيهم مداخل محددة في اتخاذ القرارات الاستراتيجية

مداخل اتخاذ القرار / نوع القطاع	وصفي %	معياري %	اجمالي %
خاص	٥٩.٦٥	٤٠.٣٥	١٠٠
مختلط	٥١.٧٨	٤٨.٢٢	١٠٠
المعدل الكلي لاتخاذ القرار	**٥٥.٧١**	**٤٤.٢٩**	**١٠٠**

نستنتج من الجدول (٢٢-٤) بأن هناك تنوع في تبني مداخل اتخاذ القرار الاستراتيجي على مستوى القطاع الواحد أو على مستوى القطاعين، وإن الفروقات التي تبدو بسيطة في الجدول قد لاتكون قائمة على أساس مبرمج وإنما قد تكون نتيجة الصدفة، وبذلك فإن الاختبارات اللاحقة ستوضح فيما إذا كانت كذلك .

جدول (٢٣-٤)

ملخص لنتائج تحليل تشخيص آراء ومواقف عينة البحث في القطاعين الخاص والمختلط بخصوص تبنيهم أنماط محددة في التفكير الاستراتيجي

أنماط التفكير / نوع القطاع	التركيبي %	التحليلي %	الاجمالي %
خاص	٥٣.٣٩	٤٧.٦١	١٠٠
مختلط	٣٩.٤٠	٦٠.٦٠	١٠٠
المعدل الكلي للتفكير	**٥٢.٤١**	**٤٧.٥٩**	**١٠٠**

نستنتج من الجدول (٢٣-٤) بأن هناك تنوع في أنماط التفكير على مستوى القطاع الواحد أو على مستوى القطاعين ولكن الفروقات التي تبدو في الجدول قد لا تكون قائمة على أساس منظم وإنما على أساس عشوائي مما ينبغي اختبار ذلك في محاور الاختبارات التي ستتناول هذا الجانب .

وبهذه النتائج التي عرضت في هذا المبحث قد أفصحت عن العلاقات الافتراضية المتوقعة لأنموذج البحث في معرض التسلسل الذي اعتمده البحث ضمن المرجعية المنطقية للعلاقات الافتراضية إذ أدت مهامها التحليلية من تشخيص الانماط التفكيرية والمداخل القرارية التي نادت بها الخطوات أولاً وثانياً المشار اليها في العلاقات الافتراضية المتوقعة لأنموذج البحث .

وسوف تستكمل الخطوات الاخرى في الانموذج المذكور ضمن مبحث الاختبار فيما بعد.

المبحث الثاني

اختبار وتحليل العلاقات البحثية وانموذجها

يستكمل هذا المبحث المراحل الاولى التي انتهى اليها العرض والتشخيص لمتغيرات البحث .
وتتحدد مهمة هذا المبحث في التحقق من كون الفروقات التي أفصح عنها الاحصاء الوصفي مـن
متوسطات حسابية وانحرافات معيارية وتوزيعاتها التكرارية وغيرها من أنها قائمة إما على علاقات
عشوائية أو أنها قائمة على عمليات منظمة ومبرمجة وهادفة. إذ تحتكم تلك المعطيات الى مقررات
التحليل والاختبار . وبهذا الخصوص فإن المبحث الحالي يتناول المحاور الآتية :

أولاً : اختبار معنوية الفرق بين عينة المديرين في القطاعين الخاص والمختلط :

يتناول هذا المحور التعامل مع الاثارات البحثية الخاصة بكشف أوجه التشابه أو الاختلاف
بين احتياجات المديرين في كلا القطاعين من أنماط تفكير محددة وكذلك من مـداخل قـرار معينـة .
ويستطلع هذا المحور طبيعة الاختلاف ومواطنه مـن خـلال آراء المـديرين الموجهة نحو متغيرات
القياس المعدة لذلك . ويتم ذلك عبر عينات البحث المميزة ضمن تصنيفاتها العمودية (الادارة العليا
والادارة الوظيفية) للقطاع الواحد، فضلاً عن تصنيفاتها الافقية بين القطاعين المبحوثين . وتعد هذه
الاثارات قواعد صيغت على أساسها فرضيات البحث . وقد أختـير المختـبر الاحصائي (ت)[*] كأحـد
المقاييس البارامترية لاختبار فرضيات هذا المحور . إذ أنه يعد أسلوباً شائعاً في اختبار معنوية الفرق
بين عينتين .

وفي هذا الاطار، يستكمل هذا المحور ما انتهى اليه المبحث السابق مـن تنفيـذ الخطـوات
المحددة لتحليل العلاقات الافتراضية التي أشرت ضمن مفردة العلاقات المتوقعـة لأنمـوذج البحـث .

Two Sample Pooled T - Test .(*)

إذ حددت مهمة الفروض المعدة لهذا المحور بالتعرف على الاختلاف المتوقع بين عينات البحث وفقاً لما هو مفصل في فرضيات البحث . والوقوف على طبيعة الفروق المعنوية بين آراء المديرين إن وجدت . وعليه تنفذ مقاصد هذا المحور على النحو الآتي :

١- اختبار معنوية الفرق بين أنماط التفكير التي يعتمدها المديرين في مستوى الادارة العليا ومستوى الادارة الوظيفية (الوسطى) :

إن الهدف من معالجة هذه الحالة هو التعرف على الاختلافات التي قد تظهر في أنماط التفكير عند المديرين في مستوى الادارة العليا . إذ تشير المعطيات النظرية لهذه الرؤية بأن الادارة العليا ينبغي أن تنهج منهجاً في التفكير يطلق عليه بـ "التفكير التركيبي" . وإن الادارة الوسطى تنهج منهج التفكير التحليلي في التفكير . ومن المنطلق الاحصائي أن فرضية العدم تقرر عدم وجود فروق بين متوسطات العينتين للادارات العليا والادارة التنفيذية، ونأمل أن نرفض هذه الفرضية لأنها عكس المنطق الفلسفي . ومن خلال الاختبار التائي الذي أجري على هذا الاساس اتضح الآتي :

أ- عينة القطاع المختلط :

لم تظهر فروق معنوية بين أنماط التفكير بين عينة المديرين في الادارة العليا وبين المديرين العاملين في الادارة الوسطى (الوظيفية)، كما يظهره الجدول (٢٤-٤).

جدول (٢٤-٤)

قيم اختبارات (ت) لمتوسطات نتائج مقياس أنماط التفكير لدى الادارة العليا والوسطى في القطاع المختلط

ت	القيم الاحصائية	المتوسطات		انحراف معياري		الخطأ القياسي		قيمة	الاحتمالية	الفروقات
	المتغيرات	عليا	وسطى	عليا	وسطى	عليا	وسطى	ت	P	
١	الفرص	٢.٧٠	٢.٨٢	١.٣٨	١.٤٤	٠.٣١	٠.٢٧	- ٠.٢٩	٠.٧٧	غير معنوي
٢	استثمار الفرص	٢.٧٠	٢.٨٦	١.٣٨	١.٤٨	٠.٣١	٠.٢٨	- ٠.٣٧	٠.٧١	غير معنوي
٣	الاسناد المعرفي	٢.٥٠	٢.٢٩	١.٦٤	١.٣٦	٠.٣٧	٠.٢٦	٠.٤٩	٠.٦٢	غير معنوي
٤	الحلول	٢.٩٥	٣.١١	١.٥٧	١.٦٦	٠.٣٥	٠.٣١	- ٠.٣٣	٠.٧٤	غير معنوي
٥	التغيير	٢.٤٠	٢.٥٤	١.٢٧	١.٤٠	٠.٢٨	٠.٢٦	- ٠.٣٤	٠.٧٣	غير معنوي
٦	المرونة	٣.٤٥	٣.١١	١.٥٤	١.٤٢	٠.٣٤	٠.٢٧	٠.٨٠	٠.٤٣	غير معنوي
٧	النتائج والحلول	٣.٧٠	٣.٠٧	١.٠٨	١.٤٤	٠.٢٤	٠.٢٧	١.٦٥	٠.١١	غير معنوي
٨	القيم والاهداف	٢.٩٥	٢.٧٥	١.٤٧	١.٤٣	٠.٣٣	٠.٢٧	٠.٤٧	٠.٦٤	غير معنوي
٩	المؤشرات	٢.٥٠	٢.٢١	١.٣٢	١.١٣	٠.٢٩	٠.٢١	٠.٨٠	٠.٤٣	غير معنوي
١٠	الذات والاهدف	٢.٤٥	٢.٠٧	١.٤٣	١.٢١	٠.٣٢	٠.٢٣	٠.٩٩	٠.٣٣	غير معنوي
١١	التفاصيل	٢.٢٥	٢.٣٩	١.٢٩	١.٣١	٠.٢٩	٠.٢٥	- ٠.٣٧	٠.٧١	غير معنوي
١٢	التعامل	٢.٦٠	٢.٦٨	١.٢٧	١.٣٩	٠.٢٨	٠.٢٦	- ٠.٢٠	٠.٨٤	غير معنوي
١٣	البيانات	٢.٨٠	٢.٧٥	١.٥١	١.٢١	٠.٣٤	٠.٢٣	٠.١٣	٠.٩٠	غير معنوي
١٤	حل المشكلات	٢.٧٥	٢.٧٥	١.٦٥	١.٣٢	٠.٣٧	٠.٢٥	٠.٠٠	١.٠٠	غير معنوي
١٥	ظرف القرار	١.٦٥	٢.٢١	٠.٩٣	١.٢٩	٠.٢١	٠.٢٤	- ١.٦٧	٠.١٠	غير معنوي
١٦	كشف المفاجآت	٢.٢٥	٢.٧٩	١.٥٩	١.٥٧	٠.٣٥	٠.٣٠	- ٠.١٦	٠.٢٥	غير معنوي
١٧	المنظور	٠.٣٥	٢.٦٤	١.٤٢	١.٤٧	٠.٣٢	٠.٢٨	- ٠.٦٩	٠.٤٩	غير معنوي
١٨	الاجراءات	٢.١٠	١.٨٩	١.٢١	١.٢٠	٠.٢٧	٠.٢٣	٠.٥٩	٠.٥٦	غير معنوي
اختبار (ت) الاجمالي		٤٧.٠	٤٦.٩	١٣.١	١٥.٧	٢.٩	٣.٠	٠.٠٣	٠.٩٨	غير معنوي

ن = ٤٨ د. ح = ٤٦

حيث بلغت قيمة ت = ٠.٠٣ على مستوى اجمالي المتغيرات ودرجات حرية (٤٦) وعند مستوى معنوية (٠.٩٨) . وبلغت المتوسطات الحسابية للادارة العليا (٤٧.٠) وللادارة الوسطى (٤٦.٩) وانحراف معياري (١٣.١) و (١٥.٧) لكل منهما على التوالي .

قد تعكس هـذه النتيجـة ضـعف استيعاب هـذه الادارات لـنماذج القرارات الاستراتيجية ومتضمناتها الفلسفية التي نجم عنها تبادل الادوار القرارية أحياناً وعدم تناسبها في الميل المستهدف نحو تبني اتجاه التفكير التركيبي للادارة العليا وكذلك تبني اتجاه التفكير التحليلي للادارة الوسطى، لقد أفصحت عن ذلك عملية وصف وتشخيص متغيرات البحث . وأبعد مـن ذلك أشرت معاملات الاختلاف الكبيرة التي بدت على أغلب متغيرات التفكير الاستراتيجي مـن واقع اجابـات المبحوثين . ويتضح ذلك من واقع الجداول المعدة للتحليـل الوصفـي . إذ أن أغلـب المتغيرات أشرت معاملات اختلاف عالية تجاوزت نسبتها (٤٠%) .

ب- عينة القطاع الخاص :

يشير الجدول (٢٥-٤) عن أنه لم تظهر فروقات معنوية بين متوسطات أنمـاط التفكيـر لعينـة المديرين في الادارة العليا وعينـة المـديرين في الادارة الوظيفيـة . عـدا في متغير واحد وهـو اعتماد المديرين صيغ لمعالجات المشكلات في الشركات المبحوثة وبشكل شمولي وجذري . إذ بلغت قيمـة ت = ١.٩٨ وباحتمالية (٠.٠٥) وبلغت المتوسطات الحسابية للعينتين نحو (٣.٥٨) و (٢.٦٩) على التوالي وانحرافات معيارية نحـو (١.١٢) و (١.٥٤) علـى التوالي، ومع اسهام هـذا المتغيـر في رفع معنوية الاختلاف، إلا أن الاختبار على المستوى الاجمالي أشر عدم معنوية الاختلاف . إذ بلغـت قيمـة ت = ١.١٠ وباحتمالية (٠.٢٨) ودرجات حرية (٣٣) وعند مستوى معنوية (٠.٠٥) . ويسري استنتاج البحث الوارد في الفقرة (أ) على هذا القطاع كذلك .

وجاءت نتائج الفقرة (أ) و (ب) مناقضة للفرضية البديلة التي نصت على تبـاين احتياجـات المدير الاستراتيجي من أنماط التفكير بتباين موقعه الاداري في المنظمة .

جدول (٢٥-٤)

قيم اختبار (ت) لمتوسطات نتائج مقاييس أنماط التفكير لدى الادارة العليا والوسطى في القطاع الخاص

ت	القيم الاحصائية	المتوسطات		انحراف معياري		الخطأ القياسي		قيمة	الاحتمالية	الفروقات
	المتغيرات	عليا	وسطى	عليا	وسطى	عليا	وسطى	ت	أ	
١	الفرص	٣.٦٣	٣.١٢	١.٥٤	١.٧١	٠.٣٥	٠.٤٣	٠.٩٢	٠.٣٦	غير معنوي
٢	استثمار الفرص	٣.٧٩	٣.٣١	١.٣٢	١.٧٠	٠.٣٠	٠.٤٣	٠.٩٣	٠.٣٦	غير معنوي
٣	الاسناد المعرفي	٢.٧٤	٢.٩٢	١.٦٩	١.٦٧	٠.٣٩	٠.٤٢	٠.٢٠	٠.٨٥	غير معنوي
٤	الحلول	٣.٥٨	٢.٦٩	١.١٢	١.٥٤	٠.٢٦	٠.٣٨	١.٩٨	٠.٠٥	معنوي
٥	التغيير	٣.١١	٢.٨١	١.١٠	١.٤٢	٠.٢٥	٠.٣٦	٠.٦٩	٠.٥٠	غير معنوي
٦	المرونة	٣.٧٤	٣.٢٥	١.٠٥	١.٥٧	٠.٢٤	٠.٣٩	١.٠٩	٠.٢٨	غير معنوي
٧	النتائج والحلول	٤.٠٠	٣.١٩	١.٢٠	١.٤٧	٠.٢٨	٠.٣٧	١.٨٠	٠.٠٨	غير معنوي
٨	القيم والاهداف	٣.٣٢	٣.٠٦	١.٣٨	١.٤٨	٠.٣٢	٠.٣٧	٠.٥٢	٠.٦٠	غير معنوي
٩	المؤشرات	٢.٦٨	٢.٦٩	١.٣٨	١.١٤	٠.٣٢	٠.٢٨	٠.٠١ -	٠.٩٩	غير معنوي
١٠	الذات والاهدف	٢.٨٤	٢.٥٠	١.٤٦	١.٥٩	٠.٣٤	٠.٤٠	٠.٦٦	٠.٥١	غير معنوي
١١	التفاصيل	٢.٧٤	٢.٩٤	١.٦٦	١.٨٤	٠.٣٨	٠.٤٦	٠.٣٤ -	٠.٧٤	غير معنوي
١٢	التعامل	٣.٦٣	٣.١٩	١.١٦	١.٥٦	٠.٢٧	٠.٣٩	٠.٩٦	٠.٣٤	غير معنوي
١٣	البيانات	٣.٢١	٢.٨٨	١.٣٦	١.٤٥	٠.٣١	٠.٣٦	٠.٧١	٠.٤٩	غير معنوي
١٤	حل المشكلات	٣.٣٧	٣.١٩	١.٢٦	١.٢٥	٠.٢٩	٠.٣٨	٠.٣٩	٠.٧٠	غير معنوي
١٥	ظرف القرار	٢.٦٣	٢.٥٦	١.٦٧	١.٣١	٠.٣٨	٠.٣٣	٠.١٣	٠.٨٩	غير معنوي
١٦	كشف المفاجآت	٢.٧٩	٢.٦٩	١.٤٧	١.٥٨	٠.٣٤	٠.٣٩	٠.٢٠	٠.٨٤	غير معنوي
١٧	المنظور	٣.٠٠	٢.٨٨	١.٥٦	١.٤١	٠.٣٦	٠.٣٥	٠.٢٥	٠.٨١	غير معنوي
١٨	الاجراءات	٢.٥٣	٢.٢٥	١.١٧	١.٣٩	٠.٢٧	٠.٢٥	٠.٦٤	٠.٥٣	غير معنوي
اختبار (ت) الاجمالي		٥٧.٣	٥١.٨	٩.٨٣	١٩.١	٢.٣	٤.٨	١.١٠	٠.٢٨	غير معنوي

ن = ٣٥ د.ح = ٣٣

٢- اختبار معنوية الفرق بين اختيار مداخل اتخاذ القرار من قبل المديرين في الادارة العليا ومستوى الادارة الوظيفية :

يهدف هذا الاختبار ضمن هذه الفقرة الى التعرف على طبيعة اختلاف المديرين من حيث تبني الادارة العليا المدخل الوصفي في اتخاذ القرارات الاستراتيجية، في حين تتبنى الادارة الوسطى المدخل المعياري في اتخاذ القرارات الاستراتيجية . وقد اختار البحث الفرضية البديلة من وجهة نظر احصائية لتؤكد وجود اختلاف أو فروق معنوية بين العينتين . لعل ذلك يحقق مقاصد الطرح الفلسفي . وقد اتضح من نتائج اختبار (ت) الآتي :

أ- عينة القطاع المختلط :

يشير الجدول (٢٦-٤) أنه لم تظهر فروق معنوية بين الادارة العليا والادارة الوسطى بخصوص اختلاف كل عينة باختيار مدخل للقرار وفق مقررات الطرح الفلسفي سوى متغير تفسير فروض مدخل القرار الذي ينص على أن الادارة العليا تواجه صعوبة في التنبؤ بالمجريات المستقبلية في حين يسهل التنبؤ بهذه المجريات عند الادارة الوسطى . وقد ظهرت قيمة ت = - ٢.١٢ لصالح الادارة الوسطى، وأن قيم المتوسطات الحسابية كانت (٣.١٠) و (٣.٩٣) لكل عينة وكذلك الانحرافات المعيارية كانت (1.51) و (١.٢١) على التوالي وباحتمالية (٠.٠٤) وبمستوى معنوية (٠.٠٥) .

وظهرت قيمة ت = - ٠.٣١ على مستوى الاختبار الاجمالي لجميع المتغيرات في هذا البند وهي غير معنوية وباحتمالية (٠.٧٦) ودرجات حرية (٤٦) وبمستوى معنوية ٠.٠٥ .

جدول (٢٦-٤)

قيم اختبارات (ت) لمتوسطات نتائج مقياس اتخاذ القرارات لدى الادارة العليا

والوسطى في القطاع المختلط (ن = ٤٨)، (د. ح = ٤٦)

ت	القيم الاحصائية	المتوسطات		انحراف معياري		الخطأ القياسي		قيمة	الاحتمالية	الفروقات
	المتغيرات	عليا	وسطى	عليا	وسطى	عليا	وسطى	ت	P	
١	القيود	٣.٤٣	٤.١١	١.٤٣	١.١٢	٠.٣١	٠.٢٢	- ١.٤٢	٠.٠٦	غير معنوي
٢	التنبؤ	٣.١٠	٣.٩٣	١.٥١	١.٢١	٠.٣٣	٠.٢٣	- ٢.١٢	٠.٠٤	معنوي
٣	دينامية الاهداف	٣.٢٤	٣.٣٣	١.٣٧	١.٦٩	٠.٣٠	٠.٣٢	- ٠.٢١	٠.٨٣	غير معنوي
٤	المشاركة بالقرار	٣.٤٨	٣.٨٩	١.٣٦	١.١٩	٠.٣٠	٠.٢٣	- ١.١٢	٠.٢٧	غير معنوي
٥	أدلة القرار	٢.٧٦	٣.٠٠	١.٤١	١.٢١	٠.٣١	٠.٢٣	- ٠.٦٣	٠.٥٣	غير معنوي
٦	مصدر التصور	٢.٦٧	٢.٧٠	١.٥٦	١.٤٩	٠.٣٤	٠.٢٩	- ٠.٠٨	٠.٩٣	غير معنوي
٧	السابقة التاريخية	٤.١٠	٣.٨١	١.١٨	١.٣٠	٠.٢٦	٠.٢٥	٠.٧٧	٠.٤٤	غير معنوي
٨	ثبات المنهج	٢.٦٧	٢.٦٧	١.١١	١.٢١	٠.٢٤	٠.٢٣	٠.٠٠	١.٠٠	غير معنوي
٩	مدى التركيز	٢.٥٢	٢.٩٦	١.١٢	١.٠٦	٠.٢٥	٠.٢٠	- ١.٣٩	٠.١٧	غير معنوي
١٠	أسس تقويم البديل	٣.١٠	٣.٠٤	١.٢٦	١.١٩	٠.٢٨	٠.٢٣	٠.١٦	٠.٨٧	غير معنوي
١١	قبول المجازفة	٢.٨٦	٢.٤٨	١.٦٢	١.٣٤	٠.٣٥	٠.٢٦	٠.٨٨	٠.٣٨	غير معنوي
١٢	الجديد في السوق	٢.٥٧	٣.٠٤	١.٣٦	١.٥٨	٠.٣٠	٠.٣٠	- ١.٠٧	٠.٢٩	غير معنوي
١٣	معالجة المشكلات	٣.١٠	٣.٣٣	١.٨١	١.٦٤	٠.٤٠	٠.٣٢	- ٠.٤٨	٠.٦٤	غير معنوي
١٤	التركيز على الزبون	٣.٢٩	٢.٥٩	١.٤٥	١.٥٣	٠.٣٢	٠.٢٩	١.٥٩	٠.١٢	غير معنوي
١٥	تحليل المشكلات	٣.٧١	٣.٠٧	١.٥٩	١.٥٤	٠.٣٥	٠.٣٠	١.٤١	٠.١٧	غير معنوي
١٦	تعقد المشكلات	٣.٤٨	٣.٠٧	١.٦٣	١.٤٤	٠.٣٦	٠.٢٨	٠.٩١	٠.٣٧	غير معنوي
١٧	الرؤية المستقبلية	٢.٣٣	٢.٤١	١.٤٦	١.٤٢	٠.٣٢	٠.٢٧	- ٠.١٨	٠.٨٦	غير معنوي
١٨	تبعية الخطأ في قرار	٣.٢٤	٣.٣٧	١.٥٨	١.٦٧	٠.٣٤	٠.٣٢	- ٠.٢٨	٠.٧٨	غير معنوي
اختبار (ت) الاجمالي		**٥٥.٦**	**٥٦.٨**	**١٣.٦**	**١٣.٣**	**٣.٠٠**	**٢.٦**	**- ٠.٣١**	**٠.٧٦**	**غير معنوي**

ويظهر هذا الاستنتاج ضعف تمييز المدخل المناسب لكل عينة (مستوى اداري)، ويعد هذا الامر من الناحية العملية مثلبة على واقع هذه الادارات . إذ أن المدخل الوصفي يساهم في صياغة القرارات الابداعية ورؤية المستقبل وتحديد

اتجاهات القرار في هذا الاطار . إن الادارة الوظيفية ينبغي أن تنفذ مكامن الابداع المنبثق عن الادارة العليا وتوجيهاتها .

والجدير بالذكر أن هذه النتيجة تنسجم مع ماأفصحت عنه وصف المتغيرات الشخصية للمديرين وعلى المستويين . حيث ظهر تدني مستوى المشاركة في دورات تخصصية في القرارات الاستراتيجية فضلاً عن تدني مستوى المشاركة في دورات معالجة البيانات . ومما لاشك فيه أن غياب المدير عن هذه الدورات يضعف دوره في تقييم متغيرات القرار من جهة وصعوبة فهم تعقيدات القرارات الاستراتيجية والمناورة في معالمها . وجاءت هذه النتيجة مناقضة للفرضية البديلة مما دفعت بالفرضية الصفرية نحو التحقق .

ب- عينة القطاع الخاص :

يشير الجدول (٢٧-٤) الى أنه لم تظهر فروق معنوية من خلال اختبار (ت) الذي أجري على عينتي المديرين للقطاع الخاص وهما، الادارة العليا والادارة الوسطى. عدا ظهور فروق معنوية في المتغير الخاص بالمدخل الحدسي، حيث ينص على أن الادارة العليا تعتمد على تخميناتها الذاتية في النظر الى مستقبل الانشطة في الشركة، وأن الادارة الوسطى تميل الى استخدام الاساليب الكمية والحقائق في تقويم المستقبل. إذ بلغت قيمة ت = -٢.٥٨ وباحتمالية (٠.٠١٥) وبدرجة حرية (٣٣). وبلغت المتوسطات الحسابية والانحرافات المعيارية للادارة العليا والادارة الوسطى نحو (٢.٤١) و (٣.٤٤) والانحرافات المعيارية نحو (١.١٧) و (١.١٥) على التوالي .

وعلى المستوى الاجمالي كانت قيمة ت = - ١.١٤ وباحتمالية (٠.٢٦) ودرجة حرية (٣٣) وهي غير معنوية .

وتبدو هذه النتيجة مغايرة للمنطق النظري وأنها تقبل الفرضية الصفرية ولا تدعم هذه النتيجة قبول وجود اختلاف في كلا العينتين على مستوى القطاع الواحد سوى ماأشرنا اليه، وتسري رؤيتنا التي عبرت عن القطاع المختلط بهذا الخصوص على القطاع الخاص كذلك .

جدول (٢٧-٤)

قيم اختبار (ت) لمتوسطات نتائج مقياس اتخاذ القرارات لدى الادارة العليا والوسطى في القطاع الخاص

ت	القيم الاحصائية	المتوسطات		انحراف معياري		الخطأ القياسي		قيمة	الاحتمالية	الفروقات
	المتغيرات	عليا	وسطى	عليا	وسطى	عليا	وسطى	ت	P	
١	القيود	٣.٤٢	٣.٦٨	١.٧٧	٠.٨٧	٠.٤١	٠.٢٢	- ٠.٥٥	٠.٥٩	غير معنوي
٢	التنبؤ	٣.١١	٣.٦٩	١.٧٦	١.٠٨	٠.٤٠	٠.٢٧	- ١.١٥	٠.٢٦	غير معنوي
٣	دينامية الاهداف	٣.٥٣	٣.٣١	١.٥٨	١.٤٠	٠.٣٦	٠.٣٥	٠.٤٢	٠.٦٨	غير معنوي
٤	المشاركة بالقرار	٣.٤٧	٣.٩٣	١.٢٦	٠.٩٢	٠.٢٩	٠.٢٣	- ١.٢٢	٠.٢٣	غير معنوي
٥	أدلة القرار	٢.٤٢	٣.٤٤	١.١٧	١.١٥	٠.٢٧	٠.٢٩	- ٢.٥٨	٠.٠١	معنوي
٦	مصدر التصور	٢.٧٩	٣.٦٩	١.٥١	١.٧٠	٠.٣٥	٠.٤٣	- ١.٦٥	٠.١١	غير معنوي
٧	السابقة التاريخية	٣.٧٤	٤.٣٧	١.٢٤	٠.٨٠	٠.٢٨	٠.٢٠	- ١.٧٧	٠.٠٨	غير معنوي
٨	ثبات المنهج	٣.٣٢	٣.٤٤	١.١١	١.٥٠	٠.٢٥	٠.٣٨	- ٠.٢٨	٠.٧٨	غير معنوي
٩	مدى التركيز	٢.٧٤	٣.١٢	١.٣٧	١.٨٢	٠.٣١	٠.٤٦	- ٠.٧٢	٠.٤٨	غير معنوي
١٠	أسس تقويم البديل	٣.٤٧	٣.٣٧	١.٠٧	١.٦٧	٠.٢٥	٠.٤٢	٠.٢١	٠.٨٣	غير معنوي
١١	قبول المجازفة	٢.٦٨	٢.٦٩	١.٣٨	١.٤٥	٠.٣٢	٠.٣٦	- ٠.٠١	٠.٩٩	غير معنوي
١٢	الجديد في السوق	٣.٠٠	٣.١٩	١.٤٩	١.٥٦	٠.٣٤	٠.٣٩	- ٠.٣٦	٠.٧٢	غير معنوي
١٣	معالجة المشكلات	٣.٠٥	٣.١٢	١.٦١	١.٥٤	٠.٣٧	٠.٣٩	- ٠.١٣	٠.٨٩	غير معنوي
١٤	التركيز على الزبون	٣.٠٠	٣.١٩	١.٢٠	١.٥٦	٠.٢٨	٠.٣٩	- ٠.٤٠	٠.٦٩	غير معنوي
١٥	تحليل المشكلات	٣.٦٣	٣.٤٤	١.١٦	١.٣٦	٠.٢٧	٠.٣٤	٠.٤٥	٠.٦٥	غير معنوي
١٦	تعقد المشكلات	٣.٥٨	٣.٦٩	١.٣٠	١.٣٠	٠.٣٠	٠.٣٣	- ٠.٢٥	٠.٨١	غير معنوي
١٧	الرؤية المستقبلية	٣.٣٧	٣.٤٤	١.٤٢	١.٤٦	٠.٣٣	٠.٣٦	- ٠.١٤	٠.٨٩	غير معنوي
١٨	تبعية الخطأ في قرار	٣.٦٨	٣.٨١	١.٣٤	١.٢٨	٠.٣١	٠.٣٢	- ٠.٢٩	٠.٧٧	غير معنوي
اختبار (ت) الاجمالي		**٥٨.٠**	**٦٢.٦**	**٩.٧٩**	**١٤.١**	**٢.٢**	**٣.٥**	**- ١.١٤**	**٠.٢٦**	**غير معنوي**

ن = ٣٥   د.ح = ٣٣

٣- اختبار معنوية الفرق بين أنماط التفكير لدى المديرين باختلاف طبيعة القطاع:

يعد التمييز بين أنماط التفكير على أساس اختلاف ملكية القطاع مهماً لكشف اختلاف دواعي انشاء هذه القطاعات . حيث يجمع القطاع المختلط بين أهداف القطاع الحكومي والقطاع الخاص . في حين أهداف القطاع الخاص تتحدد حسب مقررات المالك الخاص دون اكتراث للقيود الحكومية عبر ممثليها في الادارة، وعليه ينبغي أن ينسحب هذا الاختلاف على أنماط التفكير عند المديرين في كلا المستويين وهما مستوى الادارة العليا ومستوى الادارة الوسطى .

وتنص الفرضية الثالثة على أن هناك اختلاف معنوي بين متوسطات كل عينة متناظرة في القطاعين. وعند تحقق هذا الاختلاف فإن الفعل الفلسفي قد يعزز بنية القرارات وبنية التفكير لدى المديرين، وعند اختبار الفرق اتضح الآتي :

أ- عينة الادارة العليا في القطاع المختلط والقطاع الخاص :

لقد تبين من الجدول (٢٨-٤) ومن خلال تطبيق اختبار (ت) بوجود فروقاً ذات دلالة احصائية بين متوسطات الادارة العليا في القطاعين وباحتمال خطأ لايتجاوز (٠.٠٥) . إذ بلغت قيمة (ت) على مستوى اجمالي المتغيرات (٠.٧٦) وباحتمالية (٠.٠٠٩) وبدرجة حرية (٣٧)، وتراوحت متوسطات العينتين بين (٤٧.٠٠ - ٥٧.٣٢) وانحراف معياري (٩.٨٣ - ١٣.١) .وقد ساهمت عدد من المتغيرات في معنوية الاختبار وعلى النحو الآتي :

- محور التفكير في صناعة الفرص الجديدة في السوق، فقد تبين من اختبار (ت) أن هناك فروقاً أحصائية بين أنماط التفكير للادارة العليا (قطاع مختلط) وأنماط التفكير في القطاع الخاص. حيث أبدت آراء المديرين للادارة العليا في القطاع المختلط بأنهم يستغلون الفرص القائمة، في حين أبدت آراء الادارة العليا في القطاع الخاص بأنهم يصنعون الفرص الجديدة. وكانت قيمة ت = ١.٩٩ وعند مستوى معنوية (٠.٠٥).

- واتضـح كـذلك في محور التفكير في الاستثمار بـالفرص الجديدة، أن هناك فروقـاً معنويـة بين القطاعين ضـمن مسـتويات الادارة العليا لكليهما، إذ تفكر الادارة العليا في القطاع المختلط بالاستثمار في الفرص المألوفة، في حين في القطاع الخاص تفكر الادارة العليا بالسبق في استثمار الفرص الجديدة . وكانت قيمة ت = - ٢.٢٥ وباحتمال خطأ لا يتجاوز (٠.٠١) .

وينتمي هذين المتغيرين الى التفكير التركيبي عند القطاع الخاص والى التفكير التحليلي عنـد القطاع المختلط .

- وقد تبين في محور التفكير بالموضوعات غير المألوفة، فقد أظهر الاختبار عن وجود فروقـاً معنويـة بين الادارة العليا لكلا القطاعين . وكانت قيمة ت = - ٢.٦٤ وباحتمال خطأ لا يتجاوز (٠.٠١) . ويشير ذلك الى أن الادارة العليا في القطاع الخاص تتعامل مع الموضوعات غـير المألوفة . وجاء ذلك ليستكمل عناصر المجازفة في هـذا القطاع، في حـين أن الادارة العليا في القطاع المختلط تتعامل مع الموضوعات المألوفة .

- وأبرزت نتيجة الاختبار التي أجريت على محور التفكير في تفضيل القرارات التي يكتنفها الغموض، بأن هناك فروقاً معنوية لصالح القطاع الخاص، إذ أن قيمة ت = - ٢.٢٨ وعند مسـتوى معنويـة (٠.٠٢) . ويعني ذلك أن الادارة العليا في القطاع الخاص أكثر مـيلاً لاتخـاذ القرارات التي هـي على قدر عال من الغموض. في حين تميل الادارة العليا في القطاع المختلط الى اتخاذ القرارات التي تكون نتائجها على درجة عالية من اليقين .

ويقع المتغيران السابقان ضمن أنماط التفكير التركيبي التي تعكس مواقف الادارة العليا في القطاع الخاص، في حـين تعكس مواقـف الادارة العليا في القطاع المختلط أهميتها نحـو التفكير التحليلي .

وتعد هذه النتائج وفي حدود هذه المتغيرات رافضة للفرضية الصفرية التي تنص علـى عـدم وجود فروق معنوية بين أنماط التفكير لكلا القطاعين وبالتحديد

بين اداراتها العليا، وتسجل هـذه الحالـة لصالح أهـداف البحـث التـي تسـعى الى تشـخيص هـذا الاختلاف .

وعندئذ فإن الفرضية البديلـة (الفرضيـة الفرعيـة الاولى مـن الفرضيـة الرئيسـة الثالثـة) قـد تحققت في هذه الحدود . إلا أن هناك متغيرات أخرى تمثل محاور تفكير مهمـة لم يفصـح الاختبـار التائي عن أية فروق معنوية . وعلى ذلك فإن تنفيذ الاختبار التائي على اجمالي المتغيرات قـد أفصـح بالنتيجة عن وجود فروق معنوية بين القطاعين وكانت النتيجـة لصـالح القطـاع الخـاص في توجهـه نحو تبني التفكير التركيبي . في حين يكون توجه القطاع المختلط نحو تبني التفكير التحليلي .

وقد يعزى ذلك الى أن القطاع المختلط مازال في ضوء هـذه النتيجـة غـير ميـال الى المجازفـة وتحمل النتائج غير المتوقعة في اطار ميدان البحث، وتدخل عوامل عديدة في تسويغ هـذه النتيجـة منها ما ذكرناه قبل قليل، ومنها خارجة عن نطاق تضمينها في هذا البحث .

جدول (٢٨-٤)

قيم اختبار (ت) لمتوسطات نتائج مقياس أنماط التفكير لدى الادارة العليا

في القطاعين المختلط والخاص

ت	القيم الاحصائية	المتوسطات		انحراف معياري		الخطأ القياسي		قيمة	الاحتمالية	الفروقات
	المتغيرات	مختلط	خاص	مختلط	خاص	مختلط	خاص	ت	P	
١	الفرص	٢.٧٠	٣.٦٣	١.٣٨	١.٥٤	٠.٣١	٠.٣٥	- ١.٩٩	٠.٠٥	معنوي
٢	استثمار الفرص	٢.٧٠	٣.٧٩	١.٣٨	١.٣٢	٠.٣١	٠.٣٠	- ٢.٥٢	٠.٠١	معنوي
٣	الاسناد المعرفي	٢.٥٠	٢.٧٤	١.٦٤	١.٦٩	٠.٣٧	٠.٣٩	- ٠.٤٤	٠.٦٦	غير معنوي
٤	الحلول	٢.٩٥	٣.٥٨	١.٥٧	١.١٢	٠.٣٥	٠.٢٦	- ١.٤٣	٠.١٦	غير معنوي
٥	التغيير	٢.٤٠	٣.١١	١.٢٧	١.١٠	٠.٢٨	٠.٢٥	- ١.٨٥	٠.٠٧	غير معنوي
٦	المرونة	٣.٤٥	٣.٧٤	١.٥٤	١.٠٥	٠.٣٤	٠.٢٤	- ٠.٦٨	٠.٥٠	غير معنوي
٧	النتائج والحلول	٣.٧٠	٤.٠٠	١.٠٨	١.٢٠	٠.٢٤	٠.٢٨	- ٠.٨٢	٠.٤٢	غير معنوي
٨	القيم والاهداف	٢.٩٥	٣.٣٢	١.٤٧	١.٣٨	٠.٣٣	٠.٣٢	- ٠.٨٠	٠.٤٣	غير معنوي
٩	المؤشرات	٢.٥٠	٢.٦٨	١.٣٢	١.٣٨	٠.٢٩	٠.٣٢	- ٠.٤٣	٠.٦٧	غير معنوي
١٠	الذات والاهداف	٢.٤٥	٢.٨٤	١.٤٣	١.٤٦	٠.٣٢	٠.٣٤	- ٠.٨٥	٠.٤٠	غير معنوي
١١	التفاصيل	٢.٢٥	٢.٧٤	١.٢٩	١.٦٦	٠.٢٩	٠.٣٨	- ١.٠٢	٠.٣١	غير معنوي
١٢	التعامل	٢.٦٠	٣.٦٣	١.٢٧	١.١٦	٠.٢٨	٠.٢٧	- ٢.٦٤	٠.٠١	معنوي
١٣	البيانات	٢.٨٠	٣.٢١	١.٥١	١.٣٦	٠.٣٤	٠.٣١	- ٠.٨٩	٠.٣٨	غير معنوي
١٤	حل المشكلات	٢.٥٧	٣.٣٧	١.٦٥	١.٢٦	٠.٣٧	٠.٢٩	- ١.٣١	٠.٢٠	غير معنوي
١٥	ظرف القرار	١.٦٥	٢.٦٣	٠.٩٣	١.٦٧	٠.٢١	٠.٣٨	- ٢.٢٨	٠.٠٢	معنوي
١٦	كشف المفاجآت	٢.٢٥	٢.٧٩	١.٥٩	١.٤٧	٠.٣٥	٠.٣٤	- ١.١٠	٠.٢٨	غير معنوي
١٧	المنظور	٢.٣٥	٣.٠٠	١.٤٢	١.٥٦	٠.٣٢	٠.٣٦	- ١.٣٦	٠.١٨	غير معنوي
١٨	الاجراءات	٢.١٠	٢.٥٣	١.٢١	١.١٧	٠.٢٧	٠.٢٧	- ١.١٢	٠.٢٧	غير معنوي
اختبار (ت) الاجمالي		**٤٧.٠**	**٥٧.٣**	**١٣.١**	**٩.٨٣**	**٢.٩**	**٢.٣**	**- ٢.٧٦**	**٠.٠٠٩**	**معنوي**

ن = ٣٩ د.ح = ٣٧

ب- عينة الادارة الوظيفية في القطاع المختلط والقطاع الخاص :

تعد الادارة الوظيفية الظهير الاستراتيجي للادارة العليا في جميع التراكيب المنظمية. وعلى هذا الاساس فإن اختبار الفروق المعنوية لهذه الفئة قد تعطي مؤشراً مهماً. لاسيما هذا المستوى مسؤولاً عن تنفيذ القرارات الاستراتيجية التي تتخذ في الادارة العليا وفي نفس الوقت تساهم في عملية اتخاذ مثل هذه القرارات بشكل مباشر عند حضوره في مجالس الادارة أو عن طريق غير مباشر في تقديم القاعدة

المعلوماتية اللازمة لاتخاذ القرارات. وفي كل الاحوال نفترض بأن هناك فروق معنويـة، إلا أن الاختبار التائي الموضح في الجدول (٢٩-٤) لم يفصح عن أية فروق معنويـة ولجميـع المتغـيرات إذ أن قيمة ت = ٠.٩٢ واحتماليـة خطـأ نحـو (٠.٣٦) وبمتوسـطات للقطـاعين المخـتلط والخـاص (٤٦.٩ - ٥١.٨) وانحرافات معيارية (١٥.٧ - ١٩.١) .

جدول (٢٩-٤)

قيم اختبار (ت) لمتوسطات نتائج مقياس أنماط التفكير لدى الادارة الوظيفية

في القطاعين المختلط والخاص

ت	القيم الاحصائية	المتوسطات		انحراف معياري		الخطأ القياسي		قيمة	الاحتمالية	الفروقات
	المتغيرات	مختلط	خاص	مختلط	خاص	مختلط	خاص	ت	P	
١	الفرص	٢.٨٢	٣.١٢	١.٤٤	١.٧١	٠.٢٧	٠.٤٣	- ٠.٦٣	٠.٥٣	غير معنوي
٢	استثمار الفرص	٢.٨٦	٣.٣١	١.٤٨	١.٧٠	٠.٢٨	٠.٤٣	- ٠.٩٣	٠.٣٦	غير معنوي
٣	الاسناد المعرفي	٢.٢٩	٢.٦٢	١.٣٦	١.٦٧	٠.٢٦	٠.٤٢	- ٠.٧٣	٠.٤٧	غير معنوي
٤	الحلول	٣.١١	٢.٦٩	١.٦٦	١.٥٤	٠.٣١	٠.٣٨	٠.٨٣	٠.٤١	غير معنوي
٥	التغيير	٢.٥٤	٢.٨١	١.٤٠	١.٤٢	٠.٢٦	٠.٣٦	- ٠.٦٣	٠.٥٣	غير معنوي
٦	المرونة	٣.١١	٣.٢٥	١.٤٢	١.٥٧	٠.٢٧	٠.٣٩	- ٠.٣١	٠.٧٦	غير معنوي
٧	النتائج والحلول	٣.٠٧	٣.١٩	١.٤٤	١.٤٧	٠.٢٧	٠.٣٧	- ٠.٢٦	٠.٨٠	غير معنوي
٨	القيم والاهداف	٢.٧٥	٣.٠٦	١.٤٣	١.٤٨	٠.٢٧	٠.٣٧	- ٠.٦٩	٠.٥٠	غير معنوي
٩	المؤشرات	٢.٢١	٢.٦٩	١.١٣	١.١٤	٠.٢١	٠.٢٨	- ١.٣٣	٠.١٩	غير معنوي
١٠	الذات والاهداف	٢.٠٧	٢.٥٠	١.٢١	١.٥٩	٠.٢٣	٠.٤٠	- ١.٠٠	٠.٣٢	غير معنوي
١١	التفاصيل	٢.٣٩	٢.٩٤	١.٣١	١.٨٤	٠.٢٥	٠.٤٦	- ١.١٤	٠.٢٦	غير معنوي
١٢	التعامل	٢.٦٨	٣.١٩	١.٣٩	١.٥٦	٠.٢٦	٠.٣٩	- ١.١٢	٠.٢٧	معنوي
١٣	البيانات	٢.٧٥	٢.٨٨	١.٢١	١.٤٥	٠.٢٣	٠.٣٦	- ٠.٣١	٠.٧٦	غير معنوي
١٤	حل المشكلات	٢.٧٥	٣.١٩	١.٣٢	١.٥٢	٠.٢٥	٠.٣٨	- ١.٠٠	٠.٣٢	غير معنوي
١٥	ظرف القرار	٢.٢١	٢.٥٦	١.٢٩	١.٣١	٠.٢٤	٠.٣٣	- ٠.٨٦	٠.٤٠	غير معنوي
١٦	كشف المفاجآت	٢.٧٩	٢.٦٩	١.٥٧	١.٥٨	٠.٣٠	٠.٣٩	٠.٢٠	٠.٨٤	غير معنوي
١٧	المنظور	٢.٦٤	٢.٨٨	١.٤٧	١.٤١	٠.٢٨	٠.٣٥	- ٠.٥١	٠.٦١	غير معنوي
١٨	الاجراءات	١.٨٩	٢.٢٥	١.٢٠	١.٣٩	٠.٢٣	٠.٣٥	- ٠.٩٠	٠ز٣٧	غير معنوي
اختبار (ت) الاجمالي		**٤٦.٩**	**٥١.٨**	**١٥.٧**	**١٩.١**	**٣.٠**	**٤.٨**	**- ٠.٩٢**	**٠.٣٦**	**غير معنوي**

ن = ٤٤ د. ح = ٤٢

٤- اختبار معنوية الفرق بين القطاع المختلط والقطاع الخاص بخصوص اختيار مدخل اتخاذ القرارات الاستراتيجية :

عندما نسعى الى كشف الاختلاف بين أنماط التفكير وعدها مصدراً مهماً لتسبيب الاختلاف في اتخاذ القرار فإن اختبار النتائج متمثلة بـ (مداخل اتخاذ القرار) يعد ركناً مكملاً لبعد التفكير وتظهر عندئذ المواقف بين الاسباب والنتائج (بين أنماط التفكير وما ينبثق عنها من قرارات). ويعد ذلك أحد المقاصد الرئيسة للفرضية الفرعية الثانية من الفرضية الرئيسة الثالثة. ويتحدد ذلك على النحو الآتي:

أ- اختبار معنوية الفرق بين الادارة العليا في القطاعين الخاص والمختلط بخصوص اختيار مدخل اتخاذ القرار :

يتضح من اختبار (ت) الموضح في الجدول (٣٠-٤) أن الفرق المعنوي انحسر فقط بالمتغير الخاص باستيعاب متخذ القرار للمشكلة المراد اتخاذ قرار بصدده على أساس الرؤية الخاصة لمتخذ القرار عن المستقبل وليس من حاجة العمل فقط .

وفي هذا الصدد فإن قيمة (ت) لهذا المتغير ت = - ٢.٢٧ وهي لصالح القطاع الخاص، وباحتمالية (٠.٠٢) وبمتوسطات (٢.٣٣ - ٣.٣٧) وانحراف معياري (١.٤٦ - ١.٤٢) .

ويشير ذلك الى أن الادارة العليا في القطاع المختلط تتخذ القرارات الاستراتيجية على أساس حاجة العمل فقط، في حين إن الادارة العليا للقطاع الخاص تتخذ القرارات الاستراتيجية على أساس ريادي . ولم تظهر فروق معنوية بخصوص المتغيرات الاخرى، إذ أظهرت قيمة ت المحسوبة لاجمالي المتغيرات ت= - ٠.٦٣ وباحتمالية (٠.٥٣) .

إن هذه النتيجة تنطق بعدم استثمار الادارة العليا في القطاع الخاص تفكيرها المستند على المجازفة في اطار التفكير التركيبي وضمن حدود المتغيرات التي أفصح عنها التحليل لاتخاذ قرارات موازية لمستوى التفكير. وفي نفس السياق لم تنعكس أنماط التفكير المشخصة في القطاع المختلط على صيغ القرارات المتخذة ضمن ما

أشارت اليه آراء المبحوثين في الادارة العليا .

جدول (٣٠-٤)

قيم اختبار (ت) لمتوسطات نتائج مقياس اتخاذ القرار الاستراتيجي لدى الادارة العليافي القطاعين المختلط والخاص

ت	القيم الاحصائية	المتوسطات		انحراف معياري		الخطأ القياسي		قيمة	الاحتمالية	الفروقات
	المتغيرات	مختلط	خاص	مختلط	خاص	مختلط	خاص	ت	P	
١	القيود	٣.٤٣	٣.٤٢	١.٤٣	١.٧٧	٠.٣١	٠.٤١	٠.٠١	٠.٩٩	غير معنوي
٢	التنبؤ	٣.١٠	٣.١١	١.٥١	١.٧٦	٠.٣٣	٠.٤٠	-٠.٠٢	٠.٩٨	غير معنوي
٣	دينامية الاهداف	٣.٢٤	٣.٥٣	١.٣٧	١.٥٨	٠.٣٠	٠.٣٦	-٠.٦٢	٠.٥٤	غير معنوي
٤	المشاركة بالقرار	٣.٤٨	٣.٤٧	١.٣٦	١.٢٦	٠.٣٠	٠.٢٩	٠.٠١	١.٠٠	غير معنوي
٥	أدلة القرار	٢.٧٦	٢.٤٢	١.٤١	١.١٧	٠.٣١	٠.٢٧	٠.٨٣	٠.٤١	غير معنوي
٦	مصدر التصور	٢.٦٧	٢.٧٩	١.٥٦	١.٥١	٠.٣٤	٠.٣٥	-٠.٢٥	٠.٨٠	غير معنوي
٧	السابقة التاريخية	٤.١٠	٣.٧٤	١.١٨	١.٢٤	٠.٢٦	٠.٢٨	٠.٩٤	٠.٣٥	غير معنوي
٨	ثبات المنهج	٢.٦٧	٢.٣٢	١.١١	١.١١	٠.٢٤	٠.٢٥	-١.٨٥	٠.٠٧	غير معنوي
٩	مدى التركيز	٢.٥٢	٢.٧٤	١.١٢	١.٣٧	٠.٢٥	٠.٣١	-٠.٥٤	٠.٥٩	غير معنوي
١٠	أسس تقويم البديل	٣.١٠	٣.٤٧	١.٢٦	١.٠٧	٠.٢٨	٠.٢٥	-١.٠٢	٠.٣٢	غير معنوي
١١	قبول المجازفة	٢.٨٦	٢.٦٨	١.٦٢	١.٣٨	٠.٣٥	٠.٣٢	٠.٣٦	٠.٧٢	غير معنوي
١٢	الجديد في السوق	٢.٥٧	٣.٠٠	١.٣٦	١.٤٩	٠.٣٠	٠.٣٤	-٠.٥٩	٠.٣٥	غير معنوي
١٣	معالجة المشكلات	٣.١٠	٣.٠٥	١.٨١	١.٦١	٠.٤٠	٠.٣٧	٠.٠٨	٠.٩٤	غير معنوي
١٤	التركيز على الزبون	٣.٢٩	٣.٠٠	١.٤٥	١.٢٠	٠.٣٢	٠.٢٨	٠.٦٧	٠.٥٠	غير معنوي
١٥	تحليل المشكلات	٣.٧١	٣.٦٣	١.٥٩	١.١٦	٠.٣٥	٠.٢٧	٠.١٩	٠.٨٥	غير معنوي
١٦	تعقد المشكلات	٣.٤٨	٣.٥٨	١.٦٣	١.٣٠	٠.٣٦	٠.٣٠	-٠.٢٢	٠.٨٣	غير معنوي
١٧	الرؤية المستقبلية	٢.٣٣	٣.٣٧	١.٤٦	١.٤٢	٠.٣٢	٠.٣٣	-٢.٢٧	٠.٠٢	معنوي
١٨	تبعية الخطأ في قرار	٣.٢٤	٣.٦٨	١.٥٨	١.٣٤	٠.٣٤	٠.٣١	-٠.٩٦	٠.٣٤	غير معنوي
اختبار (ت) الاجمالي		٥٥.٦	٥٨.٠	١٣.٦	٩.٧٩	٣.٠٠	٢.٢	-٠.٦٣	٠.٥٣	**غير معنوي**

ن = ٤٠ د. ح = ٣٨

ب- اختبار معنوية الفرق بين الادارة الوظيفية للقطاعين المختلط والخاص بخصوص اختيار مدخل اتخاذ القرارات الاستراتيجية :

أفصحت نتائج اختبار (ت) في الجدول (٣١-٤) بأن فروقات معنوية بين الادارة الوظيفية للقطاعين ظهرت ضمن متغيرين فقط . حيث تشير قيمة (ت) بخصوص اتخاذ القرار على أساس الاحساس العام أو على أساس الحقائق . فأشرت قيمة ت = - ١.٩٩ وهو لصالح القطاع الخاص بأن اتخاذ القرار يعتمد على قدر كبير من الاحساس العام وبمستوى معنوية (٠.٠٥)، وبمتوسطات (٢.٧٠ - ٣.٦٩) وانحراف معياري (١.٤٩ - ١.٧٠) . في حين تتخذ الادارة الوظيفية قراراتها الاستراتيجية حسب هذا المتغير على أساس الحقائق والارقام .

جدول (٣١-٤)

قيم اختبار (ت) لمتوسطات نتائج مقياس اتخاذ القرار الاستراتيجي لدى الادارة الوظيفية في القطاعين المختلط والخاص

ت	القيم الاحصائية / المتغيرات	المتوسطات		انحراف معياري		الخطأ القياسي		قيمة	الاحتمالية	الفروقات
		مختلط	خاص	مختلط	خاص	مختلط	خاص	ت	P	
١	القيود	٤.١١	٣.٦٨	١.١٢	٠.٨٧	٠.٢٢	٠.٢٢	١.٢٩	٠.٢٠	غير معنوي
٢	التنبؤ	٣.٩٣	٣.٦٩	١.٢١	١.٠٨	٠.٢٣	٠.٢٧	٠.٦٥	٠.٥٢	غير معنوي
٣	دينامية الاهداف	٣.٣٣	٣.٣١	١.٦٩	١.٤٠	٠.٣٢	٠.٣٥	٠.٠٤	٠.٩٧	غير معنوي
٤	المشاركة بالقرار	٣.٨٩	٣.٩٣	١.١٩	٠.٩٢	٠.٢٣	٠.٢٣	- ٠.١٤	٠.٨٩	غير معنوي
٥	أدلة القرار	٣.٠٠	٣.٤٤	١.٢١	١.١٥	٠.٢٣	٠.٢٩	- ٠.١٧	٠.٢٥	غير معنوي
٦	مصدر التصور	٢.٧٠	٣.٦٩	١.٤٩	١.٧٠	٠.٢٩	٠.٤٣	- ١.٩٩	٠.٠٥	معنوي
٧	السابقة التاريخية	٣.٨١	٤.٣٧	١.٣٠	٠.٨٠	٠.٢٥	٠.٢٠	- ١.٥٥	٠.١٣	غير معنوي
٨	ثبات المنهج	٢.٦٧	٣.٤٤	١.٢١	١.٥٠	٠.٢٣	٠.٣٨	- ١.٨٤	٠.٠٧	غير معنوي
٩	مدى التركيز	٢.٩٦	٣.١٢	١.٠٦	١.٨٢	٠.٢٠	٠.٤٦	- ٠.٣٧	٠.٧١	غير معنوي
١٠	أسس تقويم البديل	٣.٠٤	٣.٣٧	١.١٩	١.٦٧	٠.٢٣	٠.٤٢	- ٠.٧٧	٠.٤٤	غير معنوي
١١	قبول المجازفة	٢.٤٨	٢.٦٩	١.٣٤	١.٤٥	٠.٢٦	٠.٣٦	- ٠.٤٧	٠.٦٤	غير معنوي
١٢	الجديد في السوق	٣.٠٤	٣.١٩	١.٠٨	١.٥٦	٠.٣٠	٠.٣٩	- ٠.٣٠	٠.٧٦	غير معنوي
١٣	معالجة المشكلات	٣.٣٣	٣.١٢	١.٦٤	١.٥٤	٠.٣٢	٠.٣٩	٠.٤١	٠.٦٨	غير معنوي
١٤	التركيز على الزبون	٢.٥٩	٣.١٩	١.٥٣	١.٥٦	٠.٢٩	٠.٣٩	- ١.٢٣	٠.٢٣	غير معنوي
١٥	تحليل المشكلات	٣.٠٧	٣.٤٤	١.٥٤	١.٣٦	٠.٣٠	٠.٣٤	- ٠.٧٨	٠.٤٤	غير معنوي
١٦	تعقد المشكلات	٣.٠٧	٣.٦٩	١.٤٤	١.٣٠	٠.٢٨	٠.٣٣	- ١.٤٠	٠.١٧	غير معنوي
١٧	الرؤية المستقبلية	٢.٤١	٣.٤٤	١.٤٢	١.٤٦	٠.٢٧	٠.٣٦	- ٢.٢٧	٠.٠٢	معنوي
١٨	تبعية الخطأ في قرار	٣.٣٧	٣.٨١	١.٦٧	١.٢٨	٠.٣٢	٠.٣٢	- ٠.٩١	٠.٣٧	غير معنوي
	اختبار (ت) الاجمالي	**٥٦.٨**	**٦٢.٦**	**١٣.٣**	**١٤.١**	**٢.٦**	**٣.٥**	**- ١.٣٥**	**٠.١٨**	**غير معنوي**

ن = ٤٣ د. ح = ٤١

كما أن هناك فروقاً معنوية بخصوص المتغير الخاص بمنطلقات القرار الاستراتيجي، حيث يقع المنطلق بين الرؤية الذاتية والرؤية الموضوعية . وتشير قيمة ت = - ٢.٢٧ وبمعنوية (٠.٠٢) وبمتوسطات (٢.٤١ - ٣.٤٤) وانحراف

معياري (١.٤٢ - ١.٤٦) الى أن القطاع الخاص تنطلق قراراته الاستراتيجية من منطلقات الرؤية الذاتية (Subjective) في حين تنطلق قرارات الادارة الوظيفية من منطلق الرؤية الموضوعية (Objective) .

وتشير هذه المتغيرات الى أن اتجاه اتخاذ القرارات عند الادارة الوظيفية تذهب نحو المدخل الريادي وأن القطاع المختلط يتجه نحو مدخل الهيكل الرسمي. وبشكل عام وعلى الرغم من اسهام هذه المتغيرات في الافصاح عن الفروق إلا أن الاختبار التائي على المستوى الاجمالي لايظهر أية فروق معنوية حيث بلغت قيمة ت = - ١.٣٥ وباحتمالية (٠.١٨) وبمتوسطات (٥٦.٨ - ٦٢.٦) وانحرافات معيارية (١٣.٣ - ١٤.١) .

وبذلك فإن قبول فرضية العدم كان هو الغالب على هذه النتائج، وأن رفض الفرضية البحثية في حدود المتغيرات التي أشرت عدم معنويتها قد تحقق .

نستنتج من كل ما تقدم بخصوص الاختبار التائي، أن القطاع الخاص وفي حدود المتغيرات التي أشرت اختلافاً معنوياً قد جاءت منسجمة مع جانب محدود جداً من المعطيات الفلسفية التي تميزه عن القطاع المختلط . إذ كانت عدم معنوية الفروقات كثيرة مما يؤشر محدودية استيعاب المقاصد الاستراتيجية الكامنة في ثنايا أبعاد البحث، والمتمثلة تحديداً بمقاصد التفكير الاستراتيجي ومقاصد اتخاذ القرارات الاستراتيجية. ويعد ذلك مثلبة في حقيقة قياس انتاجية القرارات الاستراتيجية التي تتخذ في هذه الشركات على وجه العموم.

المبحث الثالث

التحقق من معنوية العلاقة والتأثير المتوقعة

بين أنماط التفكير الاستراتيجي

واختيار مداخل اتخاذ القرار في القطاعين المختلط والخاص

تتحدد مهمة هذا المبحث بتنفيذ مضمون المرحلة الرابعة المحددة في أنموذج العلاقات الافتراضية للبحث، عله يلقي الضوء على ما يؤول اليه التحليل لاستنباط اجابة مناسبة للاثارتين البحثيتين السادسة والسابعة المدونة في مشكلة البحث . إذ يستطلع البحث على طبيعة التأثير التي من المحتمل أن تتركها أنماط التفكير للادارات في كلا القطاعين على القرار الاستراتيجي . وقد تحقق هذه المهمة ثلاثة أغراض رئيسة وهي :

أ- البحث عن معالم فلسفية تحاكي الاطار النظري وملامحه .

ب- التثبت من جدلية التحليل ومالنتهى اليه من وصف ومختبر تائي . عل ذلك يساعد في إلقاء إضاءات شارحة لمتضمنات آراء ومواقف المبحوثين في إطار العلة والمعلول (أبعاد البحث) .

ج- اختبار سريان أنموذج البحث الافتراضي في حدود الفرضية الرئيسة الرابعة وما أشتق منها من فرضيات فرعية . حيث تشير الى وجود علاقة تأثير معنوية بين أنماط التفكير الاستراتيجي لدى المديرين في القطاعين المختلط والخاص واختيارهم لمداخل قراراتهم الاستراتيجية .

وفي هذا السياق يتضمن المبحث الحالي محورين للتحليل وفقاً للآتي :

أولاً : أنموذج العلاقة التأثيرية بين أنماط التفكير الاستراتيجي واختيار مدخل اتخاذ القرار في القطاع الخاص :

يؤسس التحليل على مضمون الفرضية البحثية الرابعة ويأخذ التحليل المستويين الآتيين :

١- التحليل على مستوى العلاقة الكلية (المركبة) :

لاشك أن أي قرار له صلة بالتفكير، ولم يقرر أي بحث على عدم وجود صلة بين أنماط التفكير وما ينبثق عن هذه الأنماط من قرارات أو أفعال . ولكن هذا لا يعني أن لهذه الصلة تأثير متماثل في قوته وطبيعته عند كل البشر، وإنما يختلف البشر فيما بينهم في توجيه معطيات العقل من فكر أو إدراك نحو تبني مواقف أو سلوكيات معينة . وتتراوح عملية التأثير بين سياقات عشوائية وأخرى منتظمة. وتتجه مقاصد البحث نحو دراسة عمليات التأثير المنتظمة والقائمة على نسق معرفي لمتضمنات التفكير من جهة والقرارات الاستراتيجية من جهة أخرى. وعلى هذا الأساس فإن ثمة تأثير متوقع لأنماط التفكير مجتمعة على ما يقرره المديرون من قرارات على وفق المداخل المعدة لأغراض البحث الحالي . وعلى هذا النحو فقد تم اعتماد تحليل الانحدار أسلوباً لإثبات العلاقة السببية بين المتغير المعتمد (اختيار مداخل اتخاذ القرار) والمتغير المستقل (أنماط التفكير الاستراتيجي).

لقد تم تشخيص نوع العلاقة[*] بين المتغير المستقل والمتغير المعتمد والتحقق منها لتحديد درجة المعادلة (The Determintion of The Degree of Polynomial) . وأتضح أن العلاقة بينهما علاقة غير خطية . وتم معالجة بياناتها من خلال البرامجية MTB - W على أساس اختيار أفضل أنموذج، واتضح أن أفضل أنموذج لقياس التأثير كان من خلال معادلة الانحدار من الدرجة الثانية (aquadratic equation) وهي :

(*) أجريت العمليات التشخيصية والتحليلية من خلال البرامجيتين SPSS & MTB Under Window.

$$\hat{Y} = \hat{B}_0 + \hat{B}_1 X_1 + \hat{B}_2 X_1^2$$

واتضح من خلال تحليل البيانات في اطار الانحدار غير المستقيم أن الانموذج الذي يوضح أفضل حالة تنبؤ للعلاقة بين أنماط التفكير الاستراتيجي (X2) واختيار مداخل اتخاذ القرار في القطاع الخاص هو أنموذج الانحدار المتعدد والموضح في المعادلة (١) :

$$\hat{Y} = 5.71 - 2.06X + 0.387X^2 \qquad ...(1)$$

ويتضح من الجدول (٣٢-٤) مؤشرات علاقة التأثير القائمة بين بعدي الانموذج وفقاً للآتي :

جدول (٣٢-٤)

مؤشرات أنموذج الدرجة الثانية لتحليل العلاقة التأثيرية بين أنماط التفكير الاستراتيجي واختيار مداخل اتخاذ القرار - القطاع الخاص

Predictor	Coef	Stdev	t - ratio	P
Constant	5.711	1.410	4.05	0.00
X	- 2.058	1.024	- 2.01	0.05
X2	0.3866	0.1770	2.18	0.03

R-Sq (adj) = 9.9% R2 = 15.2% S = 0.7537

تشير معطيات الجدول أعلاه أن هناك تحسن ملحوظ على قيمة (t) ومستوى المعنوية عند استخدام أنموذج الانحدار من الدرجة الثانية عنه من الدرجة الاولى فضلاً عن أن معامل الاستجابة هو الآخر جاء منسجماً مع انخفاض معدل الانحراف المعياري . ويتضح من قيمة (t = 2.18) بأن هناك علاقة تأثير معنوية لهذا الانموذج وبمستوى معنوية (α = 0.03) . وبذلك فإن رفض فرضية العدم وقبول بديلها الذي ينص على أن هناك تأثير معنوي بين أنماط التفكير الاستراتيجي واختيار مداخل اتخذا القرار وبمعامل تحديد (15.2%) .

إن هذا المعامل هو في ظاهره منخفض، وجاء ذلك منسجماً مع معطيات التحليل الوصفي واختبارات الاختلاف بين المديرين، إذ كانت معظم الاختلافات غير معنوية إلا في حدود بسيطة .

وللتحقق من كون معاملات الانحدار الجزئية للانموذج رقم (١) متساوية، أو أن الانموذج من الدرجة الثانية يساعد في تحقيق نتائج تنبؤية أفضل، فإن مؤشرات تحليل التباين الواردة في الجدول (٣٣-٤) تحقق هذه المهمة وعلى النحو الآتي :

جدول (٣٣-٤)

مؤشرات تحليل التباين

Source	DF	SS	MS	F	P
Regression	2	3.2582	1.6291	2.87	0.05
Error	32	18.1801	0.5681		
Total	**34**	**21.4383**			

يشير الجدول الى أن قيمة ($F = 2.87$) وهي معنوية عند مستوى ثقة ($\alpha = 0.05$) . وينسجم ذلك مع ماذهبت اليه الدراسات السابقة بخصوص وجود علاقة معنوية بين أنماط التفكير والقرارات المنبثقة عنها.

ومن الجدير بالذكر أن واقع الادارات في القطاع المختلط يعد واقعاً بسيطاً فيما إذا نظرنا اليه من منظار مقوماته المعرفية والتدريبية ومعالجة البيانات واستمراريتها في اثراء المعارف الخاصة بالقرارت ومستجدات الامور. وقد يبدو هذا التصور بسيطاً في نظر المبحوثين، إلا أنه خطير جداً فيما إذا كان عمل هذه الشركات باداراتها الحالية في هياكل سوقية منتظمة وعلى قدر عال من التنوع في أنشطتها ومهاراتها التنافسية. إذ أن الوضع التنافسي لهذه الشركات في بيئة العراق يكاد يكون محدوداً للغاية، ولهذا السبب فإن اهمال هذه العلاقة أو تدني ارتباطها في ظل ظروفها الحالية قد لايستثير الاهتمام اللازم .

٢- التحليل على مستوى العلاقة الجزئية (التفصيلية) بين نمطي التفكير ومدخلي اتخاذ القرار في القطاع الخاص :

أشرنا في مامضى- الى أن أنماط التفكير قد قسمت الى نمطين رئيسين هما أنماط التفكير التركيبي أو مايسمى في معنى آخر بعملية التأليف أي التأليف بين العقل والاشياء أو بين الذات والموضوع والمعرفة . ويعد هذا التفكير شمولياً / تجريدياً، وهذا يكون على خلاف النمط الآخر من التفكير الذي أطلق عليه البحث بالتفكير التحليلي الذي يغلب عليه التفكير من خلال القضايا التجريبية التي تقرر الوقائع دون التصريح بقوانين. ومضمون كلا النمطين يتمثل في أن النمط التركيبي بتفريعاته يضيف المحمول فيها شيئاً جديداً لم يكن متضمناً من قبل في الموضوع. في حين النمط التحليلي يعجز عن أداء هذه المهمة. وعندما يكون المنطق الفلسفي يسير بهذا الاتجاه، فإن فعل التفكير ينبغي أن يظهر على شكل قرارات تنطبق ومحتوى التفكير. ودراستنا لهذا الواقع النظري في ميدان البحث، تعد محاولة استكشافية قد تفصح عنها العمليات التحليلية حتى ولو أنها تبدو متواضعة في نتائجها، لاسيما أن المسار مهما كان طويلاً يبدأ بأول خطوة. وفي هذا الاطار فإن التحليل يتضمن المحورين الآتيين :

أ- تحليل أثر التفكير التركيبي على اختيار المدخل الوصفي لاتخاذ القرار :

تم فحص البيانات لهذا المحور لغرض اختيار أنموذج الانحدار المناسب للتحليل، واتضح بأن نوع العلاقة بين نمط التفكير التركيبي والمدخل الوصفي بأنها غير خطية. وعند اجراء عدة محاولات لاختيار الانموذج الافضل فتبين أن أفضل أنموذج لقياس التأثير كان من خلال معادلة الانحدار من الدرجة الثانية وهي:

$$\hat{Y} = \hat{B}_0 + \hat{B}_1 X_1 + \hat{B}_2 X_1^2$$

ومن خلال التحليل في اطار الانحدار غير المستقيم تبين أن المعادلة رقم (٢) هي أفضل أنموذج تنبؤي :

$$\hat{Y} = 7.27 - 3.02X_1 + 0.502X_1^2 \quad ...(2)$$

ويوضح الجدول (٣٤-٤) المؤشرات الاحصائية الشارحة لطبيعة التأثير بين المتغير المستقل والمتغير التابع :

جدول (٣٤-٤)

مؤشرات أنموذج الدرجة الثانية لتحليل العلاقة التأثيرية بين نمط التفكير التركيبي ومدخل اتخاذ القرار – القطاع الخاص

Predictor	Coef	Stdev	T - ratio	P
Constant	7.269	1.280	5.68	0.000
X	- 3.0217	0.9489	- 3.18	0.003
X2	0.5023	0.1602	3.14	0.004

R-Sq (adj) = 19.3%   R2 = 24.1%   S = 0.8934

يظهر من الجدول أن قيمة (t) معنوية وأن هناك تحسن في قيم معنوياتها قياساً بالعلاقة التي يفصح عنها تحليل الانحدار من الدرجة الاولى، وأن معامل التحديد في هذا الانموذج هو (24%) وتعد هذه النسبة منخفضة . وأنها تشير الى أن (24.1%) من التغير الحاصل في اتخاذ القرار على وفق المنهج الوصفي يمكن تفسيره من خلال نمط التفكير التركيبي .

وقد أكدت نتائج اختبار (F) معنوية علاقة التأثير والمتحصلة من معطيات الجدول (٣٥-٤) لتحليل التباين . إذ بلغت قيمة (F = 5.07) وبمستوى معنوية ($\alpha = 0.01$) .

جدول (٣٥-٤)

تحليل التباين الخاص بانموذج الانحدار من الدرجة الثانية

Source	DF	SS	MS	F	P
Regression	2	8.0971	4.0485	5.07	0.01
Error	32	25.5598	0.7981		
Total	**34**	**33.6369**			

يمكن أن يطرأ تحسن على نتائج التحليل في واقعها الميداني فيما إذا سعت الشركات الى تحسين هذه النتائج من خلال تطوير وعي مجالس اداراتها بخصوص مهامهم القرارية التي ينبغي أن تتوجه بشكل كبير نحو اتخاذ قرارات حدسية وماتتطلبه من أنماط تفكير مناسبة فضلاً عن زجهم في دورات تدريبية مكثفة خاصة بالقرارات الابداعية وتزويدهم بمعارف نظرية وفلسفات القرار الاستراتيجي ومن ثم تغيير توجهاتهم نحو المعنى الحقيقي لاتخاذ القرار .

ب- تحليل أثر نمط التفكير التحليلي على اختيار المدخل المعياري لاتخاذ القرار :

تشير نتائج تحليل الانحدار البسيط من الدرجة الاولى الى أن هناك تأثير معنوي بين نمط التفكير التحليلي واختيار المدخل المعياري. والجدير بالذكر أن العلاقة بين هذين المتغيرين خطية. وأن أفضل صيغة للتأثير جاءت وفقاً لمعادلة الانحدار البسيط في المعادلة (٣):

$$\hat{Y} = 2.13 + 0.404X \qquad ...(3)$$

وتوضح المؤشرات الاحصائية في الجدول (٣٦-٤) :

جدول (٣٦-٤)

المؤشرات الاحصائية لأثر نمط التفكير التحليلي على المدخل المعياري

Predictor	Coef	Stdev	t - ratio	P
Constant	2.1261	0.5587	3.81	0.001
X	0.4040	0.1865	2.17	0.038

R - Sq (adj) = 9.8% R2 = 12.5% S = 0.9647

إن قيمة (t) معنوية وبدرجة ثقة (α = 0.001) وإن معامل التحديد (R2 = 12.5%) وهي نسبة منخفضة، ويعزى ذلك الى أن المواقف التي أبداها المبحوثين كانت متقاربة على الاغلب . إذ أن هذا التقارب في الآراء والذي كان سارياً على جميع المستويات الادارية لايعطي موقفاً يميز الميل الى أحد أطراف التفكير أو اتخاذ القرار . وأن هذا الامر يرتبط بأحد اعتبارين هما :

١- إن المديرين لايمتلكون صورة واضحة عن دورهم في اختيار المدخل المناسب للتفكير واتخاذ القرار .

٢- إن المديرين يعتمدون العشوائية في اتخاذ القرارات أو مايسمى بمدخل المحاولة والخطأ وتلعب عوامل الصدفة في تحقيق نجاح قراراتهم وبذلك فهي لاتخلو من المخاطر التي قد تجعل الشركات في أزمة .

ومع تدني معامل التحديد، فإن الانموذج معنوي، وفقاً للمؤشرات الموضحة في تحليل التباين المعدة في الجدول (٣٧-٤) :

جدول (٣٧-٤)

تحليل التباين لأنموذج التأثير بين نمط التفكير التحليلي والمدخل الوصفي

Source	DF	SS	MS	F	P
Regression	1	4.3685	4.3685	4.69	0.03
Error	33	30.7108	0.9306		
Total	**34**	**35.0792**			

إن قيمة (F = 4.69) وهي معنوية بمستوى ثقة ($\alpha = 0.03$) ويدلل ذلك على معنوية علاقة التأثير بين متغيري الانموذج .

ونستخلص من التحليل بمجمل محاور الفقرة (أولاً)، بأن النتائج المؤشرة في التحليل تتحقق في إطارها قبول فرضية البحث التي نصت على أن هناك علاقة تأثير معنوية بين بعدي البحث في حدود القطاع الخاص .

ثانياً : أنموذج العلاقة التأثيرية بين أنماط التفكير الاستراتيجي واختيار مداخل اتخاذ القرار في القطاع المختلط :

إن ما أشرنا اليه من تمهيد نظري في الفقرة (أولاً) من هذا المبحث يسري بمضمونه على هذه الفقرة وتفصيلاتها، ولذلك سوف لا يتكرر ما ذهبنا إليه في هذا الجانب .

اتضح من خلال تحليل واقع البيانات لهذا المحور، بأن بناء أنموذج التأثير أخذ العلاقة الخطية من الدرجة الاولى في جانب التحليل الكلي (جميع أنماط التفكير على جميع مداخل القرار)، في حين كانت العلاقة غير خطية في قياس تأثير النمط التحليلي على المدخل المعياري وبذلك اعتمدنا أنموذج العلاقة من الدرجة الثالثة كأفضل صيغة للقياس . إذ أن الدرجة الثانية والرابعة لم تحقق صيغة مثلى لقياس العلاقة . وأشرت كذلك امكانية قياس العلاقة التأثيرية بين نمط التفكير التركيبي والمدخل الوصفي من خلال الانحدار البسيط من الدرجة الاولى .

١- التحليل على مستوى العلاقة الكلية (المركبة) لأثر أنماط التفكير الاستراتيجي على اختيار مداخل اتخاذ القرار بشكله الاجمالي في القطاع المختلط :

أفصحت نتائج تحليل الانحدار البسيط الى مجموعة مؤشرات احصائية نستدل منها على طبيعة التأثير جاءت وفقاً للمعادلة (٤) :

$$\hat{Y} = 3.84 - 0.320X \qquad ...(4)$$

وكما مؤشر في الجدول (٣٨-٤) :

جدول (٣٨-٤)

مؤشرات تحليل الانحدار البسيط بين أنماط التفكير الاستراتيجي

ومداخل اتخاذ القرار في القطاع المختلط

Predictor	Coef	Stdev	t - ratio	P
Constant	3.8390	0.3508	10.94	0.000
X	- 0.3199	0.1271	- 2.52	0.01

R - Sq (adj) = 10.2%   R2 = 12.1%   S = 0.7207

تشير قيم (t) في الجدول عن معنوية الاثر وبحدود ثقة (α = 0.01) ومعامل تحديد (12.1%). والجدير بالذكر أن تدني معامل التحديد يعكس الواقع الفعلي للادارات في هذا القطاع . إذ أن خصائص المديرين المهنية والاطلاع على الجديد في ميدان اتخاذ القرار وأنماط التفكير، وكذلك الاطلاع على آليات معالجة البيانات

ومنظومات دعم القرار محدودة. وهذا ما لمسناه من التحليل الوصفي لعينة البحث وكذلك من خلال المقابلات الشخصية. وهناك أمور مختلفة تعزز هذه القناعة تنطبق على أغلب هذه الادارات وبالذات الادارة العليا فيها. حيث أفصحت نتائج التحليل الوصفي ونتائج المختبر الاحصائي (ت)، بأن اختلاف أنماط التفكير واتخاذ القرارات يكون في أدنى مستواه، فضلاً عن أن الادارة الوسطى في بعض المواقع تمتلك أنماطاً تفكيرية واتخاذ قرارات تفصح عن أنها هي الموجهة لمراكز قرارات الادارة العليا من حيث هذين البعدين . وإذا كان الامر كذلك، فإن القدرة التي تجعل هذه الادارات تمارس أدوارها في مواقعها القيادية إنما يعزى في نظر البحث على امكانياتها في تأسيس الشركة وامتلاكها لأكبر قدر ممكن من الاسهم، كما أن حركة بعض الاعضاء المهمين في مجالس الادارات واضحة بين القطاعين . فنجد من هو مديراً مفوضاً في شركة ما (قطاع مختلط) فهو كذلك عضواً فاعلاً في مجلس شركة أخرى في القطاع الخاص . ومن هو رئيس مجلس ادارة في شركة قطاع خاص، فهو كذلك عضواً فاعلاً في مجلس ادارة شركة للقطاع المختلط . وهذه الحقائق كانت واضحة عند الباحث من خلال زياراته الميدانية ومقابلاته مع البعض منهم .

إن هذه الحقيقة تقود الى أن سيادة هذه الظاهرة في القطاعين، يجعل من البديهي قرارات الاختيار والتعيين للمديرين في الادارة الوسطى هي الاخرى رهينة قرارات هؤلاء الاعضاء . وأبعد من ذلك فإن طبيعة الاختيار قد تأخذ المديرين التنفيذيين الذين يحاكون أنماط تفكير وسياقات القرارات التي تلبي مقاصد الادارة العليا . وعليه فإن نتائج البحث الحالي لا تكون مفاجئة للميدان، وإنما هي حالة ينبغي تحليلها وتقويمها والوقوف عليها بجوانبها الايجابية والسلبية عل ذلك يساهم في تطوير الواقع، والانطلاق من هذه البدايات التي أشرت عنصر التأثير البسيط وتتأكد هذه النتيجة من خلال المؤشرات التي أفصح عنها تحليل التباين العام لتحليل الانحدار البسيط في الجدول (٣٩-٤) :

جدول (٣٩-٤)

جدول تحليل التباين العام لتحليل الانحدار البسيط

Source	DF	SS	MS	F	P
Regression	1	3.2885	3.2885	6.33	0.01
Error	46	23.8897	0.5193		
Total	**47**	**27.1782**			

من خلال اختبار معنوية علاقة التأثير بين المتغير المعتمد والمتغير المستقل باستخدام (F) جاءت قيمة (F = 6.33) معنوية بدرجة ثقة (0.01)، ويؤكد ذلك أن علاقة التأثير معنوية بين أنماط التفكير الاستراتيجي ومداخل اتخاذ القرار في حدود نسبة التفسير المحددة في الانموذج .

وعلى الرغم من تدني نسبة التفسير فإن هذه البداية تعد مهمة في التحرك نحو الميدان وتدعيم جوانب قوة التفكير والقرارات المنبثقة عنه، وتخفيض الجوانب السلبية في مجال موضوع البحث من خلال اعداد برامج تزود هذه الادارات بمعارف جديدة متخصصة وتغيير اتجاهاتهم نحو الواقع السائد ومفرداته في الشركات المدارة من قبلهم وتطوير مهاراتهم القرارية والمعلوماتية لأغراض انجاز أفضل مواءمة بين القرارات والتفكير .

٢- تحليل الاثر على مستوى العلاقة الجزئية بين نمطي التفكير التركيبي والتحليلي ومدخلي اتخاذ القرار الوصفي والمعياري في القطاع المختلط :

إن مااشرنا اليه من تمهيد نظري لهذه العلاقة في القطاع الخاص هو كذلك في القطاع المختلط، ولذلك سوف نعلق على النتائج الاحصائية بشكل مباشر وعلى هذا النحو :

أ- تحليل الاثر الذي يتركه نمط التفكير التركيبي على اختيار مدخل اتخاذ القرار الوصفي في القطاع المختلط :

أفصحت نتائج تحليل الانحدار الخطي البسيط المعدة في الجدول (٤٠-٤)، بأن العلاقة بين المتغير المستقل والمتغير التابع قد حددت بالمعادلة (٥) وهي :

$$\hat{Y} = 3.82 = 0.286X \quad ...(5)$$

حيث تشير قيمة (t = - 2.69) وبمستوى ثقة (0.01) .

جدول (٤٠-٤)

مؤشرات في تحليل الانحدار البسيط بين التفكير التركيبي والمدخل الوصفي (قطاع مختلط)

Predictor	Coef	Stdev	t - ratio	P
Constant	3.8215	0.3254	11.75	0.000
X	- 0.2859	0.1063	- 2.69	0.01

R - Sq (adj) = 11.7% R2 = 13.6% S = 0.7986

ويشير معامل التحديد الى أن نسبة التأثير التي يتركها نمط التفكير التركيبي على اختيار مدخل اتخاذ القرار في اطار المدخل الوصفي هي (R2 = 13.6%) وتعد هذه النسبة ضئيلة لارتباطها بالنتيجة العامة التي ظهرت في قياس الانموذج العام للانحدار .

وللتحقق من معنوية التأثير فإن مؤشرات تحليل التباين لهذا الانموذج توضح بأن التأثير معنوي بدلالة (F = 7.23) وبدرجة معنوية (α = 0.01)، وهذا مايعزز ماذهبنا اليه في تحليل الانموذج العام . ويوضح الجدول (٤١-٤) مؤشرات تحليل التباين :

جدول (٤١-٤)

تحليل التباين لانموذج قياس انحدار نمط التفكير التركيبي على المدخل الوصفي لاتخاذ القرار في القطاع المختلط

Source	DF	SS	MS	F	P
Regression	1	4.6082	4.6082	7.23	0.01
Error	46	29.3349	0.6377		
Total	**47**	**33.9431**			

ب- تحليل الاثر الذي يتركه نمط التفكير التحليلي على اختيار المديرين للمدخل المعياري في اتخاذ القرار في القطاع المختلط :

أفصحت نتائج تحليل الانحدار عن أن أفضل أنموذج للعلاقة بين التفكير التحليلي والمدخل المعياري يتحقق من خلال المعادلة (٦) :

$$\hat{Y} = 4.16 + 9.24X - 3.50X^{2} + 0.392X^{3} \qquad ...(6)$$

وتقاس العلاقة التأثيرية هنا من خلال معادلة من الدرجة الثالثة التي أشرنا اليها، وتشير معطيات التحليل الى أن قيمة (t) معنوية لجميع حدود المعادلة وكما موضح في تفاصيل ذلك في الجدول (٤٢-٤) :

جدول (٤٢-٤)

مؤشرات تحليل الانحدار غير الخطي من الدرجة الثالثة

بين نمط التفكير التحليلي والمدخل المعياري لاتخاذ القرار في القطاع المختلط

Predictor	Coef	Stdev	t - ratio	P
Constant	- 4.156	3.238	- 1.28	0.02
X	9.243	4.100	2.25	0.02
X2	- 3.499	1.617	- 2.16	0.03
X3	0.3923	0.1984	1.98	0.05

R - Sq (adj) = 13.0% R2 = 18.6% S = 1.026

وتشير قيمة معامل التحديد (R2 = 18.6%) الى أنها نسبة ضئيلة، إلا أنها ذات تأثير معنوي في الانموذج، وبدرجة ثقة (α = 0.02) كما تشير الى ذلك معطيات تحليل التباين في الجدول (٤٣-٤) :

جدول (٤٣-٤)

تحليل التباين لأنموذج قياس انحدار نمط التفكير التحليلي على المدخل المعياري

لاتخاذ القرار في القطاع المختلط

Source	DF	SS	MS	F	P
Regression	3	10.574	3.525	3.35	0.02
Error	44	46.352	1.053		
Total	47	56.926			

ويظهر التحليل أن معامل التحديد في أثر التفكير التحليلي أعلى منه في أثر التفكير التركيبي، وهذه النتيجة جاءت مطابقة لمنطق التحليل الوصفي من أن ميل الادارة بشكل عام الى اعتماد الحقائق والارقام أكبر من ميلها الى استخدام منطق الحدس أو التركيب في استكشاف المسارات المستقبلية التي ينبغي أن تتخذ قرارات استراتيجية بصددها. ففي هذا السياق كانت الادارة العليا غائبة عن منطق التفكير التركيبي كما هو مثبت في التحليل الوصفي لهذه العينة وبهذا التحليل يتحقق مضمون فرضية البحث الرابعة ورفض فرضية العدم.

نستخلص من كل ما تقدم من مقررات التحليل ومؤشراته من صعوبة تحديد أفضلية أحد القطاعين على الآخر في اطار موضوع البحث إذ أن الفروقات البسيطة التي ظهرت في الاختبار التائي وكذلك معاملات التحديد التي أفصح عنها تحليل الانحدار، لا تشكل بمجملها فروقاً تستوجب الوقوف عندها والتعليق عليها أكثر من الذي قدمناه في مواضعه. حيث يبدو على ادارة الشركات في كلا القطاعين قدراً من التداخل في اداراتهما، ربما ليس في المنظور المحسوس وإنما لمسناه في واقعه العملي. ويتطلب هذا الجانب الولوج في موضوعات أخرى تستكمل مسارنا البحثي، إذ أن حركة المديرين في كلا القطاعين من خلال علاقاتهم بعضهم ببعض تترك آثاراً مهمة في نتائج التحليل وتشكل هذه الحالة عدداً من المتغيرات العشوائية التي يصعب تضمينها في بحث واحد. كما أن لغياب هيكل سوق واضح المعالم تتحرك فيه هذه الشركات وتفرض عليها نوعاً محدداً من التفكير والقرار أثراً بالغ الاهمية في الافصاح الضعيف لنتائج التحليل. حيث تعد هذه القناعات قيداً كبيراً

على ظهور مقررات التحليل بمستوى غير ما انتهى اليه البحث، مع جعل فرض الالتزام بمقرراته ونقله الى وجود حركي فاعل مستحيلاً . ومع كل ذلك فإن الامل يطال بنا الى تفاؤل كبير في اطار جلاء عوامل تأثير الحصار الجائر الذي ترك آثاره بشكل مباشر على كل ما هو كائن الآن . وأن موعده باذن الله قريب، وعندئذ ستجد طروحات البحث آفاقها نحو التطبيق مضافاً اليها كل مراصد البحوث المستقبلية التي تمهد تحقيق مقاصد البحث .

*   *   *

الفصل الخامس

الاستنتاجات والتوصيات

تمـــهيد :

شكل الاطار النظري من البحث أحد الركائز التي يقوم عليها بناء الاستنتاج وفي أثنائه النقـد والتقويم والحكم والتسليم لمنطق النظر الى الظواهر النظرية للموضوع، ويشكل الاطار التطبيقـي مجالاً تكميلياً يعكس مجريات الواقع على اساس من رد الفعل الذي قد احتكم الى عمليات الاختبار في وسط الحث الفلسفي. وتتجلى عندئذ مجريات التفاعل والتأثير لتطرح معالم مهمة متقابلة تفسر غايات الميدان الادراكية، وما كان من ممكنات الاستيعاب لغايات الفكر الانساني وهيكله المعرفي . وفي هذا الاطار تتجلى آليات الربط بين الواقع الحاضر (عملياً) مع الواقع الراحل (نظرياً) والايصاء بواقع مقبل قد يرتقي بمظهره ومخبره الى الوضع المستهدف للبحث .

وتتوزع مهمة هذا الفصل على النحو الآتي :

المبحث الاول : الاستنتاجات .

المبحث الثاني : التوصيـات .

المبحث الاول

الاستنتاجـــــات

يحاكي هذا المبحث نتائج تحليل مضمون المنطق النظري الذي تناول ماهيات أنماط التفكير الاستراتيجي واتخاذ القرار. فضلاً عن سبر غور تلك الماهيات وتأصيلها الفكري بقصد تطوير رؤية توفيقية فلسفية علها تسهم بشكل أو آخر في الصرح الفلسفي.

ويسير الى جانب هذا المحور محاورة نتائج التحليل الاحصائي بنوعيه الوصفي والاستدلالي بقصد تفسير الواقع في اطاره العملياتي. وفي هذا السياق تصنف الاستنتاجات الى المحورين الآتيين :

أولاً : الاستنتاجـــات النظريـــة :

يندر أن نجد بحثاً دون ولوجه في مبدأ نظري يرتكز عليه بنمذجة آرائه ومنتهىً يستهدف طرحاً يعزز به ذلك المبدأ . وبذلك فإن الاستنتاج النظري إنما هو محصلة ادراكية لمبتدأ البحث، وفي هذا الاطار نعرض أهم هذه الاستنتاجات وفقاً للآتي :

١- ذهبت أغلب البحوث والدراسات المتخصصة في ميدان الادارة الاستراتيجية الى استخدام المصطلحات العلمية في هذا المجال على اساس النقل دون التحوط لآثار النقل الحرفي للمصطلح . ومن أهم الآثار السلبية التي خلفتها هذه الظاهرة هي مشكلة تبادل المراكز فيما بين الالفاظ الاصطلاحية . إذ أن المعنى الاصلي للمصطلح في الموضع الذي نشأ فيه قد لا يفيد مقاصد الاستخدام في موضع المهجر . وفي حدود المصطلحات المألوفة ما يتعلق بمصطلح الاستراتيجية، حيث تداول الباحثون لهذا المصطلح في حضارات مختلفة (يونانية، فرنسية، انكليزية، ...) والتقت هذه الحضارات في محور توفيق الاحرف اللاتينية ضمن صيغة النقل والتداول بينها . وانسحب هذا التقليد دون مسوغ الى العرب بصيغته الصماء، لاسيما أن الباحثين العرب تداولوا

مصطلح الاستراتيجية وكأنه ابداع جاء به الآخرون . مما أدى الى انسلاخ الباحث العربي من استخدام مصطلحه المرادف باللغة العربية . إذ لا يقف استخدام المصطلح عند مرحلة نقله أو ترجمته، وإنما وجوب معرفة معانيه وما تقضي به أساليب ألفاظه وقواعده في اشتقاقاته. وتساهم تلك المستلزمات اللغوية في تحديد متضمنات المصطلح ضمن اطار فقه المصطلح. وكثيراً ما يستخدم الباحث مصطلحات أجنبية وما يحيط بها من قيم ثقافية وافدة. ومع مرور الوقت يرى الباحث أن ما آلت اليه جهوده في أغلبها معطلة، وقد يقف وراء ذلك ترك الباحث واقع الحال والسعي نحو المثال.

٢- يبدو من السياق التاريخي التي مرت عبره فلسفات اتخاذ القرار الاستراتيجي وأنماط التفكير المؤثرة فيه محدودية البدائل. إذ أن أغلبها تتسم بتشابه المضمون واختلاف في العنوان والتسمية. وعند مقارنة اسهام النظريات والفلسفات التي طرحها علماء القرن العشرين في مجال نظريات القرار ومداخله لا تختلف عن المنطلقات الفكرية التي بثت قواعدها بين اليمين واليسار في البناء النظري. إذ أن ما طرحه هربرت سايمون في أنموذجه العقلاني وكذلك تشارلز لندبلوم وغيرهم لا يعدو عن أن هذا الطرح هو ذات الفلسفة التحليلية وتنطلق من متضمناتها. وإن الانموذج التراكمي هو ذاته فلسفة تحليلية معدلة (واقعية). وعند النظر الى اسهام القرن العشرين على هذا النحو نجده قاصر على تقديم نظريات في مجال البحث على اساس من الابداع والابتكار وإنما كان لاسهام القرن العشرين في تقديم تقنيات ساعدت على امكانية نقل المحتوى النظري الى تطبيقات ميدانية .

٣- يبدو من استعراض البحوث والدراسات العربية بخصوص موضوع البحث أن معظمها تدرس الواقع العربي بأبجديات علمية غربية. وقد جذب هذا الباحث أو ذاك نجاح هذه النظريات أو الفلسفات في مواطنها، دون محاولة الباحث لاستخلاص منهاجية التجربة أو التطبيق. مما تسوغ مثل هذه المحاولات البحثية اعتماد صيغ الانموذج الجاهز للنقل أو التقليد .

إن التقليد في هذا الاطار يعطل ارادة الباحث العربي عن النظر والتأمل وصياغة الحجة والدليل. إذ أن جوهر العلم يكمن في التفكر والنظر والتعقل والتفهم واستيفاء الحجة دون التقليد. فضلاً عن أن التقليد لا يفضي الى معرفة. وإذا كان التقليد لا يصلح في اطار البيئة الواحدة فكيف إذن في بيئات مختلفة ؟

٤- قامت الطروحات النظرية للبحث على مداخل معرفية مختلفة، إذ تمثل تلك المداخل هيكل تلك النظريات وأبعادها وتحدد سبل استخدامها. وعليه يقف تحديد جزئيات المنهج واقامة علاقاته الارتباطية في اطار منظوماتها الفكرية، وتعد تلك الطروحات بمجملها نتاجات بشرية. وإن عرضها بمنهجها على بيئات اسلامية وعربية قد لا يتحقق في اطارها التكافؤ المنهجي . ونشير هنا الى أن لكل منهج منظوماته القيمية وثوابته المستقلة . إذ أن تبادل الادوار بين المتغيرات ينبغي أن تراقب في المنهج البحثي، والتمييز بين الثابت والمتغير. وعلى هذا الاساس فإن البحث دفع بعرض الطرح الفلسفي غير العربي على المنهجية الاسلامية، أملاً في التنويه عن البحث في التوازن المنهجي للطرح النظري والتسليم بأن المنهج الاسلامي يعالج موضوعاته من خلال الاحكام والمقاصد الشرعية. في حين المناهج البشرية تقوم على المفهوم والوظيفة والمؤسسة .

٥- تشير معظم الفلسفات والنظريات الخاصة باتخاذ القرار أو أنماط التفكير الى مقدمات الموضوعات التي تعالجها. وتغفل ما تنتهي اليه هذه المقدمات، وفي هذا الاطار نسوق عقلانية القرار وما انتهى اليه أهم روادها في القرن العشرين . إذ تتضمن طروحات هربرت سايمون تقسيمات مختلفة للعقلانية، وهذه التقسيمات قد عرضناها في الاطار النظري للبحث. ويرى البحث أن التفكير في الاختيار الاستراتيجي أو تقويم الخيارات الاستراتيجية تقوم على اساس عقلانية مقدمات (أهداف)، أو عقلانية نتائج (مقاصد). ويتيح هذا التقسيم تعبئة القدرات العقلية ذات التوجه التركيبي في صياغة قرارت استراتيجية تقوم

على تخمين النتائج المتوقعة. وبذلك فإن عنصر المجازفة في هذا النمط من العقلانية يكون صنواً للقرار الاستراتيجي . في حين يمكن تعبئة القدرات العقلية ذات التوجه التحليلي في صياغة القرارات الاستراتيجية المخططة . أي على اساس محكم من ضبط الحقائق وواقعيتها .

إن هذا التمييز في مجريات العقلانية قد تضاف في نظر البحث الى تقسيمات العقلانية ومن الممكن أن يسري هذا التقسيم على المداخل الاخرى وبمختلف مناهجها .

ثانياً : الاستنتاجات الميدانية :

تستند استنتاجات البحث على واقع نتائج التحليل الاحصائي بالدرجة الاساس، ونثبت أهمها على النحو الآتي :

١- لاشك أن الخدمة الطويلة في العمل القيادي لها دور مهم في فهم القرارات وطبيعتها . إلا أنها لا تقف عند هذا الفهم، وإنما ينبغي أن تردف بتحديث المعلومات النظرية حول متضمنات جديدة للقرارات، فضلاً عن الاطلاع على اساليب جديدة في اعداد قواعدها المعلوماتية والحصول عليها. كما أن القرارات في القطاعين الخاص والمختلط بحد ذاتها هي قرارات تحيطها عوامل متداخلة ومعقدة لاسيما وأنها تتخذ في اطار تنافسي تعد له الاطراف المتنافسة وبكل امكاناتها المادية والتقنية والمعرفية. ويتضح من واقع البحث أنها تتمتع بخبرة طويلة لكنها لم يؤشر لها المشاركة في دورات خاصة بالقرارات ولا حتى معالجة البيانات واستخدامات تقنيات المعالجة . ولما كان الامر كذلك في اطار بيئة عملها في حدود هذا الميدان، إلا أنها لو كانت في بيئات تتسم بتعدد الشركات المنافسة وتنوع اختيارات المستثمر والمستهلك فإن وضع الشركات سيكون لها شأن آخر .

٢- يعد الغموض أحد الخصائص التي تجعل من القرار الاستراتيجي مجالاً لتحدي الظروف والقيود البيئية التي تكتنف هذه المهمة . ويدفع هذا الامر الى قبول

قدر مناسب من المجازفة في اختيار البديل في اطار هذه الخاصية . وينبري على هذا الامر أن يكون متخذ القرار وعلى وجه الخصوص ذي عقلية معرفية تركيبية. إذ أن الغموض والمخاطرة المحسوبة يرتبطان ببعضهما ارتباطات دلالية، بفضل احتوائهما على مفاهيم تحمل المعاني وليس الارقام . وفي هذا الاطار ينبغي أن تهيمن عناصر التفكير التركيبي على غيرها من الانماط لدى الادارة العليا في القطاعين .

ولم يظهر الامر هكذا في اطار استجابات المديرين على محاور القياس في مستوى الادارة العليا. ورغم تأشير أرجحية القطاع الخاص بهذا الخصوص، لا أن ذلك لم يحقق مرامي البحث كما ينبغي .

وينطوي على هذا الاستنتاج اعتبارين مهمين هما :

الاول: قد تتسم الادارة العليا بمركزية التوجه نحو اتخاذ القرارات التكتيكية أكثر منها استراتيجية، وهذا ربما يضعف فرص هذه الادارات في تطوير مهامها الاستراتيجية .

الثاني: إن الادارة الوظيفية تسير مكامن القرارات الاستراتجية وبذلك يصبح دور الادارة العليا دوراً هامشياً في قيادة المهام الاستراتيجية .

ومرد هذه القناعة أن أغلب القرارات التي تبدو في ظاهرها من اختصاص الادارة العليا، فهي في حقيقتها موجهة من أدنى الى أعلى من خلال الادارة الوظيفية .

٣- من المألوف أن التصميم التنظيمي هو وسيلة تتقرر بموجبه توزيع المهام القيادية بين قيادة استراتيجية (Strategic Apex) وقيادة وسطى (Middle Line) وعد هذا المنظور على أنه فلسفة تقرر بموجبها أطر التراكيب المنظمية. وعلى هذا الاساس فقد حددت مهام هذه الادارات على أساس متطلبات العبء القيادي وفي اطار خصائصه ومحتواه . وإن تجاوز هذا الامر في الدراسات التي

طبقت هذه النظرية على أرض الواقع كانت توصياتها بالوقوف على اعادة هيكلة المهام أو اعادة توزيع المديرين كل حسب قدراته في اتخاذ القرار.

ومن خلال معطيات البحث في محور أنماط التفكير الاستراتيجي للادارة الوظيفية في القطاعين المبحوثين توصلنا الى استنتاج مفاده، أن الادارة الوظيفية (الوسطى) تتحمل مهاماً في اتخاذ القرار مشابهة الى تلك المعتمدة في الادارة العليا. ويعزز هذا الاستنتاج ما ذهبنا اليه في الاستنتاج السابق. إذ أن هيمنة التفكير التحليلي عند اتخاذ القرار الاستراتيجي يعد مطلباً تصميمياً للتراكيب التنظيمية في هذا المحور.

وينطوي على هذا الاستنتاج اعتبارين :

الاول : أن الادارة الوظيفية تمارس مهامها مضافاً الى مهام الادارة العليا وبالذات أعضاء مجالس الادارة .

الثاني : قد يكون اختيار الادارة الوسطى قد أختيرت لتولي مهامها، على أساس من التماثل في التفكير واختيارات القرار مع ماهو موجود في الادارة العليا في هذه الشركات. إذ أن التطابق النسبي بين ما أفصحت عنه صيغ التحليل الوصفي والاستنتاجي لا يمكن أن يأتي من فراغ وإنما جاء من واقع غير ملموس قائم على قرارات اختيار وتعيين الادارة الوسطى على ضوء آراء الادارة العليا. وإن المؤهلات الفنية ربما تأتي في المرتبة الثانية من الاهمية لأغراض الاختيار والتعيين .

٤- نستكمل ما قررناه في استنتاجنا بخصوص أنماط التفكير بما يقابله من استنطاق التحليل الوصفي المعد لتحليل آراء عينة الادارة العليا والوسطى بخصوص اختياراتهم لمداخل القرار الاستراتيجي. إذ تشير معطيات التحليل الى أن ميول الادارة الوسطى لتبني المدخل الوصفي كان هو السائد على ما أقرته عينة الادارة العليا. وهذا الموقف يؤكد ما قررناه في استنتاجنا الذي اشرنا فيه الى أن الادارة الوسطى تمارس مهاماً استراتيجية في اطار اتخاذ القرارات على اساس

مدخلي الحدس والريادي. وبهذا الخصوص تنصرف الادارة الوسطى عـن مهامها الاصلية والمتضمنة التعامل مع الحقائق والارقام وتهيئة التفكير الثاقب لتنفيذ القرارات التي يكتنفها الغموض. وبذلك فإن دورها في اتخاذ القرار سينصب عـلى معالم التنفيـذ القـائم على الامكانيات الواقعية في اطار تخصصاتهم المهنية. أما الادارة العليا فإن مواقفهم تـؤشر ملامح الفراغ في مهامها الرئيسـة في القـرار. وهـذا يقود الى تعطـل الابـداع في بنـاء رؤيـة وتحديد مسار مستقبلي قائم على قدرة استكشاف الممكن على الامد البعيد .

إن التواصل في المهام التي قدمنا لها تعد أساس تقدم الشركات في حمل مسـؤولياتها نحـو صياغة وضع تنافسي قائم على جهد عقلي تتكامل فيهـا الـرؤيتين التحليليـة والتركيبيـة لبلـوغ اختيارات وقرارات تقع في مواطنها الدقيقة على هدي منهج هذا البحث .

٥- إن متوسط ميل المديرين بشكل عام في كلا القطاعين وعـلى مختلـف مسـتوياتهم يـؤشر سريـان وجهة نظر مدرسة الجشتالت الفلسـفية. إذ تتضمن رؤيـة هـذه الادارات ومواقفهـا تسـجيل مجموعة متغيرات مهمة تعكس التسلسل المنطقي لهذه المدرسة، التي تقرن المعرفة بـالواقع، على أن التفكير بالقرارات الاستراتيجية واختيارها يـتم عـلى أسـاس اسـتقبال الحقـائق (عمليـة احساس Sensation) ومن ثم اختبارها وتحليلها ومن ثم تحويلهـا الى مفاهيم ومعـاني قراريـة عقلانية أو عقلانية مقيدة أو تراكمية تستجيب من خلالها لمعطيات الواقع .

٦- تعزز اختبارات البحث التي أجريت لكشف الاختلاف في أنماط التفكير ومـا ينجم عنهـا مـن اختيارات لمداخل القرار، بعدم وجود اختلافات مهمة في أبعاد البحث عند المبحوثين . وتؤكد هذه الحالة نمطية القرارات وروتينيتها التي تفقدها مزايا الخصائص الاستراتيجية على مسـتوى التفكير واختيارات القرار، لاسيما وأن هـذه الشركات تعمـل في واقع مقيد بظروف الحصار الجائر على قطرنا العزيز. لذا ينبغي فك هذه القيود باللجوء الى استخدام العقل الاداري

بأفضل صيغة واعتماد النظر والدليل والاجتهاد العلمي بدلاً من الركون الى الواقع والتسليم بمقتضياته. لاسيما وأن نتائج التحليل الذي يستهدف كشف تأثير التفكير الاستراتيجي على تبني مداخل القرار، أفصح عن أن بوادر النهوض بهذه المهمة متوافرة في الميدان ومن الممكن استنباتها من خلال رسم استراتيجية مكثفة تقوم على معالم التغيير التي أشرها البحث في استنتاجاته النظرية والميدانية .

المبحث الثاني

التوصيـــــــــات

يستكمل هذا المبحث ما انتهت اليه الاستنتاجات، التي تعـد قواعـد رئيسـة تبنـى عليهـا مضامين التوصيات وهي على النحو الآتي :

١- التوصيات النظرية :

تشمل هذه التوصيات آراء شارحة لسياقات المنطق الـذي انتهـى إليـه الاستنتاج بمـا يعـزز آفاق التنظير في الامد المقبل وهي على النحو الآتي :

أ- تعميق الدراسات والبحوث الاساسية المقارنة لميادين الاختصاصات الادارية المختلفة وعلى وفق منهجية واضحة المعالم .

ب- تقويم المقررات المنهجية الحالية على أساس تلامسها مع الواقع الفلسفي المسـتهدف في اطار قيمي وثقافي .

ج- توجيه البحوث المقررة لنيل الدرجات العلمية العليا نحو سبر غـور المشـكلات في اطـار فلسـفي يستند على التأصيل وتحديد موقع العطاء الفكري والفلسفي الاسلامي والعربي ضـمن النسـق المعرفي لموضوع البحث .

د- توكيد المقررات الشرعية واثراء المنهجيات البحثية في جوانب منها كلما كان ذلك ممكناً وهادفـاً، لاسيما وأن الجيل البحثي الحالي في اطار الدراسـات الاسـتراتيجية يحيط بمـا قدمـه الغير عـن الموضوعات في حين يجهل ما أنجزته العبقرية العلمية العربية جهلاً ملفتاً للنظر .

هـ- تعزيز ثقة الباحث والمتلقي للمعرفة بما انتهى اليه الموروث الفكري والحضاري في اطار الادارة الاستراتيجية، وتمييز هوية الطرح العربي عن غيره من الطروحات أو النظريات الوافدة .

٢- التوصيات المعززة للواقع الميداني :

لاشك أن انجازات الميدان في اطار الوضع الحالي لايخلو مـن جهـد فكـري وتبنـي مواقف واتخاذ قرارات أدت الى استمرارية الانشطة الخاصة بهذه الشركات. ويسجل هـذا الانجـاز لصالح الفعل الذي حققته هذه الادارات عـلى مختلـف مسـتوياتها. إلا أن بـث الرؤيـة الاكاديميـة في اطار يستهدف اظهار الواقع بكل كمالاته وفي حدود أهداف البحث نحدد توصيات البحث وفقاً للآتي :

أ- لاشك أن القطاعين المختلط والخاص يعدان ركنان رئيسان في البنية المؤسسية في الهيكل التنمـوي في كل قطر، وينبغي أن لا نجهل ماتحققه هذه القطاعات مـن أدوار مدعومة ماديـاً ومعنويـاً في اطار النظام الحكومي. وأن لهذا الدعم ضوابطه الخاصة والتي ينبغي أن تعمل هـذه المـنظمات في اطار مخطط ومراقب وفق سياقات تضمن تحمل هـذه المـنظمات مسـؤولياتها كاملـة تجـاه المجتمع . وعلى هذا الاساس يوصي البحث بوضع مقررات مركزية قانونيـة مـن شـأنها تحقـق الاقتران التام بين مستوى استقلالية العمل الاداري بمؤهلات ترتقي به الى سد الفجوة التي قررها البحـث في مجـال الخصائص الشخصية للمـديرين وبـالاخص في مجـال الاشـتراك بالـدورات المتخصصة في اتخاذ القرارات الاستراتيجية. فضلاً عـن الـتمكن مـن معالجـة البيانات وتعمـيم منظومات دعم القرارات الاستراتيجية التي أتيحت استخداماتها للقاصي والداني في قطرنا العزيز

ب- قد تتحقق الفقرة (أ) من خلال انشاء كيان أو هيئـة مركزيـة تشرف عـلى هـذه العمليـة، وتنظيم صيغة قانونية يمنح بموجبها عضوية لكل مدير في هذه القطاعات، ووضع شرائط حازمة للانتماء الى هذه الهيئة وتعد هذه الشرائط ملزمة لتولي قيادة الامور في هذه الشركات .

ج- من الضرورة بمكان أن يحدد المدير في هذه الشركات صيغاً جديـدة في فهـم دوره باتخـاذ القرار من خلال فهمه لدواعي تأسيس شركته وأهدافها الاستراتيجية ودورهـا في المجتمـع. إذ أن فهـم القرارات الاستراتيجية على أساس عوائدها المادية ليست هي المنتهى في اتخاذ القرار، وإنما هناك حقوقاً اعتبارية ينبغي

الاحاطة بها ثم جعلها ميداناً للتفكير الاستراتيجي. وتعد هـذه المحاولة بحـد ذاتها مـدخلاً مهمـاً لتنويع التفكير وتنشيط محاوره.

د- يدعو البحث الى ضرورة اطلاع المدير الاستراتيجي على آليات اتخاذ القرار الاستراتيجي في الشركات المتناظرة في بيئات أخرى، وقد يتحقق ذلك من خلال اعتماد المدير على هـذه الآليات الواردة في أسلوب دراسة الحالة في المجلات العلمية. أو الاطلاع المستمر على مقررات المـؤتمرات والندوات أو من خلال البحث في الكتب العلمية. لعل ذلك يخدم في وقوف المدير علـى مراحـل اعداد واتخاذ القرار الاستراتيجي الحالية ومقارنتها مع ما انتهى اليه من علم بها ومن ثم يتحدد منهج جديد للمدير وبرمجته لمعالجة أوجه الاختلاف بين الواقع والمنظور لهذه الحالة .

هـ- من المفضل أن تعتمد صيغة جديدة في تشكيل عضوية مجالس ادارات الشركات، مـن حيـث تنويع الخبرات والتخصصات لأغراض تغطية متطلبات تحليل القرار مـن جوانبـه المختلفـة . وأن تستعين هذه الادارات بأعضاء يعملون في مكاتب استشارية متخصصة والاستفادة من تجاربهم . ويردف ذلك باستضافات مبرمجة للمتخصصين في المجالات العلميـة والاكاديميـة وبالـذات مـن أساتذة الجامعـات. إذ أن الخبرة الطويلـة في ميـدان العمـل لا يلبـي جميـع مطالـب التفكيـر ومقاصده، ولا يستوفي تحديد نـوع القرار الاستراتيجي والاستراتيجيات المناسبة لتنفيذه . والجدير بالذكر أن القرار الاستراتيجي ليس محض تفكير بسيط وإنما يتطلب تفكير مركب، تتفاعـل فيـه الرؤية الموضـوعية القائمـة علـى تحديـد اسـتراتيجيات القرار علـى أسـاس كمـي (وتوظيف الاساليب الاحصائية وبحوث العمليات في حسابها) مضافاً الى ذلك الرؤية الذاتية التي تقوم على قدر عال من الاستبصار وحسن التقدير الشامل للامور. وتستخدم هـذه الآليـة علـى أساس تغليب أحد الرؤى على الاخرى وفقاً لموقع القرار ومقتضياتـه المنظميـة. إن هـذه الآليـة لابد من أن تؤتي ثمارها فيما إذا لم ينظر اليها بتعقيداتها الشكلية .

و- يوصي البحث كذلك، بـأن تقـوم سـوق الاوراق المالـية بـدور جديـد في تنشـيط حركـة الشـركات المسجلة لديها في اطارها القانوني . ويتمثل هذا الدور في تخصيص نشرة اعلامية تقويمية تختص بتقدير التلاؤم بين القرارات الاستراتيجية مع ما تحققه هذه الشركات من نماء معدلات الاسهم وأسعارها في السوق المالية. فضلاً عن تنظيم مؤتمرات وندوات فكرية تمولها الشركات بصيغة أو أخرى في تعميق وعي هذه الشركات حول دورها الاستثماري بالنيابة عن الاشخاص المسـتثمرين وتوليد القناعة الكافية لدى الجهات الحكومية الساندة لها والمجتمع المتلقي لمخرجاتها بأنهـا شركات لها ضرورة اجتماعية وحكومية في اطار وضعها الحالي .

ز- يرى البحث في اطار هذه الظروف الصعبة التي يمـر بها قطرنـا العزيـز وحجـم التحـديات التـي يخلفها كل يوم الحصار الجائر الظالم، أن تتخـذ الادارات قراراتهـا الاستراتيجية عـلى أسـاس مـن التحدي والمجازفة والحذر من معايير القرار الاقتصادية كذلك التركيز الشديد على عقلانية نتائج القرار وزج العناصر الفاعلة في تطوير الخيار الاستراتيجي داخـل الشركة وتعبئـة الحـس العـام الوطني للادارة التنفيذية، وادراك أفضل للمستقبل . إذ أن دور القرار في هذه الظروف وفي اطار هذه المتغيرات يعد ضرباً وطنياً وقائياً من الميول الفردية التي تبعد جميع الاطراف مـن فلسـفة الـ (أنا) والـ (هو). فينبغي العمل على توليد القناعات الموضوعية بـالقرارات الاستراتيجية سـواء على مستوى نوعية المنتج أو كميته أو مزيجه التسويقي وغير ذلك من الامور.

ح- ينبغي أن تعد معايير لاختبارات أنماط التفكير الاستراتيجي لغرض اختيار المديرين عـلى مختلـف المستويات، والتقيد بمحاور التفكير وتقسيماتها التي جاء بها البحث. لعل ذلك يطور من الوضـع القائم نحو الافضل .

ط- يوصي البحث أن تفتح جميع الشركات ابوابها لأغراض البحث العلمي والتعاون مع الباحثين وأن تدرك بأن مقاصد هذه البحوث هي لغرض تطوير واقعها ومنطلقاتها وفق رؤية تكاملية وطنية. إذ أن عزوف أغلب المديرين من

فهم الظاهرة العلمية وعدم ابداء التعاون كان لهما الاثر الكبير في عزلة هذه الادارات عـن المحتـوى العلمي المحدد لمهامهم .

إن عملية نقل هذه التوصيات يعد رهيناً بسلامة الاستنتاجات البحثية التي يتطلب التحقـق منها من خلال اجراء دراسات تقويمية مستقبلية بصدد محاورها، ريـثما يـتم الوقـوف علـى دقتهـا. والعمل على وضع آليات تفصيلية لاستنبات مقتضياتها وجني ثمارها في اطار الميدان. ولعل أن يكون نظر الميدان الى ذلك ليس من باب الـترف الفكـري، وإنمـا مـن زاويـة الجهـد المخلـص المتطلـع الى ادارات وشركات وكيانات اقتصادية أفضل. وأسجل في هذا الاتجاه أن لهـذه الشركات دوراً مهـماً في تخفيف وطأة الحصار الجائر الى الحد الذي حقق لها وللمجتمع الاستمرارية والنمو. وسـوف تـشهد هذه الشركات باذنه تعالى وفي القريب المنظور مزيداً من العطـاء القـائم علـى أسـس علميـة متينـة فيما إذا فتحت أبوابها بقصد التواصل بين العلم والميدان.

*   *   *

المصـــــــادر

أولاً : المصادر العربية :

أ- الرسائل الجامعية :

- نعمة عباس خضير الخفاجي، "المدخل المعرفي في تحليل الاختيار الاستراتيجي: دراسة اختبارية في صناعة التأمين العراقية"، رسالة دكتوراه فلسفة في ادارة الاعمال، غير منشورة، كلية الادارة والاقتصاد، جامعة بغداد، ١٩٩٦.
- سلوى أمين السامرائي، "تقدير التلاؤم بين الانماط الشخصية لمتخذي القرار وخصائص نظام المعلومات الادارية : دراسة تحليلية لآراء عينة من المدراء في حل المشاكل في شركات القطاع الصناعي العراقي المختلط"، رسالة دكتوراه فلسفة في ادارة الاعمال، غير منشورة، كلية الادارة والاقتصاد، جامعة بغداد، ١٩٩٥.
- محمد صالح عطية نصيف الحمداني، "التفسير العقلي حجيته وضوابطه"، رسالة ماجستير غير منشورة، كلية الشريعة، جامعة بغداد، ١٩٨٧.
- عباس شعبان الزامل، "القطاع الصناعي المختلط وأهميته في الاقتصاد العراقي"، رسالة دكتوراه غير منشورة، جامعة القاهرة، جمهورية مصر العربية، ١٩٨١.

ب- الدوريـــات :

- د. ابراهيم محمد بدري، "اتخاذ القرارات ومراجعة المعلومات"، الادارة العامة، العدد ٤٣، نوفمبر ١٩٨٤.
- أ. د. عاصم محمد حسين الاعرجي، "اتخاذ القرارات في ظروف الازمات"، مجلة الاداري، السنة ١٧، ربيع الآخر، العدد ٦٢، سبتمبر ١٩٩٥.
- د. عبدالمالك بو حجرة، "اقتراح في تكوين المصطلحات العملية العربية"، مجلة العلوم الانسانية، منشورات جامعة قسطنطينة، العدد ٩، ١٩٩٨.
- د. عبدالمجيد عمر النجار، "الايمان والعمران"، اسلامية المعرفة، السنة ٢، العدد ٨، أبريل ١٩٩٧.
- د. صلاح اسماعيل عبدالحق، "المعنى والتحقق"، المجلة الفلسفية العربية، مجلد ٢، العدد ١، حزيران / يونيو ١٩٩٢.

- د. صلاح اسماعيل، "دراسة المفاهيم من زاوية فلسفية"، اسلامية المعرفة، السنة الثانية، العدد ٨، ذو الحجة ١٤١٧ هـ / ١٩٩٧ م.

- أ. د. طه جابر العلواني، "العقل وموقفه في المنهجية الاسلامية"، اسلامية المعرفة، السنة ٢، العدد ٦، سبتمبر ١٩٩٦.

- د. قطب مصطفى سانو، "المتكلمون وأصول الفقه : قراءة في جدلية العلاقة بين علمي الاصول والكلام"، اسلامية المعرفة، السنة ٣، العدد ٩، يوليو ١٩٩٧.

- د. محمد ابراهيم المبارك، "الادارة والتدبير"، الادارة العامة، العدد ٥١، سبتمبر ١٩٨٦.

- د. محمد بريش، "تعميق الفهم في الفكر الاستراتيجي : مدخل الى التغيير الثقافي"، اسلامية المعرفة، السنة ٣، العدد ٩، صفر - ربيع الاول ١٤١٨ هـ / يوليو ١٩٩٧م.

- محمود الخضيري، "كيف نترجم الاصطلاح (Intuition)، مجلة علم النفس، مجلد ١، العدد ٣، فبراير ١٩٤٦.

- محمود أمين العالم، "الاسس النفسية لعملية الخلق"، مجلة علم النفس، مجلد ٢، أكتوبر ١٩٤٦.

- د. محمود موسى البكري، "أثر البحوث في رسم السياسات وصنع القرارات التربوية"، مجلة الادارة العامة، العدد ٢٨، ربيع الثاني ١٤٠١ هـ / مارس ١٩٨١ م.

- د. هند الحموري، د. محمود الوهر، "تطور القدرة على التفكير الناقد"، مجلة دراسات، مجلد ٢، العدد ١، آذار، ١٩٩٨.

جـ- الكـتب :

- د. ابراهيم الغمري، "الادارة دراسة نظرية تطبيقية"، (دار الجامعات المصرية، القاهرة، ١٩٧٨).

- ابن رشد، "معنى المقال فيما بين الحكمة والشريعة من الاتصال"، تحقيق محمد عمارة، (دار المعارف، مصر، ١٩٧٢).

- ابن سينا، "الاشارات والتنبيهات"، تحقيق سليمان دينار، (القاهرة، مطبعة الحلبي، ١٩٤٧).

- أحمد الشيخ محمد الباليساني، "التفكير في الاسلام"، (دار الحرية للطباعة والنشر، بغداد، ١٩٨٩).

- أحمد جمال ظاهر، "البحث العلمي الحديث"، (دار الفكر للنشر والتوزيع، عمان، ١٩٨٤).

- د. أحمد حسين، "الطاقة الانسانية"، (المكتبة العصرية، بيروت، ١٩٧٠).

- د. أحمد سليم سعيدان، "مقدمة لتاريخ الفكر العلمي في الاسلام"، (عالم المعرفة، سلسلة رقم ١٣١، ١٩٨٨).

- د. اسماعيل محمد السيد، "الادارة الاستراتيجية : مفاهيم وحالات تطبيقية"، (المكتب العربي الحديث، اسكندرية، ١٩٩٠).

- د. ألكسيس كاريل، "الانسان ذلك المجهول"، ترجمة عادل شفيق (كتب الجوائز العالمية، الهيئة العامة للكتاب، القاهرة، بيروت، ١٩٧٣).

- توماس وهيلين، ودافيد هنجر، "الادارة الاستراتيجية"، ترجمة محمود عبدالحميد وآخرون، (معهد الادارة العامة، السعودية، ١٩٩٠).

- جان فال، "الفلسفة الفرنسية : من ديكارت الى سارتر"، ترجمة فؤاد كامل، (دار الكتاب العربي للطباعة والنشر، القاهرة، ١٩٦٨).

- جيمس كوزيس وباري بوزنر، "تحديات الزعامة"، ترجمة جورج خوري، (مركز الكتب الاردني، ١٩٨٩).

- داؤد العطار، "موجز علوم القرآن"، (مطبعة الزهراء، بغداد، ١٩٧٣).

- د. راجح عبدالحميد الكردي، "نظرية المعرفة بين القرآن والفلسفة"، مكتبة المؤيد، الرياض، ١٩٩٢).

- السيد سابق، "العقائد الاسلامية"، (دار الكتاب العربي، بيروت، التاريخ بلا).

- أ. د. شوقي ناجي جواد، "ستراتيجيات الاعمال بناؤها وادراتها"، مطبعة دار الكتب، بغداد، ١٩٩٥).

- عامر ابراهيم قنديلجي، "البحث العلمي واستخدام مصادر المعلومات"، (الجامعة المستنصرية، بغداد، ١٩٩٣).

- عبدالرحمن الكيالي، "أضواء وآراء"، الجزء الاول، (مطبعة الضاد، حلب، الجمهورية العربية المتحدة، ١٩٥٩).

- د. عبدالكريم زيدان، "الوجيز في أصول الفقه"، (مطبعة سلمان الاعظمي، بغداد، ١٩٦٤).

- د. محسن عبدالحميد، "أزمة المثقفين تجاه الاسلام في العصر الحديث"، (مطبعة وزارة التربية، بغداد، ١٩٩٨).

- مصطفى ابراهيم الزلمي، "فلسفة الشريعة"، (دار الرسالة للطباعة، بغداد، ١٩٧٩).

- د. محمد حربي حسن، "علم المنظمة"، (مديرية دار الكتب للطباعة والنشر، جامعة الموصل، العراق، ١٩٨٩).

- د. محمد عابد الجابري، "ابن رشد : سيرة وفكر ودراسة ونصوص"، (مركز دراسات الوحدة العربية، بيروت، ١٩٩٨).

- محمد محمود عبدالجبار، "الشخصية في ضوء علم النفس"، (مطبعة دار الحكمة، بغداد، ١٩٩٠).

- محي الدين صبري الكردي، "الجواهر الغوالي من رسائل الامام حجة الاسلام الغزالي"، (مطبعة دار السعادة، القاهرة، ١٩٣٤).

د- المعاجـــم :

- د. أحمد زكي بدوي، "معجم مصطلحات العلوم الادارية"، (دار الكتب المصري واللبناني، القاهرة، بيروت، ١٩٨٤).

- عبدالمنعم حنفي، "موسوعة علم النفس والتحليل النفسي"، (دار المأمون للطباعة، القاهرة، ١٩٧٥).

- منير البعلبكي، "المورد"، (دار العلم للملايين، بيروت، ١٩٨٥).

ثانياً : المصادر الاجنبية :

A- Journals :

- Agor H. W., "Intution & Strategic Planning", Management Annual Edition, 1991.

- Ansoff H. I., "Comment on Henry Mintzberg's Rethinking Strategic Planning", Long Range Planning, 1994.

- Bell D. E., Raiffa H. & Tversky A., "Descriptive, Normative, And Prescriptive Interactions In Decision Making", Journal of the Oprration Research Society, Vol. 14, No. 3, March 1990.

- Birnbaum P. H., "The Choice of Strategic Alternative Under Increasing Regulation in High Technology Companies", Academy of Management Journal, Vol. 27, No. 3, 1984.

- Day G., "The Capabilities of Market Driven Organizations", The Journal of Marketing, October, 1994.

- Farkas C. M., and Wetlaufer S., "The Way Chief Executive Officers Lead", Harvard Business Review, May - June, 1996.

- Fishburn P. C., "Foundations of Decision Analysis : Along The Way", Management Science, Vol. 35 : 4, April 1989.

- Fombrun C., & Shanley M., "What's In A Name ? Reputation Building and Corporate Strategy", Academy of Management Journal, Vol. 33 : 2.

- Hambrick D. C., "Strategic Awareness within top Management Teams", Strategic Management Journal, Vol. 2, 1981.

- Hamel G., "Strategy As Revolution", Harvard Business Review, 1996.

- Hamel G. & Prahalad C. K., "Strategic Intent", Harvard Business Review, May - June, 1989.

- Jemison D. B., "The Contribution of Administrative Behavior to Strategic Management", Academy of Management Review, 1981.

- Liedtok J. M., "Strategic Thinking can it be taught", Long Range Planning, Vol. 31, No. 1, 1998.

- Lyles M. A., & Thomas H., "Strategic Problem Formulation : Biases And Assumptions Embedded In Alternative Decision Making Models", Journal of Management Studies, 25. 2 March, 1988.

- Mason J., "Developing Strategic Thinking", Long Range Planning, Vol. 19, No. 3, 1986.

- Miles R. E., & Snow Ch. C., "Organizations : New Concepts for New Forms", California Management Review, Vol. XXVIII, No. 3, Spring , 1986.

- Mintzberg H., "Rethinking Strategic Planning Part 1 : Pitfalls and Fallacies", Long Range Planning, Vol. 27, No. 3, 1994.

- Mintzberg H., "The Fall and Rise of Strategic Planning", Harvard Business Review, January - February, 1994.

- Mintzberg H., "Planning on the Left side and Managing on the right", Harvard Business Review, Vol. 54, July - August, 1976.

- Parker G. C., & Segura E. L., "How to get a better forcast", Harvard Business Review, March - April, 1971.

- Porter M. E., "What Is Strategy ?", Harvard Business Review, November - December, 1998.

- Porter M., "Corporate Strategy : The State of Strategic Thinking", The Economist, May 23, 1987.

- Rajagopalan N., and Finkelstein S., "Effects of Strategic Orientation and Environmental Change On Senior Management Reward Systems", Strategic Management Journal, Vol. 13, 1992.

- Stubbart C. T., "Managerial Cognition : A Missing Link In Strategic Management Research", Journal of Management Studies, 26 : 4 July, 1989.

B- Books :

- Alreck P., and Settle R., "The Survey Research Handbook", (Richard Irwin, Homewood, 1985).

- Ansoff H. I., "Corporate Strategy", (Harmonsworth, Penguin Book, 1983).

- Boseman G., & Phatak A., "Strategic Management : Text and Cases", (2nd Ed.), (John Wiley & Son's, N. Y., 1989).

- Daft R. L., "Organization Theory and Design", (3rd. Ed.), (West Publishing Company, N. Y., 1996).

- Gartner W. B., "Who is an Entrepreneur ? Is The Wrong Question Management", (The Dashken Inc., 1993).

- Gerloff A. G., "Organizational Theory and Design : A Strategic Approach for Management", (McGraw - Hill, N. Y., 1985).

- Glueck W. F., "Business Policy and Strategic Management", (McGraw - Hill, Kogakusha, Ltd., 1980).

- Harvey, F. H., "Strategic Management and Policy", (Merril Publishing Company, Ohio, 1988).

- Hodge B. J., & Anthony W. P., "Organization Theory : A Strategic Approach", (4th Ed.), (Allyn & Bacon, U.S.A., 1991).

- Johnson G., & Scholes K., "Exploring Corporate Strategy : Texts And Cases", (Printice - Hall, U.S.A., 1990).

- Kerin R., & Peterson R., "Strategic Marketing Problem : Cases and Comment", (5th Ed.), (Allyn & Bacon, U.S.A., 1990).

- Noorderhaven N., "Strategic Decision Making", (Addison - Wesley, G. B., 1995).

- Quinn J. B., & Mintzberg H., & James R. M., "The Strategy Process : Concepts, Contexts, And Cases", (Printic - Hall, U.S.A., 1988).

- Robbins S. P., "Organization Theory : Structure, Design & Applications", (3rd Ed.), (Prentice - Hall, Int., 1989).

- Romme A. G. L., "A Self - Organization Perspective on Strategy Formation", (Data Wyse, N. Y., 1993).

- Rose S., "The Consious Brain", (Cox & Nyman Ltd., 1973).

- Rue L. W., & Holand P. G., "Strategic Management : Concepts and Experiences", (McGraw - Hill, N. Y., 1989).

- Steiner G. A. & Miner J. B., "Management Policy and Strategy", (Macmilan, N. Y., 1977).

- Thomas J. G., "Strategic Management", (Harper and Row, N. Y., 1988).

- Thomson A. A., Strickland III A. J., Kramer T. R., "Reading In Strategic Management", (15th Ed.), (Irwin, Chicago, 1995).

C - Dectionaries :

- Webesters Dectionary, 1986.

الملاحـــــق

بسم اللـه الرحمن الرحيم

ملحـــق (١)

السيد المدير المحترم

أهديكم تحياتي وبعد ...

الاستمارة المرفقة تتضمن عدداً من المؤشرات المتصلة بالصيغة التي تعتمدونها في اتخاذ قراراتكم الاستراتيجية الخاصة بشركتكم . كما تتضمن طبيعة التفكير وأنماطه المعتمدة في اتخاذ القرارات . إذ أن هذه المؤشرات هي بالاساس وسيلة قياس نعتمدها في إنجاز مستلزمات تحليل بحث الدكتوراه والموسوم بـ : "أنماط التفكير الاستراتيجي وأثرها في اختيار مدخـــل اتخاذ القرار" .

إن تفضلكم في اختيار الاجابة المناسبة حسب ما ترونه يتفق وموقفكم من المؤشرات المطروحة سيكون له الاثر الكبير في الوصول الى دقة النتائج وتحقيق أهداف البحث ، علماً بأن الاجابات ستستخدم لأغراض البحث العلمي دون ضرورة لذكر الاسم .

ملاحظات عامة :

١. يأمل الباحث من السادة المديرين قراءة العبارات بدقة متناهية والاستفسار عن العبارات غير الواضحة . حيث يساهم ذلك في توخي الدقة لنتائج البحث .

٢. يقصد بالقرار الاستراتيجي بأنه القرار الذي يتخذ في مستوى الادارة العليا والذي يخص التعامل مع الموارد النادرة وتوجيهها لتحقيق الاهداف الستراتيجية للشركة . كما أنه ذلك القرار الذي تشتق منه القرارات الوظيفية والتشغيلية لمواقع التنفيذ في المنظمة . وهو المحرك الرئيس لجميع الانشطة التنظيمية ، والذي ينطوي عليه قدراً من المخاطر . ويرتبط القرار الاستراتيجي على الاغلب بكل

حالة جديدة لم يسبق التعامل معها فضلاً عن كونه يتطلب قدراً مهماً من التفكير والدراية بالوضع الداخلي والامكانيات الداخلية للشركة جنباً الى جنب مع الالمام بتأثيرات عوامل البيئة المحيطـة علـى أعمال الشركة .

٣. يقصد بأنماط التفكير الاستراتيجي ، العمليات العقليـة والمعرفيـة التـي يسـتخدمها المـدير لحظـة النظر الى المشكلات التي تستوجب اتخاذ قرارات استراتيجية . ويتطلب التعامل مع هـذا البعـد استحضار الحالة الفعلية التي يجابهها المدير بدقة متناهية . مع التقدير .

<table>
<tr><td>المشرف</td><td>الباحث / طالب الدكتوراه</td></tr>
<tr><td>الاستاذ الدكتور عادل حرحوش صالح</td><td>طارق شريف يونس / قسم ادارة الاعمال</td></tr>
<tr><td>عميد كلية الادارة والاقتصاد / جامعة بغداد</td><td>جامعة الموصل</td></tr>
</table>

أولاً : معلومات تعريفية تخص الشركة :

١. أسم الشركة

٢. سنة التأسيس

٣. نوع الملكية   خاص   مختلط

٤. نطاق العمل

٥. نوع السلع المتعامل بها (نشاط الشركة)

٦. عدد العاملين

ثانياً : معلومات تعريفية بالمدير

١. الجنس

٢. العمر

٣. التحصيل الدراسي

إعدادية ( )   دبلوم ( )   بكالوريوس ( )   ماجستير ( )   دكتوراه ( )

٤. التخصص العلمي الدقيق

٥. عدد سنوات الخدمة الاجمالية

٦. عدد سنوات الخدمة في الموقع الحالي

٧. العنوان الوظيفي الحالي

٨. الموقع الاداري في الشركة

٩. عدد الدورات التدريبية في موضوع اتخاذ القرارات الاستراتيجية

١٠. عدد الدورات في استخدام الحاسوب ومعالجة البيانات

ثالثاً : الفقرات الخاصة باستقصاء آراء المديرين

بخصوص اختيارهم مداخل اتخاذ القرار الاستراتيجي

مؤشرات قياس اختيار مداخل اتخاذ القرار الاستراتيجي :

تكشف هذه المؤشرات عن تفضيلات المدير لأحد أوجه الاختيار . وبصفتك مديراً تمارس اتخاذ القرار الاستراتيجي . الرجاء وضع علامة ( ) في المربع المناسب والذي يعبر عن الواقع الفعلي لاختيارك البديل القراري .

دليل الاجابة :

وضعت مؤشرات القياس على شكل عبارتين متقابلتين ومتغايرتين . ويطلق على هذه الصيغة من وجهة نظر بلاغية بـ ((طباق المقابلة)) وهي وضع الجمل بصيغ متعاكسة (أي أن العبارة في الطرف الايمن هي عكس العبارة في الطرف الايسر) . وأمام كل عبارة ثلاثة اختيارات (وتأتي وفق تسلسل : أتفق بشدة ، أتفق، أتفق نوعاً ما) وكما هو موضح في المثال الآتي :

مثال :

العبارة اليمنى :	**العبارة اليسرى :**
إنني من النوع الذي اتخذ قراراتي الاستراتيجية وقد :	إنني من النوع الذي اتخذ قراراتي الاستراتيجية وقد :
أتفق بشدة ☐ أتفق ☑ أتفق نوعاً ما ☐	أتفق نوعاً ما ☐ أتفق ☐ أتفق بشدة ☐
- تعترضني قيود كثيرة	- لا أواجه قيود تذكر

وهذا يعني أن المجيب يتفق مع العبارة اليمنى وقد اختار المربع أتفق .

العبارة اليمنى :

إنني من النوع الذي أتخذ قراراتي الاستراتيجية وقد :

مقياس الاجابة

ت

أتفق بشدة	أتفق	أتفق نوعاً ما	
☐	☐	☐	١. أواجه قيوداً كثيرة .
☐	☐	☐	٢. أواجه صعوبة في التنبؤ بالمجريات المستقبلية.
☐	☐	☐	٣. تخضع أهدافنا الاستراتيجية للتغيير المستمر .
☐	☐	☐	٤. يشاركني أغلب المديرين في اتخاذ القرارالاستراتيجي.
☐	☐	☐	٥. أعتمد على استخدام الادلة التخمينية .
☐	☐	☐	٦. أستفاد من احساسي العام .
☐	☐	☐	٧. أستفاد من المشكلات المماثلة التي حصلت في الماضي.
☐	☐	☐	٨. أتبنى منهجاً غير محدد .
☐	☐	☐	٩. أركز على عوامل بيئية ذات منحى غير اقتصادي
☐	☐	☐	١٠. أعتمد معايير التقويم الذاتي (الشخصي) لبدائل القرار.
☐	☐	☐	١١. أهتم بعنصر المجازفة .
			١٢. أبحث عن كل ماهو جديد في السلعة والسوق
☐	☐	☐	١٣. أركز على المعالجات الجذرية .
☐	☐	☐	١٤. أدعم حاجات الزبون المتجددة .
☐	☐	☐	١٥. أناور بين عدد من وسائل معالجة المشكلات.
☐	☐	☐	١٦. لا ينتابني التردد من التعامل مع المشكلات المعقدة.
☐	☐	☐	١٧. ينطلق قراري من رؤيتي الخاصة عن المستقبل
			وليس من حاجة العمل
☐	☐	☐	١٨. أتحمل تبعات الخطأ المترتب على القرار .

العبارة اليسرى :

إنني من النوع الذي أتخذ قراراتي الاستراتيجية وقد :

مقياس الاجابة

ت	أتفق نوعاً	ما أتفق	أتفق بشدة
١. أواجه قيوداً بسيطة .	☐	☐	☐
٢. يسهل على التنبؤ بالمجريات المستقبلية .	☐	☐	☐
٣. تتسم أهدافنا الاستراتيجية بالثبات .	☐	☐	☐
٤. أبعد أغلب المديرين من المشاركة في اتخاذ القرار الاستراتيجي .	☐	☐	☐
٥. أعتمد على الادلة الكمية .	☐	☐	☐
٦. أستفاد من الحقائق مدعمة بالبيانات.	☐	☐	☐
٧. لاأهتم بما حدث في الماضي .	☐	☐	☐
٨. أتبنى منهجاً محدد .	☐	☐	☐
٩. أركز على البعد الاقتصادي .	☐	☐	☐
١٠. أعتمد معاييرالتقويم الكمي لبدائل القرار .	☐	☐	☐
١١. أبتعد عن عنصر المجازفة .	☐	☐	☐
١٢. أهتم بتطوير وادامة الوضع القائم للسلعة والسوق.	☐	☐	☐
١٣. أركز على المعالجات التدريجية .	☐	☐	☐
١٤. أدعم ماتمليه حاجة العمليات الانتاجية .	☐	☐	☐
١٥. أفضل استخدام طريقة واحدة في معالجة المشكلات .	☐	☐	☐
١٦. أتردد من التعامل مع المشكلات المعقدة .	☐	☐	☐
١٧. ينطلق قراري من حاجة العمل .	☐	☐	☐
١٨. غير ملزم بتبعات الخطأ الحاصل من القرار	☐	☐	☐

رابعـاً : الفقـرات الخاصـة باستقصـاء آراء المـديرين بخصـوص أنمـاط التفكـير الاسـتراتيجي التـي يعتمدها المدير عند التفكير باتخاذ قراراه الاستراتيجي

مؤشرات قياس أنماط التفكير الاستراتيجي :

تكشف هذه الفقرة عن طرح مؤشرات توضح القاعدة المعرفية التي يستند اليها المـدير في تفكـيره باختياراته لبدائل القرار الاستراتيجي . الرجـاء وضـع علامـة (√) في المربـع الـذي تعتقـد بأنـه ينطبق تماماً مع نمط تفكيرك الذي تعتمده في اتخاذك للقرار الاستراتيجي ضمن موقعك في الشركة .

العبارة اليمنى :

إنني من النوع الذي الذي أهتم بمحاور التفكير الآتية :

مقياس الاجابة

ت		أتفق بشدة	أتفق	أتفق نوعاً ما
١.	صناعة الفرص الجديدة في السوق .			
٢.	تحقيق السبق في استثمار الفرص الجديدة .			
٣.	الاستناد على أفكاري الذاتية في رصد السوق .			
٤.	طرح معالجات كلية للمشكلة .			
٥.	اجراء تغييرات شمولية في الانشطة .			
٦.	ابداء المرونة في التعامل مع الاشياء .			
٧.	أضع النتائج نصب عيني أكثر من الحلول .			
٨.	أهتم بتطبيق نظام قيم الادارة في كل فعل أمارسه .			
٩.	أكتفي بالمؤشرات النظرية (الوصفية) في بناء المواقف .			
١٠.	أهتم بالبديل الذي يعبر عن طموحاتي الذاتية .			
١١.	أسعى الى فهم المشكلة في اطارها العام .			
١٢.	أتعامل مع الموضوعات غير المألوفة (غير الروتينية) .			
١٣.	أبتعد عن الاستغراق في جمع بيانات تفصيلية عن المشكلة .			
١٤.	أميل الى استخدام طرق جديدة في حل المشكلات.			

١٥. أحبذ اتخاذ قرارات يكتنفها الغموض . ☐ ☐ ☐

١٦. أتحسب للمستقبل على أساس تراكم خبرتي . ☐ ☐ ☐

١٧. أفهم المشكلة من خلال معانيها ومدلولاتها السلوكية . ☐ ☐ ☐

١٨. أعتمد الرقابة الانتقائية بأقل قدر من القواعد والاجراءات . ☐ ☐ ☐

العبارة اليسرى :

إنني من النوع الذي الذي أهتم بمحاور التفكير الآتية :

ت	مقياس الاجابة أتفق نوعاً ما	أتفق	أتفق بشدة
١. استغلال الفرص القائمة .	☐	☐	☐
٢. استثمار الفرص المألوفة .	☐	☐	☐
٣. أستند على الحقائق في رصد السوق .	☐	☐	☐
٤. طرح معالجات توازنية للمشكلة .	☐	☐	☐
٥. اجراء تغييرات تدريجية في الانشطة .	☐	☐	☐
٦. قبول قدر ضئيل جداً من المرونة أثناء التعامل .	☐	☐	☐
٧. أضع الحلول نصب عيني أكثر من النتائج .	☐	☐	☐
٨. أهتم بتطبيق كل مايحقق أهداف الشركة حتى ولو لم ينسجم كلياً مع قدم الادارة .	☐	☐	☐
٩. أكتفي بالمؤشرات الرقمية (الكمية) في بناء المواقف	☐	☐	☐
١٠. أهتم بالبديل الذي يحقق أهداف الشركة .	☐	☐	☐
١١. أسعى الى فهم المشكلة بتفاصيلها.	☐	☐	☐
١٢. أتعامل مع الموضوعات المألوفة (الروتينية).	☐	☐	☐
١٣. أهتم بجمع مزيد من البيانات دون الاكتراث بالوقت المستغرق لذلك .	☐	☐	☐
١٤. أميل الى استخدام طرق مألوفة في حل المشكلات .	☐	☐	☐
١٥. أحبذ اتخاذ قرارات ذات نتائج مؤكدة .	☐	☐	☐
١٦. أتحسب للمستقبل على أساس معطيات الواقع	☐	☐	☐
١٧. أفهم المشكلة من خلال كلفتها المحسوبة .	☐	☐	☐
١٨. أعتمد الرقابة الصارمة بمزيد من القواعد والاجراءات .	☐	☐	☐

ملحق (٢)

المحكمـــون

أولاً : ميدان علم الادارة :

١- أ.د. عادل حرحوش صالح - عميد كلية الادارة والاقتصاد - جامعة بغداد .

٢- أ. د. شوقي ناجي جواد - كلية التراث الجامعة - بغداد .

٣- أ. م. د. نعمة عباس خضير - ادارة استراتيجية المنظمة - جامعة بغداد .

٤- أ. م. د. سلوى السامرائي - قسم ادارة الاعمال - جامعة الموصل .

٥- أ. م. د. ضياء الدباغ - رئيس قسم ادارة الاعمال - جامعة الموصل .

٦- أ. م. د. محمد عبد حسين - نظام المعلومات الادارية - جامعة الموصل .

٧- أ. م. د. سرمد غانم صالح - ادارة موارد بشرية - جامعة الموصل .

٨- أ. م. د. أبي سعيد الديوه جي - ادارة تسويق - جامعة الموصل .

٩- د. حنين القدو - نظرية المنظمة - جامعة الموصل .

ثانياً : ميدان علم النفس :

١- أ. د. وهيب الكبيسي - علم النفس - جامعة بغداد .

٢- أ. م. د. كامل عبد الحميد - علم النفس - جامعة الموصل .

٣- أ. م. د. محمد علي عباس - علم النفس - جامعة الموصل .

٤- أ. م. د. عبدالمجيد أحمد خليل - ادارة تربوية - جامعة الموصل .

ثالثاً : ميدان الاحصاء :

١- أ. د. موفق القصاب .

٢- أ. د. خاشع الراوي .

رابعاً : ميدان البرمجة والحاسوب :

١. رائد عبدالقادر الدباغ .

Printed in the United States
by Bookmasters

Printed in the United States
By Bookmasters